Anacharsis Cloots

La République Universelle du Genre Humain

anacharsis Cloots

Anacharsis Cloots
(1755-1794)

N. D. E.

Cet ouvrage est la réunion en un seul volume de deux travaux d'Anacharsis Cloots :

- *La république universelle ou adresse aux tyrannicides*, 1792

- *Bases constitutionnelles de la république du genre humain*, 1793

© Omnia Veritas Ltd – Pierre Hillard – 2019

www.omnia-veritas.com

Tous droits réservés. Aucune partie de cette publication ne peut être reproduite par quelque moyen que ce soit sans la permission préalable de l'éditeur. Le code de la propriété intellectuelle interdit les copies ou reproductions destinées à une utilisation collective. Toute représentation ou reproduction intégrale ou partielle faite par quelque procédé que ce soit, sans le consentement de l'éditeur, de l'auteur ou de leur ayants cause, est illicite et constitue une contrefaçon sanctionnée par les articles L-335-2 et suivants du Code de la propriété intellectuelle.

Dess. et Gravé avec le Phisionotrace par Quenedey

ANACHARSIS CLOOTS.
Né le 24 Juin 1755.
Orateur du genre Humain
a l'Assemblée Nationale
L'an 1.er de la Liberté Française.

A Paris au Bureau du cercle Social, rue du Théâtre Français N.o 4.

PRÉFACE DE PIERRE HILLARD 9

ANNEXE 1 91

Archives israélites, Le centenaire de l'émancipation juive, 1791-1891 91

ANNEXE 2 99

Les 36 Ur-Lodges avec leurs appartenances philosophiques, leurs noms et la liste des principaux membres 99

ANNEXE 3: 122

Photos de quelques membres appartenant à une des deux factions Ur-Lodges (Progressistes/Néo-aristocratiques) 122

ANNEXE 4 124

Inauguration par le "pape" François d'un monument rendant hommage aux migrants (29 septembre 2019) 124

LA RÉPUBLIQUE UNIVERSELLE, OU ADRESSE AUX TYRANNICIDES, ... 129

DISCOURS 160

CHAPITRE DES CHAPEAUX 163

Nouvelles combinaisons de l'art social 168

Harangue contre les émigrants 189

À mon oncle Corneille Pauw, ... 194

CHAPITRE DERNIER 215

Errata 229

BASES CONSTITUTIONNELLES DE LA RÉPUBLIQUE DU GENRE HUMAIN 233

AVANT-PROPOS 234

CONVENTION NATIONALE 236

Bases constitutionnelles de la république du genre humain, ... 236

AUTRES OUVRAGES 275

PRÉFACE DE PIERRE HILLARD

Les Éditions Omnia Veritas publient les deux ouvrages clefs d'Anacharsis Cloots : *La République universelle* et *La République du genre humain* parues, respectivement, en 1792 et en 1793. À première vue, cette présentation semble inutile car les écrits de ce révolutionnaire ont été publiés maintes fois. Pourquoi celle-ci sortirait-elle de l'ordinaire ? Le lecteur va rapidement comprendre que les Éditions Omnia Veritas font œuvre de salubrité publique. L'idée de publier les textes de Cloots nous est venue après la rédaction de notre livre *Atlas du mondialisme*. En effet, nous avions cité des extraits de *La République universelle* afin de prouver que la Révolution de 1789 était la manifestation d'un mondialisme anti-catholique et d'inspiration talmudo-kabbalistique. Pour cela, nous avons profité des originaux scannés sur le site Gallica pour illustrer notre propos. Les passages cités à l'époque qui soulignaient l'anti-catholicisme, la pénétration de l'esprit judaïque parmi les élites aristocratiques et bourgeoises françaises et le rôle des « *capitalistes hébreux* », pour reprendre l'expression de Cloots, étaient les suivants :

« *Un corps ne se fait pas la guerre à lui-même et le genre humain vivra en paix lorsqu'il ne formera* **qu'un seul corps, la NATION UNIQUE** (ndla : en lettres capitales dans le texte d'origine). (…) Ils (ndlr : les hommes) *se rangeront sous l'oriflamme du genre humain en s'écriant avec transport : une nation, une assemblée, un prince.*(...) *Mépris aux raisonneurs pervers ou stupides qui oseraient encore nier la possibilité de l'établissement universel des droits de l'homme. (…) Au reste, le peuple fera justice lui-même* **de l'absurde catholicisme** (ndla : souligné par nous). *L'Église romaine est un édifice bâti sur l'infaillibilité ; on ne saurait en ôter une seule pierre sans que toute la fabrique ne s'écroule. Déjà la plupart des hommes libres se refusent à courber la tête en vils esclaves dans un* *confessionnal ; or, sans la confession, point de communion ; il est oiseux d'entendre la messe lorsqu'on renonce à l'absolution du sacerdoce.* (...) *C'est sur les débris de tous les trônes que nous bâtirons l'édifice de la République universelle.* (...) *Tant que la plupart des Français assisteront* **aux sorcelleries de la messe, tant qu'ils croiront que trois font un** (ndla : rejet de la Sainte Trinité, anti-catholicisme par excellence), *et que la partie est plus grande que le tout, et qu'un corps existe en plusieurs lieux à la fois, et qu'un homme efface les péchés d'un homme, il sera difficile de les guérir de la duperie du fantôme royal. La royauté est une espèce de prêtrise non moins absurde que tout autre sacerdoce.* (...) *La France libre se lèvera un jour pour jeter un cri éclatant et unanime : point de roi, point de prêtres.* (...) *La France n'ayant plus ni provinces, ni généralités, ni seigneurs, ni vassaux, ni bourgeois, ni paysans, ni villes, ni villages ; la France nivelée en paisibles communes est devenue une cité paternelle. La cité de Philadelphie* (ndlr : formule ésotérique pour dire gouvernance mondiale) *dont l'enceinte embrassera nécessairement tout l'univers, toute la famille anthropique* (ndla : qui est en rapport avec l'espèce humaine). *L'unité nationale et souveraine sera exprimée par un seul mot : Philadelphie. Toutes les villes et les cours disparaîtront à l'aspect imposant et consolant de Philadelphie. L'Europe, et l'Afrique, et l'Asie, et l'Amérique se donneront la main dans la cité vaste et heureuse de Philadelphie. J'ai démontré géographiquement, politiquement, physiquement, moralement que la commune de Paris sera le point de réunion, le fanal central de la communauté universelle.* (...) *Nous trouverons encore de puissants auxiliaires, de fervents apôtres dans les tribus judaïques, qui regardent la France comme une seconde Palestine. Nos concitoyens circoncis nous bénissent dans toutes les synagogues de la captivité. Le Juif, avili dans le monde, est devenu citoyen français, citoyen du monde par nos décrets philosophiques. Cette fraternisation alarme beaucoup les princes allemands ;* **d'autant plus que la guerre ne saurait ni commencer ni durer, en Allemagne, sans l'activité, l'intelligence, l'économie et le numéraire des Juifs. Les magasins, les munitions de toute espèce sont fournis par les capitalistes hébreux et tous les agents subalternes de** *l'approvisionnement militaire sont de la même nation* (ndla : souligné par nous)[1]. *Il ne faudra que s'entendre avec nos frères les rabbins pour produire des effets étonnants, miraculeux. J'ai reçu à cet égard des réponses infiniment satisfaisantes de mes commettants du Nord. La cause des tyrans est tellement désespérée que les aliments les plus sains se changent pour eux en poison subtil. On accusa les Juifs, dans les siècles des ténèbres, d'empoisonner les sources ou les puits ; et voici que dans notre siècle lumineux, les Juifs, en fournissant des viandes pures, aideront l'humanité à exterminer la tyrannie. Nous détruirons les oppresseurs, en faisant avaler aux hommes le poison de la vérité. (…) Cette heureuse tendance des hommes de tout climat (…) nous annonce l'approche du nivellement final :* **la souveraineté universelle, la nation unique, le PEUPLE HUMAIN** (ndla : en lettres capitales dans le texte d'origine).»

Or, notre surprise fut grande en apprenant par deux lecteurs ne se connaissant pas que le passage susmentionné n'existait pas dans la version livre disponible dans les librairies de France et de Navarre, la FNAC ou encore Amazon. Après nous être procuré un exemplaire, nous avons pu constater qu'une large partie de « *La République universelle* » avait été largement caviardée. L'original du livre de Cloots fait 196 pages. Celui qui est vendu au public n'affiche que les 59 premières pages sans préciser qu'une large partie de l'œuvre a été largement décapitée[2]. Cela

---

[1] Nous avons développé les liens entre la haute-finance, les milieux kabbalistiques et le monde politique dans nos *Atlas du mondialisme* aux Éditions le Retour aux Sources en 2017 (3ᵉ édition) et dans *Archives du mondialisme* aux Éditions Nouvelle Terre, 2019.

[2] Anacharsis Cloots, *La République universelle*, Éditions l'insomniaque, 2014. Il ne nous a pas été possible de vérifier si ce phénomène se répète dans d'autres maisons d'Éditions. Concernant ce point, les commentaires des clients sur Amazon précisent que la réimpression de l'ouvrage est absolument de mauvaise qualité rendant l'ensemble illisible. Indirectement, cela signifie qu'au cas où le livre serait complet, sa lecture, en raison des ratés techniques, interdit

signifie qu'environ les deux tiers de cet ouvrage sont inconnus du public. Les Éditions Omnia Veritas nous permettent donc de corriger un sérieux loupé.

Expliquer l'essence de la Révolution de 1789 avec ses conséquences spirituelles et politiques exige de cerner la tournure d'esprit des acteurs de cette époque en fonction de leurs référents philosophiques. Dans *Archives du mondialisme*, nous avons traité dans le chapitre III des tentatives des Juifs à acquérir la nationalité française. Après quatorze échecs, la quinzième fut la bonne avec la naturalisation de cette communauté à la nation française le 27 septembre 1791. La chose se fit avec l'appui de nombreux révolutionnaires (Mirabeau, l'abbé Sieyès, l'évêque Talleyrand, Clermont-Tonnerre, l'avocat Godard, l'abbé Grégoire, ...) en liaison avec un petit groupe très actif de Juifs comme Cerf Beer. Cet événement, impossible dans le cadre d'une France née du baptême de Clovis sous l'égide de l'évêque Saint-Rémi, n'a pu se concrétiser qu'en raison d'une mutation des mentalités parmi les élites aristocratiques, bourgeoises et même royales car Louis XVI a posé les jalons rendant la chose faisable. La proclamation de la *Déclaration des droits de l'homme et du citoyen* accompagnée d'un préambule sous l'égide de l'Être suprême, signée le 26 août 1789, n'est que la conséquence d'une évolution des mentalités étalées sur des générations. Dans un ouvrage intitulé *Préliminaire de la Constitution française, reconnaissance et exposition raisonnée des Droits de l'homme et du citoyen* présenté le 20 juillet 1789 au Comité de Constitution, l'abbé Sieyès « crache le morceau », si l'on peut dire, en soulignant que tout le fond de l'affaire réside dans le **changement d'une métaphysique**. Nous publions un extrait de ses propos en surlignant le mot « métaphysique » afin d'indiquer au lecteur qu'on touche au cœur nucléaire de ces

---

d'appréhender sereinement le sujet traité. Les Éditions Omnia Veritas ont surmonté ces deux écueils.

événements :

« (…) *car, par exemple, quand on a parlé pour la première fois, d'une Constitution Nationale à donner à la France, c'était de la **métaphysique**. Quand on a démontré que le Pouvoir Législatif appartenait à la Nation et non au Roi, c'était de la **métaphysique**. Quand on a voulu voir dans les Députés aux États-Généraux, de vrais Représentants, et qu'on a tiré de ce mot si fécond, les vérités les plus utiles, c'était de la **métaphysique**. Quand on a, pour la première fois, distingué le Pouvoir Constituant des Pouvoirs constitués, et en particulier du Pouvoir Législatif, c'était de la **métaphysique**. (…) Quand on a prononcé le nom d'Assemblée Nationale, et qu'on l'a considérée comme préférable aux États-Généraux de France, c'était de la **métaphysique**. Quand les Députés du Tiers-État, devenus Députés des Communes, se sont ensuite regardés comme la Nation, et sont constitués en Assemblée Nationale, c'était de la **métaphysique**. (…) Quoiqu'on fasse, il faut s'attendre à voir traiter la **métaphysique** politique pendant quelques années, comme la philosophie morale l'a été durant un demi-siècle, et par les mêmes raisons. (…) Encore une observation. Si nous avions à faire une Déclaration des Droits pour un peuple neuf, quatre mots suffiraient : égalité des droits civils, c'est-à-dire, protection égale pour chaque citoyen, dans sa propriété et dans sa liberté ; et égalité des droits politiques, c'est-à-dire, même influence dans la formation de la Loi etc. (…)*[3]. »

Nous avons donc un des plus grands représentants de la cause révolutionnaire, prêtre de surcroît, n'hésitant pas à reconnaître le passage métaphysique d'un monde à un autre. Les événements décisifs de cette époque sont clairs : 17 juin 1789, le Tiers-État se déclare Assemblée constituante (ndla : l'héritage civilisationnel du baptême de Clovis est rejeté) ; 26 août 1789,

---

[3] https ://gallica.bnf.fr/ark :/12148/bpt6k41690g/f9.image.texteImage, pp. 7-16.

déjà mentionné, proclamation de la *Déclaration des Droits de l'homme et du citoyen* précédé d'un préambule rappelant – fait capital que nous allons expliquer un peu plus loin – que l'ensemble s'établit dans le cadre de l'Être suprême ; 27 septembre 1791, naturalisation des Juifs ; 21 septembre 1792, fondation de la première République et le 21 janvier 1793, mise à mort du roi Louis XVI. Après le règne de la « Terreur » sous la direction de Robespierre puis sa chute, la Convention fait place au Directoire, du 26 octobre 1795 au 9 novembre 1799. Le coup d'État du général Bonaparte instaure le Consulat s'achevant le 18 mai 1804 avec la proclamation de l'Empire. Devenu empereur, le 2 décembre 1804, Napoléon enracine définitivement les principes de la Révolution, entre autres en renforçant et en affinant, politiquement et juridiquement, l'acceptation de la communauté juive au sein de la nation française (création de deux assemblées hébraïques distinctes : « Assemblée des Notables » et « Grand Sanhédrin » en 1806 et en 1807). La défaite de l'empereur à Waterloo (le 18 juin 1815) n'a pas déraciné les principes de 1789, socle de tous les régimes politiques français (à l'exception du régime de Vichy, 1940-1944) jusqu'au moment où nous écrivons ces lignes (octobre 2019). Depuis l'instauration des diverses républiques françaises, il faut savoir que des prières sont adressées à ce régime politique dans les synagogues, principe instauré à l'origine par Napoléon 1er (prière à l'attention de l'empereur et de sa famille), le 17 mars 1808, dans le cadre d'un décret lançant la création du Consistoire central israélite de France. Après quelques modifications dans le texte sous le règne de Napoléon III, remanié après sa chute en 1870, puis l'ajout d'une invocation par le grand-rabbin de France Gilles Bernheim en 2012, cette prière pour la République française se présente ainsi :

> « *Éternel, Maître du monde, Ta providence embrasse les cieux et la terre ;*
> *La force et la puissance T'appartiennent ; par Toi seul, tout s'élève et s'affermit.*
> *De Ta demeure sainte, ô Seigneur, bénis et protège la République française et le peuple français.*
> *Regarde avec bienveillance depuis Ta demeure sainte,*

notre pays, la République française et bénis le peuple français.
Que la France vive heureuse et prospère. Qu'elle soit forte et grande par l'union et la concorde.
Que les rayons de Ta lumière éclairent ceux qui président aux destinées de l'État et font régner l'ordre et la justice.
Que la France jouisse d'une paix durable et conserver son rang glorieux au milieu des nations.
Que la France reste fidèle à sa noble tradition et défende toujours le droit et la liberté.
Accueille favorablement nos vœux et que les paroles de nos lèvres et les sentiments de notre cœur trouvent grâce devant Toi, ô Seigneur, notre créateur et notre libérateur. Amen.

Ajout du grand-rabbin Gilles Bernheim :

Que l'Éternel accorde sa protection et sa bénédiction pour nos soldats qui s'engagent partout dans le monde pour défendre la France et ses valeurs. Les forces morales, le courage et la ténacité qui les animent sont notre honneur. Amen.[4] »

Un tel engagement de la synagogue talmudique, depuis 1808, envers les principes de la Révolution indique que celle-ci doit y trouver son compte. Ne pourrait-on pas affirmer que cette Révolution dite française fut, d'abord et avant tout, d'essence talmudo-kabbalistique[5] ? Beaucoup de personnes rejettent cette

---

[4] http ://www.akadem.org/medias/documents/doc1-texte-priere-republique.pdf

[5] Le Talmud est le code civil, politique et religieux de la synagogue. Ces principes ont été élaborés entre le IIe et le VIe siècle après J-C en opposition au christianisme triomphant et non à l'islam qui n'existait pas à cette époque. Le refus des Juifs de reconnaître que le Christ (Jésus de Nazareth) est le Fils de

idée arguant du fait que l'on ne trouve pas de Juifs agissant officiellement dans les grands événements de cette époque à l'instar de Mirabeau, de Danton, de Marat, de Saint-Just, etc[6]. La Révolution de 1789 a eu comme acteurs des *Goyim* (des « non-Juifs », *Goy* au singulier) ... point final ! Dans ces conditions, comment pouvons-nous affirmer qu'une véritable influence talmudo-kabbalistique étreint les principes de 1789, demanderont nos détracteurs ? Anacharsis Cloots se charge lui-même d'apporter la réponse en soulignant le rôle financier et militaire des *capitalistes hébreux* dans la guerre qui éclate en 1792 entre la France révolutionnaire et le Saint-Empire[7]. À cela,

---

Dieu incarné (union hypostatique, vrai Dieu et vrai homme sans la marque du péché originel) a poussé ces derniers à élaborer un nouveau judaïsme violemment anti-chrétien, plus précisément, anti-catholique. Ils attendent toujours leur « messie » ; celui-ci devant être à leur seul service. La Kabbale est l'interprétation ésotérique de ce judaïsme se référant à de la magie et l'appel aux esprits. L'opposition farouche entre l'Église et la synagogue aveugle concernant le principe de l'Incarnation est le point-clef expliquant de nombreux événements politiques, économiques et religieux depuis 2000 ans. Cf. E. Michael Jones, *L'esprit révolutionnaire juif et son impact sur l'histoire du monde*, Éditions saint Rémi, préface de Pierre Hillard, 2019. Précisons aussi que l'équivalent de la Kabbale dans l'islam est le soufisme qui est l'approche ésotérique de cette religion.

[6] Comme nous allons le voir un peu plus loin, des doutes subsistent concernant Robespierre.

[7] Nous pouvons observer le même phénomène de contrôle et d'accaparement du commerce et de l'intendance militaire dans le cas de l'Empire ottoman. L'historien juif anglais Cecil Roth (1899-1970), professeur d'études juives à l'université d'Oxford, en fait le constat dans un ouvrage consacré à une Juive marrane dirigeante de la banque Mendes, rivale de celle des Médicis, Doña Gracia Nasi (1510-1569). Rapportant les écrits de Nicolas de Nicolay intitulés *Navigations, pérégrinations et voyages faicts en la Turquie* (ndla : titre original en vieux français), chambellan et géographe de François 1er et hôte de l'ambassadeur de France à Constantinople, Cecil Roth montre l'impact du milieu juif dans cet empire : « (...) *De nos jours, ils détiennent entre leurs mains le plus énorme trafic de marchandises et d'argent en espèces du Levant. De même, à Constantinople, les boutiques et les entrepôts les mieux fournis de toutes sortes de riches marchandises sont ceux des Juifs.* (...) *On trouve parmi*

il faut ajouter ses diatribes anti-catholiques, caractéristiques n'étant que le reflet d'une mentalité générale propre à tous ces révolutionnaires. En comparaison, l'influence talmudo-kabbalistique dans la révolution bolchevique de 1917 peut, elle, être facilement prouvée en lisant les noms des acteurs « russes » de celle-ci. On se rend compte alors que près de 80% de ces révolutionnaires étaient issus du monde juif[8]. Le « politiquement correct » faisant des ravages, certains essaient toutefois de dissimuler cette réalité en vouant aux gémonies les audacieux qui oseraient rappeler cette vérité historique. Des intelligences et des personnalités hors normes sont ainsi arrivées à briser cette omerta. C'est le cas du grand Alexandre Soljénitsyne dans sa monumentale étude consacrée aux relations entre les Russes et les Juifs[9] écrivant ceci :

« *À dater des années 40 du XX*ᵉ *siècle, après que le pouvoir communiste eut rompu avec le judaïsme mondial, Juifs et communistes furent pris de gêne et de crainte, et ils préférèrent taire et dissimuler la forte participation des Juifs à la révolution communiste, cependant que les velléités de se souvenir et de nommer le phénomène étaient qualifiées par les Juifs eux-mêmes*

---

eux les meilleurs ouvriers pour tous les arts et artisanats, en particulier chez les marranes récemment bannis et expulsés d'Espagne et du Portugal qui, aux grands détriment et dommage de la chrétienté, ont apporté aux Turcs diverses inventions et techniques, des engins de guerre, la façon de fabriquer de l'artillerie, des arquebuses, de la poudre à canon, des boulets et d'autres munitions (ndla : souligné par nous) (…). » in Cecil Roth, *Doña Gracia Nasi*, Liana Levi, 1990, p. 109.

[8] On peut allonger la liste en relevant les noms des révolutionnaires bolcheviks agissant en Europe au lendemain de la Première guerre mondiale : Béla Kuhn en Hongrie, Rosa Luxemburg et Karl Liebknecht en Allemagne.

[9] Alexandre Soljénitsyne, *Deux siècles ensemble*, Fayard, deux tomes, 2003.

d'intentions carrément antisémites[10]. »

On peut donc désigner les coupables dans le cas de la révolution bolchevique de 1917 sans oublier la suite tragique et sanglante dans les années suivantes. Mais pour la Révolution de 1789, l'explication doit passer par un autre chemin. Il s'avère nécessaire de rappeler succinctement les fondamentaux de la monarchie française dont nous avons expliqué les origines et la vocation dans notre livre *Archives du mondialisme*. Le fond étant religieux, nous pouvons observer une succession d'éléments expliquant la trame spirituelle monarchique mais préciser aussi

---

[10] *Ibid.*, tome deux, p. 90. Dans la 3ᵉ édition de notre *Atlas du mondialisme*, nous écrivions page 264 à la note de bas de page 491 : Cette forte présence juive est confirmée par Gerhard Riegner, Secrétaire général du Congrès juif mondial concernant l'appareil diplomatique de la jeune République soviétique : « *À cette époque, la Russie soviétique manquait de diplomates professionnels. Elle recrutait alors ses représentants parmi les Juifs éduqués, possédant les langues étrangères. Presque tout le corps diplomatique soviétique était composé de Juifs avec, à la tête, le ministre des Affaires étrangères, Maxime Litvinov, et des ambassadeurs comme Boris Stein, Yacov Surits, Vladimir Sokoline, Ivan Maïski, Rosenberg. Le seul diplomate soviétique non juif important en ce temps était l'ambassadeur Potemkine.* » in *Ne jamais désespérer*, op. cit, p. 318 (…).
Précisons aussi que les travaux de l'universitaire Yuri Slezkine (*Le Siècle juif*) ont été confirmés par un article du 21 décembre 2006 intitulé *Stalin's Jews* sur le site *Ynetnews* affilié au journal israélien *Yediot Aharonot*. Le journaliste Sever Plocker n'hésite pas à reconnaître le rôle très important de meurtriers juifs au cours de la révolution bolchevique, puis lors des famines ukrainiennes et des purges sous Staline en citant les actions sanglantes, entre autres, de Guenrikh Iagoda (1891-1938) et de Lazare Kaganovitch (1893-1991). Cet article présente un sous-titre qui est sans ambiguïté : *We mustn't forget that some of greatest murderers of modern times were jewish* (En bon français : *Nous ne devons pas oublier que certains des plus grands meurtriers des temps modernes sont juifs*) in

https ://www.ynetnews.com/articles/0,7340,L-3342999,00.html

N'oublions pas aussi que lors de son arrivée à Petrograd, le 3 avril 1917, le camarade Lénine fut accueilli par un orchestre bolchevique lui jouant *La Marseillaise*, l'hymne de la Révolution. Tout cela est très logique.

l'origine du poison et sa diffusion, prélude à l'écroulement de cette noble maison en 1789. D'un point de vue général, l'Ancien Testament annonce dans la Genèse III-15, après la faute du péché originel, que le rachat de l'humanité passera par l'Incarnation. Tout le fil directeur de ces textes sacrés consiste à rappeler constamment, par les voix de nombreux prophètes (Jérémie, Ézéchiel, Zacharie, Osée, Misché, Daniel, …), que le Messie naîtra au sein d'un peuple choisi, les Hébreux, d'une tribu, celle de Juda au sein de laquelle une maison royale a été choisie, la maison de David. De celle-ci doit naître l'*Almah* (la Vierge) devant donner naissance à l'Emmanuel, le Christ. Ce peuple hébreu est donc le réceptacle de cet immense honneur messianique. Mais ce même peuple est épouvantablement rebelle aux demandes de Dieu (ou Yahvé) de se conformer à ses directives d'où des rébellions en tout genre aboutissant à l'adoration d'idoles, à des sacrifices humains et à des perversions en tout genre[11]. La réplique divine ne se fait pas attendre. Il châtie lourdement. Ce comportement divin choque très souvent le lecteur car les problèmes posés par les désordres religieux, psychologiques et sexuels hébraïques sont souvent réglés dans le sang sans oublier d'autres types de mesures comme la déportation à Babylone, en plusieurs étapes de 597 à 582 av. J-C, par Nabuchodonosor II. Le lecteur de 2019 oublie trop souvent que la psychologie est un élément fondamental pour étudier et comprendre les peuples. Les Hébreux à l'époque de Moïse comme les autres peuples à cette période sont d'une dureté, d'une violence et d'une sensualité extrême que l'on peut à peine imaginer. La politique de la « schlague » était la seule méthode pour se faire entendre, imposer la crainte respectueuse, sans oublier que l'arrière-fond spirituel de ces populations, les Hébreux et les païens, reposait sur des manifestations de possessions démoniaques accentuant encore plus leurs

---

[11] Parmi les nombreux exemples, nous pouvons citer le cas de Loth couchant avec ses filles après que celles-ci l'aient enivré. Face à de tels comportements et à de telles dérives, Dieu a ramené, plusieurs fois, ce peuple à une meilleure tenue. Cela passait obligatoirement par « un serrage de vis » terrible.

comportements dépravés. Face à de tels phénomènes, le problème ne pouvait être réglé que par le vide. Il fallait désinfecter. C'est le cas de la disparition complète, en dehors d'un petit groupe, de la ville de Jéricho sous les coups de Josué sur ordre du divin. Saint Paul résume fort bien cet état des choses largement méconnues par les intelligences empoisonnées par le rationalisme :

« (...) *Je dis que ce que les païens offrent en sacrifice, ils l'immolent à des démons, et non à Dieu ; or je ne veux pas que vous soyez en communion avec les démons. Vous ne pouvez boire à la fois au calice du Seigneur et au calice des démons ; vous ne pouvez prendre part à la table du Seigneur et à la table des démons (...)*[12]. »

Il faut donc absolument conserver à l'esprit que cette violence divine était nécessaire pour redresser le peuple hébreu soumis aux plus bas instincts, dans le contexte d'une époque épouvantablement corrompue, qui ne pouvait comprendre que ce type d'éducation musclée ... et le mot est faible. La naissance du Christ est le couronnement des annonces prophétiques faites sur des siècles. Comme nous l'avons expliqué dans *Archives du mondialisme* de nombreux éléments sont entrés en jeu incitant le Sanhédrin (la plus haute autorité religieuse et politique du monde hébraïque à cette époque) à ne pas reconnaître le Christ et à le condamner à mort. Ce peuple, choisi à l'origine, tournait le dos au Messie à l'exception de quelques Juifs comme les apôtres, de fait, premiers catholiques se référant au mystère de la Sainte Trinité. Ce rejet a eu des conséquences inouïes car les Juifs attendent toujours leur « messie » et à leur seul service. En réaction à la montée en puissance du christianisme, surtout après sa reconnaissance par Constantin en 313 ap. J-C, la synagogue a élaboré un nouveau judaïsme entre le IIe et le VIe siècle comme

---

[12] Saint Paul, 1er Épître aux Corinthiens (X, 20-21, Bible Crampon).

nous l'avons indiqué à la note 5. Ce nouveau judaïsme est une construction politico-spirituelle élaborée en opposition complète à l'idée d'Incarnation[13]. Or, au moment où ce nouveau judaïsme, qui n'a plus rien à voir avec le mosaïsme parachevé par la mort du Christ au Golgotha et sa résurrection, se met en place définitivement vers 500, la Providence pare le coup en favorisant à la même période une passation de pouvoir à une nouvelle maison royale, succédant à celle de David. En effet, sous l'égide de l'évêque Saint Rémi, une nouvelle lignée royale, celle de Clovis, est intronisée par son baptême en 496. Cette passation fait de la France le nouvel Israël du Nouveau Testament. L'évêque Saint Rémi est donc à Clovis ce que le prophète Samuel était au jeune David choisi par Dieu. Ces propos ne sont pas rhétoriques. En effet, la conversion de Clovis au catholicisme grâce à l'entremise de Sainte Clotilde et de l'évêque Saint Rémi est la réponse apportée par la Providence au refus des Juifs de reconnaître et de faire connaître le caractère messianique du Christ. La jeune Église avait besoin d'une épée mais aussi d'un bouclier pour propager cet idéal : ce fut la France née sur les fonts baptismaux de Reims. Comme le rappelle d'une manière extraordinaire l'évêque Saint Rémi, véritable écho du prophète Samuel au jeune David :

« (…) *Que le présent testament, observé fidèlement et inviolablement par mes frères et successeurs les évêques de Reims, maintenu et défendu par les rois des Francs, mes très chers fils, que j'ai consacrés au Seigneur dans le baptême, par le bienfait de Jésus-Christ et la coopération de la grâce du Saint-Esprit, obtienne de leur protection à tout jamais une force inviolable et perpétuelle dans toutes ses dispositions.*(…)

---

[13] L'islam ne pose aucun problème à la synagogue nouvelle puisque les principes clefs de celui-ci – Dieu unique, pas d'Incarnation et pas de sacerdoce rappelant le Sacrifice de la Croix – n'existent pas dans la religion musulmane.

Seulement, par égard pour la famille royale[14], *que, de concert avec mes frères et coévêques de la Germanie, de la Gaule et de la Neustrie, et pour l'honneur de la Sainte Église et la défense des pauvres, j'ai choisie pour être élevée à tout jamais à la majesté royale, que j'ai baptisée, tenue sur les fonts de baptême, enrichie des sept dons du Saint-Esprit, et sacrée de l'onction du Saint-Chrême,* **si quelque jour cette famille, tant de fois consacrée au Seigneur par mes bénédictions** (ndla : souligné par nous), *rendant le mal pour le bien, usurpe, ravage ou détruit les églises de Dieu, et s'en déclare l'ennemie ou la persécutrice, j'ordonne que les évêques de la province de Reims soient convoqués et lui fassent d'abord des remontrances ; qu'ensuite l'Église de Reims, s'adjoignant sa sœur, l'Église de Trèves, aille une seconde fois trouver le roi. La troisième fois, que trois ou quatre archevêques des Gaules seulement soient convoqués et fassent des remontrances au prince, quel qu'il soit, en sorte que la longanimité de la tendresse paternelle diffère jusqu'au septième avertissement, si les premiers n'obtiennent aucun succès. Enfin, si au mépris de toutes les remontrances, il ne dépose pas cet esprit d'obstination incorrigible, s'il refuse de se soumettre à Dieu et de participer aux bénédictions de l'Église,* **que tous prononcent contre lui la sentence prononcée il y a longtemps par le roi prophète David** (ndla : souligné par nous), *sous l'inspiration du même Esprit-Saint qui anime aujourd'hui les évêques (…). Que dans chaque église on prononce contre lui toutes les malédictions que l'Église prononce contre la personne*

---

[14] Comme l'écrit l'abbé Léonard Dessailly, auteur d'un fantastique ouvrage sur l'authenticité du Grand Testament de Saint Rémi, « *Il est remarquable que l'élection faite par Rémi et par ses coévêques n'ait pas porté nommément sur la personne de Clovis, ni sur celle de ses fils. C'est la famille royale qu'ils ont élue. (…) Leur choix a donc produit un effet plus étendu qu'une élection ordinaire : ce n'est pas un prince ici qui est choisi, c'est toute une race* » in *Authenticité du grand testament de Saint Rémi*, J-B Dumoulin, Librairie-Éditeur, paru à l'origine en 1877, 1996, p. 345. Le lecteur doit comprendre et retenir ce point en rapport avec les promesses divines faites à la Maison de David. C'est une caractéristique que l'on doit absolument conserver à l'esprit.

de Judas qui a trahi Notre-Seigneur Jésus-Christ, et contre les mauvais évêques ; (...). Il ne faut pas douter que ce qui est vrai pour le chef ne soit aussi vrai pour les membres. Il ne faut changer qu'un seul mot par interposition : "Que ses jours soient abrégés, et qu'un autre reçoive l'autorité royale". Si mes successeurs les archevêques de Reims négligent d'accomplir ce que j'ai ordonné, qu'ils soient frappés de malédictions et qu'ils subissent les peines portées contre les princes. (...) Mais si Notre-Seigneur Jésus-Christ daigne entendre les prières que je fais spécialement, en présence de la présence divine, pour cette race royale[15]*, afin que, fidèle aux instructions qu'elle a reçues de moi, elle persévère dans la sage administration de l'État et la protection de la sainte Église de Dieu, qu'aux bénédictions que le Saint-Esprit a versées par ma main pécheresse sur la tête de son chef, le même Esprit-Saint joigne d'autres bénédictions plus abondantes ; que de lui sortent des rois, des empereurs, qui, pour le temps présent et pour l'avenir, suivant la volonté de Dieu et l'accroissement de sa Sainte Église, soient fortifiés par sa grâce et affermis dans la justice et l'équité ; puissent-ils conserver le royaume et en reculer chaque jour les limites ;* **puissent-ils être élevés aussi sur le trône dans la maison de David**[16]**, c'est-à-dire dans la Jérusalem céleste, pour y régner éternellement avec le**

---

[15] Le droit français qui réglait la succession royale était donc la combinaison du principe électif avec le principe héréditaire. (…) « *En baptisant et en sacrant Clovis, c'était sa race même qu'il sacrait. Le grand homme dont nous ferons ressortir plus loin le génie politique, entendait fonder la stabilité du pouvoir en même temps qu'il fondait la monarchie.* » in Ibid., p. 346.

[16] Et l'abbé Dessailly d'ajouter ces paroles prophétiques : « *La Royauté a voulu l'Église à l'arrière-plan ; la Révolution veut l'anéantir : de là les négations contre le testament de l'Apôtre des Francs. Mais ces négations sont impuissantes contre la vérité. La Royauté, sans l'Église qui l'avait faite, n'a pu subsister ; la Révolution, qui veut l'abattre, n'a jamais amoncelé que des ruines. Qu'on le veuille ou qu'on ne le veuille pas, l'Église qui avait fait la France, aura seule un jour la puissance de la refaire.* » in Ibid., p. 347.

Seigneur (ndla : souligné par nous) (…).[17] »

De tels propos doublés d'une affirmation plongeant dans les promesses divines de l'Ancien Testament sont aussi une déclaration de guerre à la synagogue rebelle qui, d'une certaine manière, s'est sentie dépouillée de sa mission originelle. En effet, les propos de l'évêque Saint Rémi instaurent un modèle politico-religieux faisant du premier roi de France, Clovis, le lieutenant du Christ ; c'est-à-dire aux yeux de la synagogue rebelle un Messie qu'elle ne reconnaît pas, qu'elle rejette et qui doit être anéanti car, pour elle, « ce » Jésus de Nazareth n'est qu'un usurpateur. **La France est donc dans le collimateur de la nouvelle synagogue plus que tout autre pays en raison de cet honneur octroyé à la maison royale de Clovis et à ses successeurs. Ce point décisif est à retenir absolument. La France est à part et son sort est lié à l'Église[18].** Indirectement, cela signifie que, dès le début, notre pays a subi des attaques brutales ou, plus subtilement aussi, des infiltrations pour affaiblir et, en bout de course, effacer cette marque ainsi que la mission d'apostolat résultant du baptême de Clovis. Ce constat peut être établi dès l'époque de ce premier roi qui subissait l'hérésie arienne, déformant le dogme de la Sainte Trinité, dont le promoteur Arius avait, comme par hasard, longuement séjourné à Alexandrie véritable fief de la synagogue rebelle. Nous retrouvons le même phénomène avec les Cathares aux XII[è] et XIII[è] siècles dans le sud de la France. D'abord, nous demanderons au lecteur d'être curieux. En effet, posons-nous la question : pourquoi ces événements ont-ils eu lieu dans le sud et non dans le nord de la France ? Proclamant l'existence d'un Dieu bon et d'un Dieu mauvais, de la migration des âmes, mettant en valeur les « Parfaits », l'extension de cette hérésie menaçait le

---

[17] *Authenticité du grand testament de Saint Rémi*, op. cit, pp. 60-68.

[18] Nous avons surligné ces deux passages car la France née du baptême de Clovis et l'Église doivent être prioritairement abattues pour laisser la place nette aux ambitions messianiques de la synagogue aveugle.

royaume de France et, par ricochet, l'Europe chrétienne. Des influences extérieures ont pu être décelées comme celle du bogomilisme, originaire des Balkans, considérant le corps comme le mal, rejetant l'Ancien Testament, pratique déjà propagée par Marcion au tournant du Ier et II^{è} siècle après J-C et condamnée par l'Église, mais aussi les sacrements ... bref, la panoplie parfaite d'un christianisme débarrassé des critères abhorrés par la synagogue nouvelle. En raison des travaux du spécialiste israélien Gershom Scholem, il est possible de savoir qu'à l'époque du catharisme, la Kabbale avait son centre dans le sud de la France et en Catalogne. Elle était désignée par l'expression la « Kabbale espagnole ». Héritière de courants venus d'Orient, sa présence géographique explique la contamination et la manifestation des Cathares dans le sud de la France et non le nord. En effet, les fondamentaux de la religion cathare offrent plus que des reflets avec la Kabbale. Le Dieu bon et le Dieu mauvais propres au catharisme se retrouvent dans la pensée kabbalistique avec le « Dieu infini ou sans limite » ou l'*En-Sof* tandis que le Dieu mauvais est désigné par le démiurge. La migration des âmes du catharisme n'est que l'expression du *gilgoul* ou métempsycose que l'on retrouve dans ce milieu judaïque kabbalistique. Bien entendu, les sacrements propres au catholicisme et rejetés par la synagogue le sont aussi par le catharisme. Enfin, l'élite spirituelle chez les Cathares, régie par des principes strictes et désignée par l'expression les « Parfaits », offre de grandes similitudes avec l'organisation kabbalistique[19].

---

[19] Comme le rapporte Gershom Scholem : « *Dans l'histoire des religions, on rencontre fréquemment des hommes qu'on appelle "pneumatiques" ou "spirituels". (...) Ils sont connus dans la tradition juive sous le nom de "spirituels", d'"extravagants" ou, dans le langage du Zohar (ndla : ouvrage de la Kabbale), de "maîtres de l'âme sainte".* [Ces termes] *ne sont appliqués qu'à ces rares hommes qui fréquentent le "palais du roi", c'est-à-dire qui vivent dans une communion continuelle avec le monde spirituel dont ils ont franchi les portes. (...) Naturellement, ces "spirituels" se sont toujours considérés comme formant un groupe à part, d'où ce sentiment particulier de "supériorité" par lequel ils se caractérisent : le monde des affaires matérielles*

Le spécialiste israélien Gershom Scholem reconnaît sans ambages les points suivants :

« À partir de la fin du XIIe siècle apparaît sur la scène de l'histoire un mouvement mystique encore plus important. Ses adeptes et ses dirigeant se désignent eux-mêmes du nom de "maîtres de la Kabbale" (c'est-à-dire détenteurs de l'authentique tradition mystique), "maîtres de la Sagesse", "maîtres de la Foi" ou "maîtres du Culte". Lorsque ce courant s'affirme pour la première fois en tant que tel, dans le sud de la France et en Catalogne, il a déjà derrière lui une période de gestation. De l'analyse des sources les plus anciennes de cette littérature kabbalistique (le Bahir notamment), il ressort qu'avant de se manifester au grand jour, elle a traversé une évolution dont le déroulement se situe en France (...). Ces cercles accueillirent toutes sortes de traditions mystiques anciennes venues tout droit d'Orient, puis des hassidim (ndla : sorte de mystiques juifs) d'Allemagne. (...) Mais ces idées n'acquirent de l'importance qu'à partir de la seconde moitié du XIIe siècle, lorsqu'elles se combinèrent avec des conceptions néoplatoniciennes en vogue à cette époque. (...) Le Midi de la France, où cette mystique nouvelle commença à fleurir, ne se trouvait-il pas alors sous l'emprise déterminante du "catharisme", du "néo-manichéisme" dont les adeptes professaient un dualisme opposant un Dieu bon, créateur de l'âme, à un Dieu mauvais, créateur de la nature et du corps ? Il fallut attendre le XIIIe siècle pour que l'Église réprime par le fer et par le feu ce vigoureux mouvement populaire[20]. »

---

paraît bas à leur regard altier. » in Gershom Scholem, *Le messianisme juif, Essais sur la spiritualité du judaïsme*, Calmann-Lévy, 1974, p. 152.

[20] Gershom Scholem, *Aux origines religieuses du judaïsme laïque*, Éditions Calmann-Lévy, 2000, pp. 39-40. Les remarques acerbes de Scholem à l'égard de l'Église sont typiques d'une personne qui semble oublier que lorsque deux concepts religieux et philosophiques diamétralement opposés – avec leurs

Le XIIIe siècle fut l'apogée du catholicisme en Europe et plus particulièrement en France sous le règne de Saint Louis. **Il faut toujours rappeler que ce sont les minorités, en bien comme en mal, qui déterminent le comportement des masses.** Les problèmes rencontrés par l'Église et la monarchie française face aux Cathares et le règlement du problème ne signifiaient pas l'éradication du mal. Les concepts véhiculés par le catharisme n'étaient que la conséquence des pensées et des réflexions propres à des milieux furieusement opposés à la Tradition de l'Église. Les croisades, amorcées dès la fin du XIe siècle, avaient pour objectif de libérer le tombeau du Christ de la présence musulmane. Cependant, l'Orient est un lieu où, de tout temps, ont proliféré des courants philosophiques mêlant la gnose (centrée sur la connaissance par les seules forces de l'homme et le rejet de la grâce), le dualisme (deux principes s'opposant, l'âme étant le bien ; le monde matériel, le corps étant le mal) et l'astrologie. Certains chevaliers croisés n'ont pas été insensibles à ces influences philosophiques orientales diffusées par la suite en Europe après leur retour dans leur pays d'origine. N'oublions pas non plus la présence de communautés juives développant et diffusant de tels préceptes. La « Kabbale espagnole » en est un exemple. Le cas des Templiers anéantis par Philippe le Bel, même si des aspects obscurs demeurent, présente un aspect trouble où se mêlent puissance de l'argent – le Goldman Sachs de l'époque – et influences ésotériques diverses. Nous retrouvons

---

répercussions politiques – se font la guerre, il doit y avoir un vainqueur et un vaincu. Inversons la situation, si les Cathares avaient été les gagnants, ils auraient appliqué les mêmes méthodes à l'égard de leurs adversaires. Depuis quand fait-on la guerre avec des méthodes hygiéniques ? À cette même période, nous assistons à l'apparition du premier chef d'État mondialiste en la personne de Frédéric II de Hohenstaufen (1194-1250) œuvrant en faveur d'une symbiose des religions (catholique, musulmane et juive) en lien avec des astrologues, des nécromanciens et des personnages plongés dans la magie et l'ésotérisme en tout genre. Le combat à mort engagé entre cet empereur et l'Église se termina par la victoire de celle-ci qui sut éteindre ce départ de feu d'esprit révolutionnaire kabbalistique. Ce ne fut plus le cas à la Renaissance … ne parlons pas de 1789.

plus que des traces chez certains penseurs et érudits préparant et annonçant la Renaissance et l'apologie de l'Homme. C'est un véritable réseau culturel qui s'est renforcé au cours des XIV^è et XV^è siècles réunissant des êtres d'exception comme Pétrarque, Boccace, Marcile Ficin, Pic de la Mirandole ou encore Reuchlin. Êtres d'exception, certes, mais marqués à des degrés divers par le rejet de la grâce et des sacrements apportés par le catholicisme au profit des seules forces de l'homme capables de faire accéder à la connaissance. Ce fameux réseau culturel a eu inévitablement des répercussions religieuses et politiques. L'exemple le plus frappant est celui de Pic de la Mirandole subissant l'influence d'un Juif sicilien faussement converti au catholicisme, Flavius Mithridate, dont le vrai nom était Samuel ben Nissim abu'l Faradj[21]. Le même Pic de la Mirandole fut influencé par des lectures kabbalistiques (par exemple, le kabbaliste Abraham Aboulafia) et des contacts en particulier en liaison avec le rabbin Élie del Médigo marqué par Averroès, penseur et philosophe musulman du XII^è siècle considérant l'âme dans chaque être humain comme une substance périssable niant ainsi son caractère immortel. Fort de ce travail d'arrière-fond, Pic de la Mirandole joua un rôle certain dans la propagation d'une « bonne » kabbale chrétienne. Présentée dans son livre *Neuf cents conclusions* en décembre 1486, cet ouvrage fut rapidement condamné par l'Église car ces écrits mettaient « *la magie et la Cabale au-dessus du témoignage des Évangiles* »[22]. La présentation succincte de ces intervenants, essentiellement dans les États et cités-États de

---

[21] Chaïm Wirszubski, *Pic de la Mirandole et la Cabale*, suivi de Gershom Scholem, *Considérations sur l'histoire des débuts de la cabale chrétienne*, Éditions de l'Éclat, 2007, p. XVII. On peut s'interroger sur le choix curieux de Mithridate comme nom officiel. En effet, Mithridate VI (né en 132 et mort en 63 av. J-C) est célèbre pour avoir inventé le concept de mithridatisation consistant à absorber des doses faibles de poison afin de s'y habituer. Le choix de ce nom ne traduirait-il pas un détournement de ce concept en visant à instiller à petite dose des idées empoisonnées dans la société chrétienne afin qu'elle s'y « habitue » et les accepte en définitive ?

[22] *Ibid.*, p. 190.

la botte italienne, a eu d'indéniables répercussions dans la sphère politique, en particulier à Florence avec les Médicis. C'est le cas avec Laurent de Médicis dont l'éducation fut parrainée, entre autres, par Marcile Ficin. Cette cour fut un véritable aimant pour des courants d'idées véhiculés par ces personnages susmentionnés en liaison avec d'innombrables astrologues et Juifs de cour familiers de tels concepts. Pourquoi souligner ces éléments ? Cela est nécessaire car les guerres d'Italie entamées par les rois de France avec Charles VIII, à la fin XV^è siècle, puis poursuivies au XVI^è siècle par Louis XII et François 1er sont un véritable tournant mettant en contact direct ces monarques et leur cour de France avec ce milieu spirituellement et philosophiquement contaminé. C'est une véritable cohorte d'astrologues et de nobles italiens, touchés par ces idées humanistes mettant l'Homme sur le devant de la scène et dégradant le catholicisme, qui s'installe à la cour de France. Le mariage d'Henri II (fils de François 1er) avec Catherine de Médicis (arrière-petite-fille de Laurent de Médicis) est la suite logique résultant de ces contacts multiples. Il n'est donc pas étonnant d'apprendre que cette même Catherine de Médicis était férue d'astrologie et d'ésotérisme. On retrouve en particulier des astrologues et conseillers de la reine comme Cosimo Ruggieri ou le célèbre Michel de Nostredame, dit Nostradamus, médecin juif pratiquant aussi l'astrologie. La monarchie française fut dès lors entachée par ces marques méphitiques et cela ne pouvait que réjouir les élites rabbiniques. La Renaissance est la manifestation logique des travaux et publications de nombreux érudits italiens marqués par ces courants sous-marins gnostiques provenant, par des chemins divers, de la synagogue talmudo-kabbalistique. L'inertie de ce mouvement fut telle que celui-ci continua avec le mariage d'une autre Médicis, Marie, avec Henri IV, roi dont la conversion sincère au catholicisme peut laisser certains dubitatifs. Par la suite, l'arrivée de Louis XIV sur le trône de France en 1661 peut être considéré comme le condensé d'un esprit touché par ce passif exprimé par un emblème, le « soleil », aux relents païens en lien avec la mystique kabbalistique[23]. L'inertie du mal existe et strates après strates, il se densifie.

Le phénomène prend de l'ampleur avec la naissance officielle de la franc-maçonnerie, en 1717, fondée par deux protestants anglais : James Anderson et Jean-Théophile Désaguliers (descendant de huguenots émigrés en Angleterre). La religion protestante sous toutes ses formes (luthéranisme, calvinisme, etc.) est un christianisme talmudisé faisant du pasteur un fonctionnaire comme le rabbin et rejetant la présence réelle du Christ dans le pain et le vin (transsubstantiation). Le culte des saints et de la Sainte Vierge est, là aussi, rejeté. Le protestantisme n'est qu'une des conséquences de cet esprit propre à tous ces courants obscurs mais sérieusement actifs détruisant ou rabaissant tout ce qui a trait au Sacrifice de la Croix. L'honnêteté intellectuelle demande aussi de souligner que les turpitudes de certains hommes d'Église (les Borgia par exemple) ont donné du grain à moudre à des Luther et à des Calvin. Ce protestantisme, petit frère soumis et téléguidé par la synagogue, ne pouvait que secréter des idées et des concepts allant dans un sens bien déterminé. Ce n'est pas le hasard si Anderson et Désaguliers, créant officiellement la franc-maçonnerie, sont protestants. Même s'ils ont bénéficié, comme nous l'avons précisé, d'aides en provenance d'officines discrètes – et nous pouvons signaler les Rose-Croix – un élément décisif permet de braquer le projecteur directement sur la synagogue. En effet, après la création officielle de la maçonnerie, James Anderson matérialise ses réflexions, en 1723, dans un document appelé *Les Constitutions d'Anderson* définissant la franc-maçonnerie :

---

[23] Le fait que les demandes du Sacré-Cœur, le 17 juin 1689 à Sainte Marguerite-Marie, n'aient pas été agréées par ce roi s'explique en raison d'une tournure d'esprit empoisonnée par tous les relents issus de ce monde. Un siècle plus tard, le 17 juin 1789, le Tiers-État se déclara « Assemblée constituante ». Désormais, l'autorité ne vient plus du Ciel *via* le lieutenant du Christ mais du peuple, en fait, d'une oligarchie manipulatrice...

1) le nominalisme (pas de vérité éternelle, celle-ci étant évolutive) ; 2) le naturalisme d'où le rejet du catholicisme, religion révélée et 3) la primauté de l'homme.

D'emblée, nous pouvons constater que de tels concepts ne pouvaient que complaire à la synagogue. Cependant, l'ensemble prend un tour encore plus net en précisant que ce même Anderson va modifier le chapitre I de ces *Constitutions* en y introduisant le noachisme. Qu'est-ce que le noachisme ? : c'est la religion élaborée par la synagogue talmudique pour les non-Juifs, les Goyim ou les Gentils. Le rabbin Élie Benamozegh dans son ouvrage *Israël et l'humanité* (paru en 1914) a présenté les caractéristiques de cette religion pour les non-Juifs sous forme de sept lois[24]. Celles-ci reposent essentiellement sur le rejet de la Sainte Trinité, du sacerdoce catholique tandis que Jésus de Nazareth est considéré comme un simple prophète, en aucun cas comme le Messie (Fils de Dieu incarné). Ce même rabbin a de nouveau exprimé très clairement le sens de cette religion à son confident Aimé Pallière. Nous présentons ci-dessous les extraits clefs déjà exposés dans *Archives du mondialisme*. Le sujet est si important que nous n'hésitons pas à rediffuser ces informations capitales concernant l'humanité entière ... ce qui fait du monde (en dehors des Juifs, évidemment, se considérant comme le peuple-prêtre) :

« Nous, Juifs, nous avons nous-mêmes en dépôt la religion destinée au genre humain tout entier, la seule religion à laquelle les Gentils soient assujettis et par laquelle sont sauvés et vraiment dans la grâce de Dieu, comme l'ont été nos Patriarches avant la Loi. Pouvez-vous supposer que la vraie religion celle que Dieu destine à toute l'humanité date seulement de Moïse et porte l'empreinte d'un peuple spécial ? Quelle contradiction ! Apprenez que le plan de Dieu est plus vaste. **La religion de**

---

[24] Élie Benamozegh, *Israël et l'humanité*, Albin Michel, préface d'Aimé Pallière, 1961.

l'humanité n'est autre que le noachisme, non qu'elle ait été instituée par Noé, mais parce qu'elle remonte à l'alliance faite par Dieu avec l'humanité en la personne de ce juste. Voilà la religion conservée par Israël pour être transmise aux Gentils (ndla : souligné par nous) (...). *Je vous invite à tourner vos efforts vers ce qui existait avant que l'idée fût venue à Pierre d'imposer la Loi mosaïque aux Gentils et à Paul d'exempter de la Loi les Juifs eux-mêmes, en quoi ils se trompaient tous deux comme s'ils n'avaient rien connu des données essentielles de leur judaïsme. Il s'agit de revenir à l'antique principe : le mosaïsme pour les Juifs (et pour ceux qui, étrangers à Israël par la naissance et sans y être aucunement tenus, veulent cependant lui appartenir), et la religion des Patriarches pour les Gentils. Et comme cette religion dont nos prophètes ont annoncé le triomphe pour les temps messianiques comme religion de l'humanité convertie au culte du vrai Dieu n'est autre que le noachisme, on peut continuer à l'appeler le christianisme,* **débarrassé toutefois de la Trinité et de l'Incarnation, croyances qui sont contraires à l'Ancien Testament et peut-être au Nouveau** (ndla : souligné par nous). (...) *Quant à la personne de Jésus dont vous ne me parlez pas, je vous dirai cependant, parce que cela a son importance et que peut-être la question est très légitimement au fond de votre pensée, que* **pourvu qu'on ne lui attribue point la divinité, il n'y aurait aucun mal à faire de lui un prophète** (ndla : c'est le cas avec l'islam), *à le considérer comme un homme chargé par Dieu d'une auguste mission religieuse* (ndla : souligné par nous), sans *pour cela altérer en rien l'antique parole de Dieu et sans abolir pour les Juifs la Loi mosaïque comme ont prétendu faire ses disciples dénaturant en cela ses enseignements formels. Voyez plutôt Matthieu V, 17-19. L'avenir du genre humain est dans cette formule. Si vous arrivez à vous en convaincre, vous serez bien plus précieux à Israël que si vous vous soumettiez à la Loi israélite. Vous serez l'instrument de la Providence de Dieu envers l'humanité.* (...) *Je ne voudrais point vous parler avec une trop grande hardiesse,* **mais cependant je ne puis vous taire que ce devoir exclut le sacerdoce catholique** (ndla : souligné par nous) (...). *Avant toutes choses, je voudrais que vous vous persuadiez bien que cette religion noachide dont vous me dites entendre parler pour la première fois, et la plupart* *des gens sont dans ce cas, n'est pas une trouvaille que j'ai personnellement faite, encore moins une invention de ma façon, une sorte d'expédient de polémique plus ou moins heureuse.* **Non, c'est un fait étudié, discuté à chaque page de notre Talmud et aussi généralement admis par nos Docteurs qu'il est peu connu, disons même méconnu ailleurs** (ndla : souligné par nous) (...). *Ajoutez à cela que ce fait est le nœud même du sujet qui nous occupe. Seul il peut nous expliquer les incertitudes et les diversités de tendances qui se sont manifestées sur la question de la Loi mosaïque à l'origine du christianisme. Nous voyons là le point central où le déchirement s'est opéré entre le judaïsme et le christianisme et il est allé en s'accentuant de plus en plus.* **Le judaïsme opère une distinction entre les Juifs et les Gentils. D'après ses enseignements, les premiers se trouvent soumis comme prêtres de l'humanité** (ndla : souligné par nous) *à la règle hiératique mosaïque ;* **les seconds, les laïques dans l'humanité ne sont soumis qu'à la seule ancienne et perpétuelle religion universelle au service de laquelle les Juifs et le judaïsme tout entier ont été placés** (ndla : souligné par nous). *Le christianisme au contraire opéra la plus fâcheuse confusion, soit en imposant la Loi aux Gentils avec Pierre et Jacques et les judaïsants avec eux, soit en abolissant avec Paul cette même Loi pour les Israélites eux-mêmes. Considérez bien tous ces faits en eux-mêmes et dans leurs rapports entre eux et vous verrez que* **ce noachisme qui vous étonne n'est pas autre chose que le messianisme, cette forme authentique de christianisme dont Israël fut le gardien et l'organe** (ndla : souligné par nous). (...) *Je vous répète que cela n'exclut pas d'ailleurs la possibilité pour tout noachide, le laïque de l'humanité, qui se sent appelé au sacerdoce humanitaire, autrement dit à la Loi d'Israël, d'user du droit qui lui appartient, sans qu'il en ait jamais le devoir, ne l'oubliez pas, d'embrasser le mosaïsme, qui n'est pas autre chose que ce sacerdoce lui-même* (...). *Bien loin de le laisser tomber dans le pur rationalisme,* **notre Tradition fait au prosélyte noachide, appelé plus tard prosélyte de la porte** (ndla : souligné par nous), *une condition formelle d'accepter cette même religion, non point du tout comme le simple produit de la raison humaine, mais comme un enseignement de la Révélation divine* (...). *Je ne cesserai de vous répéter que* **le noachide est bel et bien dans le** *giron de la seule Église vraiment universelle, fidèle de cette religion comme le Juif en est le prêtre, chargé, ne l'oubliez pas, d'enseigner à l'humanité la religion de ses laïques, comme il est tenu, en ce qui le concerne personnellement, de pratiquer celle des prêtres* (ndla : souligné par nous). (...) *Voilà l'expression exacte de la doctrine du judaïsme*[25]. »

Que le lecteur s'imprègne bien des propos de ce rabbin rappelant le programme ancien élaboré par la synagogue et qu'il les compare aux affirmations d'Anacharsis Cloots et de ses comparses (Mirabeau, abbé Sieyès, ...). L'ensemble est en parfaite adéquation avec les objectifs talmudo-kabbalistique. Nous nous rapprochons peu à peu des origines profondes provoquant le bouleversement de 1789. En effet, les élites françaises du XVIIIe siècle (politiques et religieuses) vont intégrer en masse les loges. L'imprégnation, principe cher à l'éthologue autrichien Konrad Lorenz, va marquer les esprits de ces personnes d'une certaine manière de raisonner, de penser et d'appréhender le monde en fonction de la pensée maçonnique d'essence hébraïque. Comme nous l'avons précisé ci-dessus, James Anderson modifie le chapitre I de ses *Constitutions* en y introduisant le noachisme. La nouvelle version apparaît en 1738 sous la forme suivante :

« ***Un maçon s'oblige à observer la loi morale comme un vrai noachide*** (ndla : souligné par nous)*; et s'il comprend droitement le métier, jamais ne sera stupide, athée ni libertin sans religion, ni n'agira jamais contre sa conscience (...) , c'est-à-dire d'être hommes bons et vrais, ou hommes d'honneur et de probité, n'importe les appellations, religions ou croyances qui les distinguent ; car ils s'accordent tous sur les trois grands*

---

[25] Aimé Pallière, *Le sanctuaire inconnu, ma conversion au judaïsme*, Éditions saint Rémi, 2014, pp. 118-132.

articles de Noé (...)[26]. »

Cette imprégnation est véritablement complète puisque le 21ᵉ degré du Rite écossais ancien et accepté (REAA) s'intitule « Noachite ou chevalier prussien »[27]. Le « Siècle des Lumières » n'est que la projection sur la scène politique et religieuse d'un tour d'esprit émanant directement de ces loges spirituellement orientées. Le *Credo* est la prière de l'Église présentant tous les éléments qui définissent un authentique catholique. Cette prière et son contenu ne pouvaient plus être acceptés et appliqués par l'ensemble des élites françaises macérant dans des concepts philosophico-spirituels en harmonie avec la synagogue. La Tradition défendue par l'Église et le concept d'un roi de France lieutenant du Christ sacré à Reims, selon l'antique usage depuis Clovis et rappelé d'une manière magnifique par Sainte Jeanne d'Arc avec la Triple donation le 21 juin 1429 à Saint-Benoît-sur-Loire, étaient désormais sans valeur pour les plus tièdes et même à anéantir pour les plus violents. L'institution royale était touchée au cœur. En effet, Monseigneur Delassus rappelle qu'en 1787, l'aumônier de Louis XVI, l'abbé de Vermondans, était Officier du Grand Orient de France[28]. Par ailleurs, nous avons largement développé dans *Atlas du mondialisme* et dans *Archives du mondialisme* que la mère du roi Louis XVI (et aussi les futurs Louis XVIII et Charles X), Marie-Josèphe de Saxe, était la fille d'Auguste III de Pologne qui avait été le parrain du Juif

---

[26] http ://www.gadlu.info/textes-fondateurs-de-la-franc-maconnerie/constitutions-danderson-1738

[27] http ://www.francmaconcollection.fr/8-RITUELS-RITE-ECOSSAIS-ANCIEN-ET-ACCEPTE-REAA-EN-FRANCAIS/rituel-de-chevalier-prussien-REAA-21-rite-ecossais-ancien-et-accepte-F.php

[28] Monseigneur Delassus, *La conjuration antichrétienne ou le Temple maçonnique voulant s'élever sur les ruines de l'Église catholique*, Éditions KontreKulture, paru à l'origine en 1910, p. 96, note de bas de page 13. Rappelons que le cousin de Louis XVI, le duc d'Orléans dit Philippe Égalité, était à la tête du Grande Orient. Durant la période révolutionnaire, il vota la mort du roi. Il finit, lui aussi, guillotiné, le 6 novembre 1793.

messianiste Jacob Frank lors de sa fausse conversion au catholicisme avec ses disciples en 1759. Marie-Josèphe de Saxe, enfant, a baigné dans l'atmosphère délétère de la cour de Pologne où se pressaient ces faux convertis qui, pour couronner le tout, avaient été très souvent anoblis. L'imprégnation, déjà évoquée, a fait son œuvre sur l'âme de cette jeune femme. Jacob Frank, héritier d'une lignée de « messies » comme Sabbataï Tsevi, promouvait la perversion en tout genre en incitant ses adeptes à infiltrer la Haute-Société. Son petit-cousin, Junius Frey (de son vrai nom Moses Dobruska) prit la tête des « Frères Asiatiques », sorte de super-loge, mêlant pêle-mêle Kabbale et christianisme abâtardi. Comme l'ont prouvé les travaux de Gershom Scholem et nos recherches, nous trouvons les élites françaises et européennes servant de courroie de relais au milieu talmudo-kabbalistique comme, liste non exhaustive, Charles de Hesse-Cassel (successeur de de Junius Frey), le duc de Brunswick (membre des Frères asiatiques)[29] mais aussi le major du corps de génie, Jacques Mauvillon qui, après avoir été au service de ce duc, passa au service de … Mirabeau[30] intimement lié à un cercle

---

[29] Comme l'ont prouvé les travaux de René le Forestier, lors du congrès maçonnique de Wilhelmsbad en 1782, le duc de Brunswick fit le discours d'entrée et Charles de Hesse-Cassel, le discours de clôture in René le Forestier, *Les Illuminés de Bavière*, ARCHÈ, 2001, p. 368, note de bas de page 1. Ces faits sont corroborés par Gershom Scholem dans son ouvrage *Du frankisme au jacobinisme, la vie de Moses Dobruska, alias Franz von Schönfeld alias Junius Frey*, Gallimard/Seuil, 1981, p. 29, (réédité par Omnia Veritas) pour Charles de Hesse-Cassel et p. 56 pour le duc de Brunswick.

[30] « Œuvres de Mirabeau (les écrits) avec une introduction et des notes par Louis Lumet » : « *Jacques Mauvillon [1743-1794], major du corps de génie, était attaché au service du duc de Brunswick. Pendant un de ses voyages en Allemagne, Mirabeau avait apprécié ses qualités de travailleur appliqué et soigneux, ses principes philosophiques, ses connaissances en économie politique et en art militaire, et l'avait choisi comme collaborateur régulier, après avoir essayé vainement de l'obtenir comme agent secret.* » in https ://gallica.bnf.fr/ark :/12148/bpt6k75070s/f9.item.texteImage.zoom p. V, note de bas de page 1.

juif de Berlin avec Henriette de Lemos (en contact direct avec le roi de Prusse grâce à son mari, le docteur Hertz)[31] et les filles du philosophe Moses Mendelssohn promoteur de la *Haskala* (les Lumières juives)[32]. On ne peut pas comprendre la violence anticatholique de la Révolution de 1789 et l'émergence d'une nouvelle métaphysique comme s'est plu à l'affirmer l'abbé Sieyès si l'on n'appréhende pas tout l'arrière-fond et le réseau philosophico-spirituel formatant les esprits révolutionnaires. Il était bien plus habile d'utiliser des Goyim aux cerveaux rincés par des préceptes émanant de la synagogue que d'agir directement, comme ce fut le cas avec la révolution bolchevique de 1917. Les écrits d'Anacharsis Cloots en sont un parfait exemple. Quand le protestant Philippe Rühl (fils de pasteur luthérien) brise la sainte Ampoule servant au sacre des rois de France rappelant qu'ils sont les lieutenants du Christ, Roi de France suprême, peut-on vraiment croire que les élites rabbiniques à cette époque ont pleuré à chaudes larmes devant un tel forfait ? La Révolution française a permis l'instauration d'un régime rejetant le baptême de Clovis. Le lien avec le Ciel est rompu. La *quelipa* (la souillure dans le langage kabbalistisque), selon la réforme lourianique (en référence au rabbin Louria au XVIe siècle), représentée par le catholicisme instituant l'appareil monarchique français depuis le baptême de Clovis est détruite. Les droits de l'homme, religion humanitaire version noachide, sont désormais la nouvelle référence du peuple français largement inconscient des sources profondes façonnant ce nouvel évangile. Sait-il au moins que le préambule de cette Déclaration s'appuie sur « l'Être suprême » qui n'est que l'*En-Sof*, le Dieu infini de la Kabbale... même pas ! La naturalisation des Juifs par le décret du 27 septembre 1791 est le couronnement d'une longue

---

[31] Ajoutons ce fait capital, le banquier personnel du roi de Prusse, le Juif Isaac Daniel Itzig, était membre et contributeur financier de l'ordre des « Frères Asiatiques » in *Du frankisme au jacobinisme, la vie de Moses Dobruska, alias Franz von Schönfeld alias Junius Frey*, op. cit, p. 49.

[32] Pierre Hillard, *Archives du mondialisme*, Éditions Nouvelle Terre, 2019, p. 148, note de bas de page 280 et page 150, notes de bas de page 283 et 284.

politique d'imprégnation rendue possible par une sorte de judaïsation des esprits parmi les révolutionnaires refusant d'admettre les droits du Christ, du Messie, sur la France. En 2019, il est très difficile de faire comprendre cet état des choses à une population française largement déchristianisée grâce aux effets de 89 et imbibée de naturalisme. En revanche, les élites juives, elles, ont parfaitement compris les enjeux de cette immense bascule. Pour illustrer cette affirmation, nous allons pour la première fois utiliser les « *Archives israélites* » publiées entre 1840 et 1935. En effet, la lecture de cet hebdomadaire sous la direction d'érudits juifs permet largement de comprendre leur satisfaction lors des célébrations du centenaire de la Révolution en 1889 suivies des fêtes commémorant leur naturalisation en septembre 1791. Nous présenterons des extraits de leurs propos concernant le rôle « bénéfique » de Voltaire et de son antisémitisme lors du centenaire de sa mort en 1878, puis une série de textes de 1889 à 1893. Les propos tenus sont révélateurs d'une connaissance approfondie des origines de 89 ce qui n'empêche pas, parfois, une duplicité de la part de leurs auteurs. En effet, ils se gardent bien de préciser que le nouveau judaïsme talmudique élaboré du IIe siècle au VIe siècle n'a plus rien à voir avec le mosaïsme même s'ils n'hésitent pas à faire appel à des grands noms de l'Ancien Testament. Comme nous l'avons déjà écrit, le judaïsme talmudique s'est construit en opposition farouche au christianisme parachevant l'Ancien Testament. En outre, il faut souligner que pour les rédacteurs de cette revue, les Juifs jouent un rôle essentiel dans le développement de la civilisation au service de l'humanité toute entière … en fonction de leurs normes bien entendu. Une autre caractéristique ressortant de ces écrits est l'apologie du patriotisme des Israélites français par les rédacteurs de cette revue. **Ce fait doit être impérativement souligné.** Comme nous le verrons dans ces extraits, et plus particulièrement dans un cas précis avec Sainte Jeanne d'Arc, ce patriotisme à l'égard de la France n'est valable que dans un cadre bien défini. Cette méthode utilisée et promue par ces élites au service d'un idéal purement terrestre a permis de conduire de nombreux patriotes français et catholiques dans l'impasse au XIXe siècle jusqu'en 2019 interdisant le renouveau de la France chrétienne. Enfin, le lecteur peut lire l'intégralité de ce document exceptionnel d'Archives israélites du 24 septembre 1891 exaltant « *Le centenaire de l'émancipation juive, 1791-1891*[33] ».

- <u>Archives israélites du 1ᵉʳ juin 1878, pp. 323-324</u>
<u>(ndla : centenaire de la mort de Voltaire)</u>

« (…) *On sait, par exemple, ce qu'il se fait depuis quelques mois de bruit autour du nom de Voltaire, dont avant-hier même est échu le centenaire, occasion de si violentes controverses entre les libres-penseurs et le catholicisme. Tandis que les uns élèvent au pinacle celui qu'ils considèrent comme le patriarche de leurs négations, les autres vouent aux gémonies l'impitoyable railleur de leurs traditions séculaires. Il nous semble que ce serait aux Juifs, non moins vilipendés par Voltaire que le christianisme, de rétablir l'équilibre des appréciations : Voltaire attaquait les Juifs et leurs livres saints comme précurseurs des dogmes chrétiens qu'il avait surtout en vue, mais en même temps il faisait campagne contre l'intolérance, contre toute espèce de persécution religieuse : il cherchait à ruiner les croyances bibliques, et en même temps réclamait justice pour les droits de la conscience, et grâce à lui et à son école, l'esprit farouche du sectaire s'est adouci, l'équité d'appréciation en matière de cultes est entrée dans les lois par les mœurs. Les guerres de religion ont été rendues impossibles.* **Donc, si Voltaire nous a été funeste, le voltairianisme nous a été éminemment utile** (ndla : souligné par nous). *Nos croyances ont survécu à ses attaques, une exégèse plus profonde, une critique plus haute a fait justice des erreurs et des sarcasmes, mais le bien qu'il a fait, – bien inestimable, – en déracinant la tyrannie ecclésiastique, en ruinant les principes de l'Inquisition, en éteignant la flamme des bûchers, lui a survécu. C'est là le plus clair de son œuvre, et les méprises ou les petitesses de ses appréciations sont effacées par la grandeur des*

---

[33] Voir **Annexe 1** : Archives israélites, Le centenaire de l'émancipation juive, 1791-1891.

*résultats que lui doit la civilisation. Si les chrétiens éclairés voulaient être impartiaux comme nous, **ils ne songeraient qu'à ce qu'a fait Voltaire pour dégager la religion d'impures et odieuses scories*** (ndla : Ah ! Les fameuses quelipot!) ***qui la compromettent** : si les libres-penseurs voulaient raisonner au lieu de déclamer, ils comprendraient que le fanatisme anti-religieux fait plus de bien aux croyances religieuses que l'appui du pouvoir séculier. Voilà à quel point de vue nous affirmions que les Israélites apportent plus que d'autres une opinion désintéressée dans le débat.* »

- <u>**Archives israélites consacrées à la Révolution de 1789 et à ses conséquences**</u>

1) <u>**Archives israélites du 11 avril 1889, pp. 113-114**</u>

« (…) *Religion et politique, toutes deux obéissent donc à la même impulsion, et nous justifient ainsi d'associer, dans les observations que nous allons présenter, la journée plusieurs fois millénaire qui ouvrit une grande ère d'affranchissement religieux et moral, et le centenaire de notre grande émancipation politique et sociale.* (…) *Quand la main d'un homme d'incomparable génie comme Moïse eut arraché ses frères à un brutal asservissement, ce n'était pas l'émancipation physique qu'il avait pour seul objet : celle-là n'était que la condition et le point de départ d'une autre et plus haute émancipation, celle de l'intelligence et du cœur, grâce à une législation immortelle : mais entre la révélation des plus hautes vérités morales, et leur mise en pratique, à leur application, quelle distance, quel chemin à parcourir ! Les Juifs n'ont pas certes accompli tout ce chemin, mais ils s'y sont engagés résolument, et le monde a fini par s'y engager à leur exemple : le développement de la civilisation humaine date de là. D'un autre côté, quand sous l'irrésistible influence d'une philosophie régénératrice, les cadres d'une société oppressive ont été brisés en 89, sous l'inspiration de ce que nous estimons, nous, une action providentielle aussi, **ce n'est point dans l'intérêt seul de l'égalité de tous les individus qu'elle s'est produit, c'est aussi dans l'intérêt du niveau de la moralité*** *humaine à élever, de la solidarité humaine à affirmer ; ce n'est pas non plus au profit du seul peuple au milieu duquel elle a éclaté, c'est dans l'intérêt supérieur de toutes les nations appelées à en bénéficier, de la fraternité des peuples à affirmer et à fortifier* (...) (ndla : vision globale de l'humanité guidée par un judaïsme triomphant).

2) <u>Archives israélites du 16 mai 1889, pp. 155-157</u>

- Actualités, centenaire de 1789, service d'actions de grâces à la Synagogue de la rue de la Victoire.

« *L'appel adressé par M. le Grand-Rabbin de Paris à ses ouailles a été largement entendu. Une foule considérable s'était rendue samedi dernier, 11 mai, à 5 heures du soir, au Temple de la rue de la Victoire,* **attirée par le désir de manifester les sentiments de reconnaissance des israélites parisiens pour les bienfaits de la Révolution** (ndla : souligné par nous). *Le matin, à l'office de Schar'hit, dans tous les autres Temples des psaumes avaient été récités accompagnés d'une allocution de circonstance par le rabbin. À l'oratoire du Patriarche Abraham, rue de la Boule-Rouge, il y avait eu également le matin, récitation des psaumes 107 et 111 qui s'adaptent si bien à ce grand événement de délivrance. Dans l'assistance aussi nombreuse que choisie, qui dès avant 5 heures remplit le vaste vaisseau de la Synagogue de la rue de la Victoire, illuminés comme aux jours de fête, et s'y presse en rangs compactes, nous remarquons les membres des Consistoires central et de Paris, ayant à leur tête leurs présidents MM. Alphonse Gustave de Rothschild, M. Bédarrides, président de Chambre à la Cour de cassation, le général Sée, etc., etc., tous en frac, l'administration des Temples, le Comité central de l'Alliance, le Comité de Bienfaisance, des présidents de Société. Remarqué également plusieurs membres israélites de l'Institut, en particulier le vénérable M. Ad. Franck, des officiers, des notabilités de tout ordre* **jusqu'à des membres du clergé catholique qui partagent sans doute les sentiments de l'abbé Grégoire** (ndla : Vatican II et *nostra Aetate* avant l'heure). *Le service du Centenaire a été* *intercalé dans l'office du Minh'a, après la lecture de la Torah. L'officiant Beer récite les psaumes 85 et 100. Puis M. le Grand-Rabbin de Paris monte en chaire, et d'une voix vibrante, déroule à ses auditeurs attentifs le tableau des bienfaits de la Révolution de 1789, en particulier ceux qui concernent les Israélites. Il l'appelle une nouvelle Pâque sociale et compare l'émancipation à la promulgation de la Loi. Après avoir dépeint les souffrances sans nombre, les dénis de justice, les actes de farouche violence, de sauvagerie auxquels les Israélites furent en butte pendant des siècles aussi sombres que longs, il énumère les conséquences heureuses de la Révolution, et montre en terminant que les Israélites, par leur dévouement à la patrie française et leur empressement à aborder toutes les carrières, ont justifié la générosité éclairée des hommes de 1789. Ce discours, empreint d'une grande élévation de sentiments, débité avec chaleur, a fait une profonde impression sur l'auditoire. L'Adon Olam du vieux maître Rossi a été ensuite entonné par le chœur et l'orgue. M. le Grand-Rabbin, entouré de tous ses adjoints, a récité une prière en hébreu composée spécialement pour la circonstance, puis une invocation française, superbe comme fond et facture, qui était un saisissant résumé de son discours. Il a appelé les bénédictions du Ciel sur la France qui marche à la tête des nations dans* **les voies de la tolérance et la liberté religieuse** (ndla : encore Vatican II avant-l'heure). *La prière habituelle pour la République a clos cette cérémonie spéciale, qui a été une imposante démonstration des sentiments de gratitude patriotique des Juifs français.* »

- Chronique de l'émancipation

Bien que le Centenaire de notre Émancipation (ndla : avec « É » dans le document original) *définitive ne vienne que le 27 septembre 1891, et sans préjudice des solennités spéciales qui devront être célébrées à cette époque pour le fêter, le Consistoire central a bien fait d'associer publiquement le judaïsme à la commémoration de la Révolution de 1789. Cette date ne saurait en effet, rester indifférente aux Israélites. Si le grand acte réparateur et justicier n'a pas été consommé en cette année, on y a dignement prélude en inscrivant dans la fameuse Déclaration des droits de l'homme que "nul ne doit être inquiété pour ses opinions même religieuses".* La discussion à laquelle cette déclaration donna lieu, le 23 août 1789, à l'Assemblée nationale, laisse entrevoir clairement que l'émancipation des Israélites en était la déduction logique, fatale. (…) Le judaïsme français a donc bien fait de participer in corpore aux fêtes commémoratives de 1789 et de saisir cette occasion pour témoigner à la France la reconnaissance inextinguible qui déborde de son cœur, pour remercier la Providence d'avoir fait le choix, pour l'instrument de sa grâce, d'une nation qui n'a jamais cessé de se montrer digne de cette insigne faveur, que toujours depuis cette époque on a vue se dresser frémissante quand il s'agissait de protester contre l'oppression des peuples et qui n'a jamais manqué d'élever la voix pour revendiquer le droit des faibles, prête même pour les défendre à sortir sa puissante épée de son fourreau. (…) Ce sont là de touchants souvenirs qu'on a du plaisir à évoquer à une époque comme celle-ci, consacrée à la glorification des grands faits de 1789, et nous enveloppons dans un même sentiment de gratitude émue et de respect affectueux les noms de tous ces hommes au cœur généreux, à l'esprit plein de rectitude qui, comme Mirabeau et à un degré moindre Clermont-Tonnerre, rompant avec les préjugés de leurs castes, ou comme les abbés Grégoire, Bertolio et Mulot, s'élevant au-dessus des préventions théologiques, plaidèrent chaleureusement notre cause et la firent triompher. (…) Mais les antisémites de notre époque qui ont sous les yeux le magnifique tableau du développement de la race israélite, se distinguant dans tous les champs de l'activité humaine, déployant partout où elle a été complètement émancipée, c'est-à-dire régénérée, des qualités industrieuses et laborieuses, ceux-là sont injustifiables quand ils s'assimilent les arguments de l'abbé Maury (ndla : prêtre qui s'est opposé à la naturalisation des Juifs en 1791) et, la preuve faite, raisonnent et empoisonnent comme si elle était encore à faire. (…) Pour ceux-là, les antisémites modernes, 1789 est un anniversaire fort gênant. C'est une date qu'ils aimeraient à rayer de l'histoire, car elle est leur suprême condamnation. (…) Ces souvenirs d'un siècle, qui sont si doux à notre cœur, pèsent lourdement sur la conscience de ces gens-là. Ils en veulent à la Révolution de nous avoir émancipés, mais ils nous en veulent davantage d'avoir justifié, dépassé même les espérances fondées sur nous. Nous *essayerons de nous en consoler, en songeant que dans ce monde le mal des uns est souvent le bien des autres.* »

3) <ins>Archives israélites du 23 mai 1889, pp. 163-165</ins>

- Le centenaire de 1789 dans les synagogues de Paris, province et Algérie

« *Le Centenaire de 1789 a été dignement célébré par le judaïsme français qui s'est livré dans ses synagogues à une imposante et spontanée démonstration patriotique. (…) À la synagogue de la rue Nazareth* (ndla : à Paris)*, c'est M. le rabbin Joseph Lehmann qui a porté la parole. Voici un passage saillant de son exhortation enflammée : "**En votre nom, s'est-il écrié, en mon nom, au nom de tout Israël, je jure que nous avons mérité le bienfait de la Révolution !*** (ndla : souligné par nous).

- Bordeaux

« *Nous empruntons à la Petite Gironde les passages les plus intéressants de sa relation : "L'assistance tout entière, bénissant la France, qui a rendu aux Juifs leurs droits de cité dans le monde, adresse à notre cher pays du plus profond du cœur un long cri de reconnaissance. M. le grand-rabbin Isaac Lévy monte alors en chaire. Dans un discours éloquent, respirant le plus pur patriotisme, le vénéré pasteur fait un tableau saisissant de ce que les Israélites doivent à la Révolution ; c'est elle qui leur a donné un pays, qui les a faits des citoyens. Dans un langage élevé, il rend hommage à la France de sa sympathie, de son amour pour les humbles et les opprimés.* **Ce n'est pas seulement comme Israélites, c'est comme Français que nous devons bénir la Révolution** (ndla : souligné par nous). *Avant elle la France n'était pauvre ni en gloire ni en héroïsme, mais la Révolution l'a faite le champion, dans le monde entier, des idées de charité, de justice et d'égalité (…).* »

- Lyon

« *Le service d'actions de grâces a été célébré à l'office du matin en présence d'une foule recueillie. (...) M. le Grand-Rabbin Alfred Lévy a prononcé une émouvante allocution (...) : "Vous savez, Messieurs, combien depuis un siècle, nous nous sommes efforcés de répondre noblement à la confiance qui nous fut témoignée. Vous savez combien nous avons cherché à prodiguer à cette mère adorée qui se nomme la France les preuves de cet amour de la patrie qui, dès les premiers jours de notre émancipation, s'empara de nous avec une puissance d'autant plus grande que nous ne connaissions plus, hélas ! Depuis trop longtemps, les douceurs de ce sentiment, l'un des plus élevés, l'un des plus saints de la nature humaine. C'est parce que nous avons prouvé à notre chère France que l'amour de la religion et celui de la patrie se fortifient, se complètent l'un par l'autre, qu'au besoin même certaines prescriptions religieuses s'effacent devant les obligations nationales, c'est parce que depuis qu'elle nous a ouvert l'accès de toutes les carrières, nous l'avons servie, avec ardeur et dévouement, dans toutes les voies de l'activité humaine, c'est parce qu'elle nous a vus et nous verra toujours prêts à supporter tous les sacrifices, à braver tous les dangers, à verser enfin jusqu'à la dernière goutte de notre sang pour la défense de son intérêt et de son honneur, qu'elle nous a confondus avec tous ses enfants, qu'elle nous rend la tendresse que nous éprouvons pour elle. Quoi qu'en disent nos détracteurs, la France n'a pas de fils plus aimants, plus dévoués, plus reconnaissants que nous. Nous l'a voulons grande et heureuse, nous la voulons calme et prospère ! (...).* »

- Lille

« *Le Centenaire de 1789 a été célébré avec éclat au temple israélite de Lille, richement décoré de draperies, de trophées et brillamment éclairé. La chaire du Grand-Rabbin était entourée d'une belle draperie aux couleurs nationales. L'Écho du Nord écrit au sujet de cette cérémonie : "Le discours de M. le grand-rabbin Cahen a été de tous points remarquables et a produit une* *vive impression sur l'auditoire. Après avoir fait un retour vers le passé, si sombre pour la religion juive, **il a évoqué le souvenir des illustres philosophes du XVIIIe siècle qui se sont faits les apôtres des grands principes libéraux auxquels la France sut donner leur réelle application dans l'immortelle Déclaration des Droits de l'homme** (ndla : souligné par nous). L'orateur montre ensuite la France invitant, la première entre toutes les nations, les Israélites à entrer librement dans la carrière, et ceux-ci faisant servir leur intelligence à la gloire de leur pays, en s'illustrant dans le domaine des lettres, des sciences, des arts et versant le plus pur de leur sang sur les champs de bataille, pour l'honneur du drapeau français. Travailler à la gloire de notre France bien-aimée, telle a été, dit l'orateur, telle sera toujours la manière dont les Israélites témoigneront le mieux leur reconnaissance".* **La cérémonie s'est terminée par une touchante prière pour la prospérité et la grandeur de la France et du régime républicain qu'elle a adopté** (ndla : souligné par nous. »

- Nice

« *Le Phare du Littoral a publié la majeure partie du remarquable discours prononcé à cette occasion, dans le temple israélite de Nice, par M. le rabbin H. Meiss. En voici, à titre d'échantillon, de cours fragments : Nous fêtons aujourd'hui le centième anniversaire de l'époque glorieuse et héroïque où le titre de citoyen nous fut conféré et où il nous fut permis de nous asseoir au banquet social ! Que notre pensée première soit donc pour " Celui qui, selon l'expression des livres saints, dirige les événements et fait naître une ère nouvelle ", mais qu'un sentiment de vive reconnaissance fasse battre notre cœur pour cette noble France qui, au milieu des préoccupations les plus pénibles, au milieu de ces épopées à la fois terribles et grandioses qui ont secoué l'Europe, n'a pas dédaigné de jeter un regard de compassion sur ces parias d'hier, sur ces infiniment petits dont l'existence n'était qu'un long martyre, une suite de vexations et de souffrances. Et déjà quelques années plus tard – car les événements marchent avec une rapidité extraordinaire – au* moment de la réunion du Sanhédrin à Paris, quand le génie despotique du grand Empereur comptait confondre les Israélites dont il négligeait, par orgueil, d'étudier les coutumes et les croyances ; à la question posée : "Les Juifs nés en France et traités par la Loi comme tels, regardent-ils la France comme leur patrie et se croient-ils obligés de la défendre ?", les notables s'écrièrent d'une voix unanime : "Oui, jusqu'à la mort !" **Nous ajouterons que tout Israélite qui a du cœur et de la mémoire** (ndla : concernant la mémoire, pour sûr ! L'Israélite en a !), **à quelque nationalité qu'il appartienne, doit avoir pour seconde patrie, pour patrie idéale, la France de 1789 !** (ndla : souligné par nous).

- Saint-Étienne

« *Toute la communauté s'était fait un devoir d'assister à la cérémonie patriotique : on remarquait M. Th. Lévy, président de la Communauté ; M. Levaillant, trésorier général ; M. René Simon, directeur des Mines de Monthieux : le Rabbin, M. Moïse Netter a prononcé, sur les bienfaits dont les Juifs sont redevables à la Révolution, un discours dont le Stéphanois de dimanche a donné un extrait et sur lequel il s'exprime en termes très favorables. En voici un passage saillant : "Et, quoiqu'il m'en coûte, je dois aussi, quand ce ne serait que pour donner une ombre à mon tableau, dire un mot des injustes attaques dont nous sommes encore quelquefois l'objet de la part de certains esprits et des reproches qu'ils font à la France pour sa conduite, sa généreuse erreur disent les moins violents, envers nous. Il me serait facile de réfuter une fois de plus les arguments dont on use ; j'aime mieux aujourd'hui plaindre ces hommes et leur pardonner en pensant que nous leur répondrons en aimant chaque jour avec plus d'ardeur, si cela est possible, la France et la République, en contribuant à leur prospérité par notre labeur, à leur grandeur par nos travaux, à leur bonne renommée dans le monde par notre conduite et en songeant que plus d'un d'entre nous a aidé à l'immense succès de notre admirable Exposition. M. Netter a entretenu ses ouailles d'une œuvre d'intérêt général dont il caresse la pensée pour perpétuer le souvenir de cette date mémorable : il se proposerait de "provoquer une grande souscription parmi les Israélites de France : le produit du capital ainsi réuni servirait à donner l'instruction à des jeunes gens pauvres, sans distinction de culte"* (…). »

- Nîmes

« *Du compte-rendu du Républicain du Midi nous extrayons ce qui suit : Un service solennel en commémoration de la Révolution a été célébré samedi à cinq heures, au temple israélite de la rue Roussy. De nombreux faisceaux aux couleurs nationales ornaient la façade et l'entrée du temple. L'affluence était considérable. Toutes les familles israélites avaient tenu à manifester leurs sentiments d'amour et de gratitude pour les hommes de l'Assemblée constituante. Après les prières de l'office ordinaire, M. le rabbin est monté en chaire et, dans une allocution chaleureuse, il a exalté les bienfaits de la Révolution. Nous avons retenu encore le trait historique suivant : **lorsque l'ami de Mendelssohn, le célèbre Wesely, grand rabbin de Berlin, reçut la nouvelle de la prise de la Bastille, il se leva, se revêtit de son taleth, et se tournant vers l'orient, s'écria : "Béni sois-tu, mon Dieu, qui as chassé l'iniquité de la terre, brisé à jamais le règne de l'arbitraire et fais naître le droit et la vérité"*** (ndla : souligné par nous). »

- Nantes

« *Le Progrès de Nantes et de la Loire-Inférieure a reproduit, en l'accompagnant de compliments flatteurs, le discours prononcé par M. le rabbin Korb que la Communauté a fait imprimer. En voici la chaleureuse péroraison : "Soyons actifs, acharnés au travail, infatigables à la peine et honorons les carrières que nous avons librement embrassées. Ouvriers, commerçants, industriels, artistes, hommes de lettres ou soldats, soyons tous les agents de la prospérité nationale, **les artisans du progrès*** (ndla : "progrès", expression propre à la pensée juive). *C'est ainsi qu'en temps de paix, nous contribuerons à agrandir la puissance de la France, à rehausser le prestige moral de notre chère patrie. Ah ! Si jamais la France avait besoin de nos bras* *pour défendre le sol national, nous saurions, comme par le passé, verser notre sang sur le champ d'honneur. De même que nos ancêtres ont su mourir pour conserver intacte leur foi religieuse, de même nous saurions mourir pour conserver l'intégrité de la patrie française.* »

- **Valenciennes**

« *L'Impartial du Nord s'exprime en ces termes : Le service commémoratif à l'occasion du Centenaire a eu lieu dimanche dernier, au temple israélite de Valenciennes, au milieu d'une nombreuse assistance. Parmi les notabilités présentes à cette cérémonie, nous avons remarqué beaucoup de conseillers municipaux, divers fonctionnaires, Me Foucart père, avocat, etc. Après la récitation des prières et un morceau de chant fort bien exécuté, M. le rabbin Meyer est monté en chaire. Dans un sermon plein d'élévation et empreint du plus pur patriotisme, ce pasteur a retracé les bienfaits de la Révolution française qui a mis fin aux persécutions des Israélites en leur accordant les droits et les devoirs du citoyen français.* »

- **Algérie – Alger**

« *Le Moniteur de l'Algérie a rendu compte en ces termes de la cérémonie : Samedi matin, un service religieux a été célébré dans les synagogues de notre ville, en l'honneur du Centenaire de 1889. Pour la circonstance, le grand temple israélite de la rue Randon avait été richement décoré, des guirlandes de verdure et des fleurs se mêlaient à des trophées de drapeaux aux couleurs nationales. M. Bloch, grand-rabbin, officiait. Il a fait des prières spéciales pour la France et le Président de la République et ensuite pour les autorités algériennes. Après la cérémonie religieuse, il a prononcé un discours plein de patriotisme sur les bienfaits de la grande Révolution française de 1789.* »

4) <u>Archives israélites du 6 juin 1889, pp. 177-178</u>

- **Causerie**

« *L'analogie entre la sortie d'Égypte des Israélites, leur affranchissement miraculeux et la Révolution française est frappante, et les orateurs sacrés qui ont parlé au service commémoratif de 1789 n'ont pu s'empêcher, pour la plupart, de la faire toucher du doigt à leurs auditeurs. Ici comme là, il y a cent ans comme il y a 3 201 ans, c'est un asservissement séculaire qui prend fin : c'est un peuple qui conquiert tout d'un coup son indépendance, qui devient libre de ses mouvements, maître de ses destinées,* **qui est appelé providentiellement à la lumière et au progrès** (ndla : comme déjà écrit, l'idée juive typique du progrès vers un horizon radieux), **à qui toutes les audaces sont permises, quitte à en supporter les frais, à subir les conséquences de ses fautes.** *C'est avec raison qu'on a appelé la* **Révolution française une nouvelle Pâque** (ndla : de nombreuses vérités dans ces propos), *avec cette différence qu'elle s'est accomplie au lieu même de l'oppression, tandis que le grand événement que notre Pâque remémore, l'affranchissement d'Israël, pour être consommé a dû se compléter par la sortie en masse de la terre d'esclavage. Mais il ne suffit pas de proclamer les hommes libres, de leur lâcher la bride qu'ils ont sentie si longtemps et si cruellement sur leurs épaules. Il faut leur donner des lois, leur tracer un cercle où ils auront à se mouvoir librement mais qu'ils ne pourront franchir, imposer un frein nécessaire au débordement des passions qui suit toute Révolution, qui en est la conséquence immédiate. La Déclaration des Droits de l'homme devait suivre la Révolution comme le Décalogue proclamé sur le Sinaï complète, parachève l'affranchissement de nos ancêtres. C'est ainsi que l'analogie entre ces deux grands faits historiques se poursuit pour ainsi dire mathématiquement. Mais il y a plus qu'un rapprochement entre eux, il y a la similitude de traits qu'on rencontre chez les membres d'une même famille. La Révolution procède inconsciemment du miraculeux affranchissement des serfs hébreux et la Déclaration des Droits de l'homme n'aurait pas vu le jour sans le Décalogue. Prenez cette Déclaration et vous verrez que l'esprit généreux, vraiment humain, dont elle est pénétrée, qui circule dans tous ses articles, est l'esprit de la Bible ; vous retrouvez l'inspiration* *dans nos prophètes*[34]. ***La Révolution française, en un mot, a un caractère hébraïque très prononcé*** (ndla : souligné par nous). *Aussi, il ne faut pas se montrer très surpris que les esprits généreux qui entreprirent ce mouvement, qui s'attelèrent à cette tâche grandiose avec tant de désintéressement et dont tant devaient payer de leur vie leur attachement aux libertés, aient dès les premiers jours dirigé leurs regards vers cette race de proscrits de tous les siècles et de tous les pays qui représentaient cet esprit de liberté, d'égalité et de fraternité qu'on voulait faire revivre, et qu'ils aient songé à les récompenser, par l'octroi de l'émancipation, de tout ce qu'ils avaient souffert pour en conserver la tradition. Il y aurait eu une sorte d'injustice à s'assimiler les doctrines égalitaires de ce petit peuple, à les faire siennes, **et à l'exclure lui, le dépositaire fidèle et incorruptible*** (ndla : Et non ! Le refus de reconnaître le Christ comme le Messie a fait de ce peuple le contraire de ces affirmations, la « synagogue aveugle » selon la Tradition de l'Église), *des bienfaits de la liberté. Cette injustice, les hommes de 89 s'en sont sagement gardés, et ils ont fait bénéficier Israël d'un mouvement dont l'origine remontait à travers les siècles jusqu'au Sinaï. L'anniversaire de la promulgation de la Loi que nous avons célébré cette semaine a donc, comme nous venons de le dire, des rapports intimes avec le Centenaire de 1789. En se montrant bon israélite, on est logiquement bon Français, et religion est synonyme chez nous de patriotisme. Nombre d'orateurs de la chaire israélite qui le samedi 11 mai, dans les synagogues, ont célébré sur un ton uniforme d'enthousiasme reconnaissant les bienfaits inoubliables de la Révolution de 1789, ont, avec raison fait ressortir que la gratitude des Israélites de France devait être partagée par leurs coreligionnaires des autres pays. Cette liberté*

---

[34] Comme nous l'avons expliqué dans *Archives du mondialisme*, les Juifs rebelles à l'Incarnation prennent à la lettre les propos tenus dans ces textes de l'Ancien Testament (prophètes, …) à leur profit seul. En 2019, ils n'ont toujours pas compris que ces promesses n'étaient pas matérielles mais spirituelles… annonçant l'Église.

religieuse dont ils jouissent généralement, c'est à la généreuse initiative de la France qu'ils la doivent. C'est à elle que revient la gloire de l'avoir fondée, en inscrivant en tête de sa Constitution les droits imprescriptibles de la conscience humaine. [Après avoir énuméré une série de pays européens copiant le modèle français à l'égard des Juifs au cours du XIXe siècle[35], l'auteur ajoute] *En somme, il a fallu près d'un siècle pour que le mouvement né en France fit la conquête de l'Europe, et encore n'est-elle pas générale. (...) Notre pays, pour son initiative généreuse et le concours actif et énergique qu'il a toujours prêté à toutes les causes nobles et justes, a droit à la sympathie des Israélites de tous pays. Nous savons qu'elle lui est acquise et que dans les contrées où Israël est courbé, par le plus affligeant des anachronismes, sous l'oppression, il tourne ses regards éplorés vers la France, comme vers la source de toutes les consolations, l'instrument de toutes les réparations. À toutes ses gloires, la France peut être fière d'ajouter celle de pouvoir compter sur le respect plein de gratitude des enfants d'Israël.* »

5) Archives israélites du 25 juillet 1889, pp. 236-237

- Un dernier écho israélites du centenaire de 1789

« *L'Administration israélite de Lille vient, avec un léger retard, de publier le discours prononcé en commémoration de la Révolution française par M. Émile Cahen, grand-rabbin. Nous en extrayons l'intéressant passage qui suit :* "*Que sont devenus*

---

[35] Nous avons cité Charles de Hesse Cassel à la tête des « Frères Asiatiques » successeur de Junius Frey, petit-cousin de Jacob Frank. Précisons que le frère de Charles, l'Électeur Guillaume de Hesse Cassel, était à la tête de la plus grande fortune d'Allemagne au XVIIIe siècle. Il a confié la gestion de cette fortune à Mayer Amschel Rothschild, le fondateur de cette dynastie financière acquise à la *Haskala*. La Hesse est donc un lieu spirituellement et financièrement important pour le judaïsme. Or, chose très intéressante et même logique, les *Archives israélites* précisent dans cet article que « *L'émancipation des Juifs des différents États de l'Allemagne commence en 1833 dans la Hesse.* »

entre nos mains ces merveilleux instruments de régénération civile et politique, si difficilement conquis ? Avons-nous su justifier les espérances des héroïques avocats de notre sainte cause et dissiper les appréhensions de nos obstinés détracteurs ? Un siècle répond pour nous. (...) L'éducation donnée aujourd'hui aux enfants, conforme au génie français, imprime désormais dans leurs jeunes cœurs, les mêmes sentiments, les mêmes principes dont se réclament leurs condisciples des autres cultes. À la faveur d'une instruction large et libérale, une nouvelle génération apparaît, libre, forte, intelligente, s'illustrant dans toutes les sphères de l'activité humaine. (...) Ah ! Si sur cette terre classique de la fraternité, d'abominables doctrines, d'odieuses théories ont essayé dans ces derniers temps de faire germer au fond des âmes de mesquines jalousies ou d'ardentes fureurs ; si, accueillies d'abord par une curiosité inoffensive, puis déclarées absurdes par des esprits équitables, elles semblent néanmoins devoir se propager à la faveur de l'ignorance ou de la mauvaise foi, rassurez-vous, mes Frères, le Génie de la France veille sur nous. Il ne laissera pas compromettre, par d'ignobles pamphlets, cette œuvre gigantesque de 1789, qui a invinciblement condamné toute usurpation des droits de l'homme et de la conscience. »

6) Archives israélites du 22 août 1889, p. 272

- **Un centenaire : Nous recevons de M. le Grand-Rabbin de Paris la lettre suivante (ndla : de Zadoc Kahn au sujet du rôle d'un pasteur durant les événements de 89)**

« *Monsieur le Directeur, Vous m'obligerez bien d'ouvrir les colonnes des Archives israélites à la présente communication, qui a pour objet de rendre un juste hommage à un des membres les plus éminents de l'Assemblée nationale de 1789, à un des champions les plus vaillants de la grande cause de la liberté religieuse. Il y aura le 23 août un siècle que l'illustre pasteur Rabaut de Saint-Étienne prononçait à la tribune de l'Assemblée un discours mémorable pour revendiquer en faveur de tous les enfants de la France le droit de professer leur culte publiquement et sans entraves. Il plaidait sa propre cause et celle de ses coreligionnaires, demeurés jusque-là dans un état d'infériorité légale : mais, comprenant avec une rare élévation de pensée et de sentiment que l'humanité est solidaire et qu'exclure n'importe quelle classe de citoyens des avantages de la liberté serait compromettre les droits de tous, il demandait en même temps et d'une manière formelle l'affranchissement de "ce peuple arraché de l'Asie, toujours errant, toujours proscrit, toujours persécuté depuis près de dix-huit siècles". Il ajoutait, dans un beau mouvement d'éloquence, ces grandes paroles : "Je ne fais pas à la nation française l'injustice de penser qu'elle puisse prononcer le mot d'intolérance ; il est banni de notre langue, ou il n'y subsistera que comme un de ces mots barbares et surannés dont on ne se sert plus, parce que l'idée qu'il représente est anéantie. Mais, messieurs, ce n'est pas même la Tolérance que je réclame, c'est la liberté ... La Tolérance ! Je demande qu'il soit proscrit à son tour ; et il le sera, ce mot injuste, qui ne nous présente que comme des citoyens dignes de pitié, comme des coupables auxquels on pardonne, ceux que le hasard souvent et l'éducation ont amené à penser d'une autre manière que nous". Le culte protestant, en France, se montre avec infiniment de raison fier de l'orateur qui a pensé et parlé si noblement, et il tient à honneur de ne pas laisser passer le centième anniversaire du 23 août 1789 sans lui donner un pieux souvenir. C'est un devoir pour nous Israélites français de nous associer à ce témoignage de reconnaissance, et nous n'y manquerons pas. Le réveil de passions aussi contraires à l'humanité qu'au patriotisme auquel notre temps a eu la tristesse d'assister après un siècle de paix religieuse, nous fait mieux apprécier encore la grandeur morale de ceux qui ont été, à l'aurore de la Révolution française, les défenseurs ardents, convaincus, désintéressés des principes de la vérités, de la justice et du droit. »*

7) <u>Archives israélites du 21 novembre 1889, p. 376</u>

- Le centenaire de 89 à Oran

« Venir au mois de novembre parler du Centenaire de la

Révolution célébré au mois de mai à Oran, semble, au premier abord, jurer avec les conditions de la presse périodique qui s'inspire avant tout de l'actualité : tel a été, de prime abord, notre sentiment en recevant ces jours-ci, de l'Imprimerie parisienne Jouaust, l'allocution de M. le Grand-Rabbin de cette circonscription, M. Moïse Weil : à la réflexion et à la lecture, sans nous préoccuper de cette publication si fâcheusement tardive, nous croyons intéressant de donner une idée et de la brochure et du discours :

Les grands souvenirs de la Révolution française, lit-on en tête de la brochure, ont été dignement glorifiés dans les Communautés israélites d'Oran et de la province. Le 5 mai, sur l'avis de M. le Président du Consistoire, tous les magasins israélites sont restés fermés. Le Consistoire adressait en même temps, et d'après les instructions du Consistoire central en date du 1er mai, une circulaire à tous les présidents des Communautés de la province, les invitant à célébrer, dans un service d'actions de grâces, la date glorieuse de 89 :

Dans le discours de M. le Grand-Rabbin Weil, nous avons lu avec plaisir les passages suivants :

Au point de vue du judaïsme, qu'a été la Révolution ? Pour cela, il nous faut considérer les principes qu'elle a proclamés avec ceux de notre Foi ; comparer, d'autre part, notre histoire passée avec notre histoire depuis 89. Des conquêtes de la civilisation, chers auditeurs, notre religion n'en répudie aucune : ne sont-ce pas ses doctrines qui triomphent quand triomphe la liberté, nous voulons dire l'instruction, cette condition de l'exercice de la liberté, se développe : que la justice se fait égale pour tous, que la fraternité s'affirme. ***Qui mieux que le peuple juif était à même d'accepter la solution des grands problèmes sociaux apportés par le XVIIIe siècle, solution, d'ailleurs, qu'il avait aidé, par son passé, à faire pressentir et naître, et dont il prédit toute la réalisation dans l'ère messianique ? Les aspirations généreuses de l'âme, les progrès conduisant l'humanité à une fin élevée, nul ne les approuve plus que lui,*** *ne les bénit plus que lui. En servant la cause du libéralisme, il sert naturellement l'œuvre moderne. "Tout Juif est un libéral",* a dit un profond penseur (ndla : souligné par nous). *Jetons un coup d'œil d'un instant sur une partie de notre histoire : que d'admiration ne nous imposera-t-elle pas pour cette glorieuse Révolution, vraie Initiatrice des temps nouveaux ! Au Moyen-Âge, Israël est esclave du plus implacable égoïsme ; il ne cesse de se voir en butte à des calomnies sans nom, à des vexations inouïes et à des haines furieuses, semblables, dans les heures de crise, à la bête fauve traquée par les chasseurs. La feuille agitée par le vent le fait frissonner : Que de flots de sang n'a-t-il pas versés, afin de ne pas trahir sa foi ! **La France naît à la lumière** (*ndla : Quelle déclaration ! Sous-entendue, la lumière propre à l'esprit juif venant du caractère hébraïque très prononcé de la Révolution française dixit *Archives israélites* du 6 juin 1889), *et ses malheurs prennent fin. Cette lumière est si resplendissante qu'elle éclaire au loin les autres peuples. **Mais cette lumière, qui s'accroît toujours, fait mal bientôt aux autres peuples, et ils recherchent avec terreur les ténèbres. L'horizon s'assombrit encore de côté-là ; l'homme recule de nouveau, le moyen-âge se rouvre ; les vieux siècles, celui des Albigeois, celui de la Saint-Barthélémy, se redressent ; le martyre de la race martyre va recommencer !*** (ndla : cet extrait révèle un tour d'esprit particulier). (…) *Israélites du monde entier, tous, avec la même reconnaissance, vous vous associerez à la fête séculaire, vous aiderez à la glorification de cette date française qui marque la victoire de nombre de vos Droits sur la Force ! Vos cœurs, nous en sommes certains, lui consacreront en ces jours une religieuse pensée : le Centenaire est à la fois la fête des affranchis qui respirent, la fête des opprimés qui espèrent. **L'influence que cette Révolution, spirituellement sublime*** (ndla : se reporter à l'extrait du texte de l'abbé Sieyès évoquant la bascule, **la nouvelle métaphysique** à la note 3) *comme nous venons de le voir, **et ne contredisant en rien nos doctrines*** (ndla : cela, au moins, a le mérite de la franchise), *a exercée sur le judaïsme, et particulièrement sur le judaïsme français, a dû être aussi bienfaisante que considérable. Voici, en quelques mots, notre appréciation : Dans la voie si largement ouverte, Israël, celui-là même qui avait semblé s'isoler jusqu'alors des progrès de* *l'esprit humain, s'est élancé avec enthousiasme. À la hauteur de ses devoirs nouveaux, de tous les courages comme de tous les dévouements, il a su tenir dignement son rang, – et nous ne craignons pas d'être démenti, – dans toutes les branches de l'activité humaine, dans les lettres, les arts, les sciences, dans les armes. Supériorité dans les différentes régions de l'intelligence, c'est ce qu'il n'a cessé de montrer. Jouissant enfin de l'air et du soleil, respirant à pleins poumons dans une nouvelle atmosphère de fraternité, d'égalité et de tolérance, il devait accomplir des prodiges ...»*

Avant de continuer, nous pouvons souligner ce point important déjà signalé : l'apologie du patriotisme promue par les Israélites français. L'écueil se doit d'être contourné. En effet, l'amour de la France et le sacrifice de sa personne sur le champ de bataille, relatés et favorablement exprimés selon leurs normes dans les colonnes d'*Archives israélites*, sont trompeurs. La civilisation française est née du baptême de Clovis sous l'égide de l'évêque Saint Rémi dans la continuité de la Maison de David. La construction politique du modèle français est celui d'un roi dont le sacre à Reims consiste à rappeler que le véritable Roi de France est d'abord le Christ, Ce dernier déléguant à son bras droit, à son lieutenant, la mission de tenir son royaume *en commende* ; c'est-à-dire un bien consacré à Dieu devant être défendu et administré selon les normes catholiques. Le véritable patriotisme français doit épouser cette organisation spirituelle modelant le politique. Le « *Politique d'abord* » de Charles Maurras, naturaliste à souhait, est une serpillière ramassant tous les microbes et tous les virus contraires à la royauté du Christ sur la France. Or ce modèle d'un patriotisme vidé de sa substance catholique convient tout à fait à la synagogue. La Révolution de 1789 a fait exploser tout l'édifice de cette France d'Ancien Régime dont l'organisation était absolument à l'opposé des ambitions talmudo-kabbalistiques. Ces dernières victorieuses se sont substituées aux principes régissant la France sur près de 1300 ans. Tant que la royauté du Christ sur la France, de ce « maudit et prétendu Messie de Nazareth » selon les croyances de la synagogue aveugle, est évacué ... la voie est libre. Le patriotisme imbibé de principes détrônant la mission antique de la France est tout à fait acceptable pour la synagogue nouvelle en attente de son « vrai messie » au service seul d'Israël, la France ne servant que d'outil pour y parvenir. C'est pourquoi, le soutien apporté par la direction des *Archives israélites*, comme les autorités rabbiniques, à Sainte Jeanne d'arc ne doit pas nous étonner mais plutôt de nous faire comprendre le sens de cette acception. Les autorités juives rendent hommage à cette jeune fille, sorte de nouvelle Esther, pour son patriotisme débarrassé toutefois de la contingence catholique. Tout est là. Comme nous l'avons déjà écrit, la Triple donation du 21 juin 1429 constitue les « Tables de la Loi » de la France. En effet, la sainte réaffirme la mission de la France instituée par le baptême de Clovis sous l'égide de l'évêque Saint Rémi devant le gentil Dauphin, futur Charles VII. Les droits souverains du Christ sur le royaume de France, voulant régner sur le monde par son entremise, sont à nouveau proclamés par la pucelle. Il va de soi que la chose est inadmissible pour la synagogue rebelle. Par conséquent, le pseudo-patriotisme promu par ce milieu a permis d'attirer ceux et celles ignorant ou refusant l'alliance nouée sur les fonts de baptismaux de Reims. Ainsi, l'Action française, des mouvements comme les Croix-de-Feu, les partis politiques comme le Front National devenu Rassemblement national et de simples particuliers sont tombés à pieds joints dans le piège. L'égarement des Français dure depuis plus de deux siècles et, en face, certains doivent sourire sous cape. Pour autant, cette victoire des idéaux de la synagogue est temporaire et nous devons rappeler ces paroles d'espoir et de certitude du pape Saint Pie X avant de continuer à présenter les extraits d'*Archives israélites*, entre autres, sur Sainte Jeanne d'Arc :

- **Allocution du pape Saint Pie X, le 29 novembre 1911**

« Le peuple qui a fait alliance avec Dieu aux fonts baptismaux de Reims se repentira et retournera à sa première vocation ... Les fautes ne resteront pas impunies, mais elle ne périra jamais la fille de tant de mérites, de tant de soupirs et de tant de larmes ; un jour viendra, et nous espérons qu'il n'est pas très éloigné, où la France, comme Saul sur le chemin de Damas, sera enveloppée d'une lumière céleste et entendra une voix qui

lui répétera : « *Ma fille, pourquoi me persécutes-tu?* » *Et sur sa réponse : Qui es-tu Seigneur ? Je suis Jésus que tu persécutes. Il t'est dur de regimber contre l'aiguillon, parce que, dans ton obstination, tu te ruines toi-même. Et elle, tremblante et étonnée dira : Seigneur que voulez-vous que je fasse ? Et Lui : Lève-toi, lave-toi des souillures qui t'ont défigurée, réveille dans ton sein les sentiments assoupis et le pacte de notre alliance, et va, Fille aînée de l'Église, nation prédestinée, vase d'élection, va porter, comme par le passé, Mon Nom devant tous les peuples et devant les rois de la terre*[36]. »

8) Archives israélites du 10 avril 1890, p. 117

(ndla : Au sujet de l'Édit de Tolérance octroyé par l'empereur Joseph II d'Autriche aux Juifs en 1781)

« *Ce Joseph II était un philosophe de la bonne école.* »

9) Archives israélites du 3 juillet 1890, pp. 210-211

- Causerie

« *C'est bien un signe des temps que cette statue de la bonne catholique Jeanne d'Arc, mourant pour son doux maître Jésus, offerte à la grande cité lorraine par un Israélite, M. Osiris. C'est encore un autre signe des temps que ce service célébré à la Synagogue, de même qu'à la Cathédrale et au Temple évangélique, simultanément avec l'inauguration de ce monument élevé à la gloire de ce chevalier féminin de la France au Moyen-Âge. Il est bien entendu, empressons-nous d'ajouter, que ces hommages rendus à la vaillante fille de Domrémy ne s'adressent pas, dans la Synagogue, à la dévote chrétienne – ce qui serait l'égarement de la tolérance religieuse – mais à la*

---

[36] Louis-Hubert et Marie-Christine Rémy, *La vraie mission de sainte Jehanne d'Arc*, Les Amis du Christ Roi de France, 2012, pp. 239-240.

Française au cœur chevaleresque qui incarna en sa personne le patriotisme le plus pur, le plus élevé et le plus noble, à une époque ou ce sentiment flottait dans les âmes (ndla : souligné par nous). *Ce que les Juifs révèrent en Jeanne d'Arc, c'est la personnification de la patrie française à laquelle ils sont fiers d'appartenir par toutes les fibres de leur être. C'est l'idée sublime pour laquelle Jeanne d'Arc a combattu et expiré qui a inspiré à M. Osiris son don patriotique et a provoqué le service à la Synagogue. Il ne pouvait s'agir de célébrer une catholique que l'Église, nonobstant sa foi ardente, n'a pas voulu encore élever au rang des saintes et à qui elle fait attendre depuis des siècles une béatification qui serait surtout une réparation* (ndla : Jeanne fut béatifiée en 1909 et canonisée en 1920). *Des patriotes comme Jeanne d'Arc, des bienfaiteurs comme les abbés Grégoire, Mulot et Bertoglio* (ndla : mettre Sainte Jeanne d'Arc au même rang que ces abbés apostats est une incongruité), *les promoteurs de notre Émancipation, Israël garde le culte généreux et reconnaissant et s'associe avec empressement aux manifestations publiques faites en leur honneur, montrant ainsi que sa piété et le respect de son antique foi n'excluent pas la vénération des dévoués enfants ou ministres d'un autre culte qui ont professé des sentiments qui sont le lot commun de toutes les confessions. Le patriotisme, on l'a dit, s'élève au-dessus des coteries politiques. Il domine, par son caractère élevé, les doctrines religieuses* (ndla : Eh non! Pas le catholicisme en tout cas). *Puis Jeanne d'Arc a un titre particulier à la considération des Israélites. Son sort – la mort sur le bûcher, ordonnée par des prêtres fanatisés,* (ndla : des religieux ont, malheureusement, fauté donnant à la synagogue les verges pour battre l'Église qui, elle, est sainte) *– a été celui de milliers de nos ancêtres brûlés par les flammes de la Sainte Inquisition. C'est comme hérétique, relapse, sorcière qu'elle a été condamnée. Les arrêts prononcés contre les Juifs par le Torquemada énonçaient les mêmes chefs d'accusations. Et il est probable que, s'il y avait eu des Juifs à Rouen en 1431, on en eût donné comme compagnons de supplice à la dévouée fille de France* (ndla : l'art de confondre volontairement deux choses absolument opposées). *Cette communauté dans le martyre que nous venons de mentionner, vient s'ajouter aux raisons de pur patriotisme qui ont dicté à M.*

Osiris son don généreux et aux Israélites de Nancy l'organisation d'un service spécial à l'intention de celle qu'on a avec raison appelée une sainte laïque (ndla : « sainte », oui ! mais pas laïque en raison de sa mission de réaffirmer les droits du Christ, du Messie, sur la France depuis Clovis, principes violemment rejetés par la synagogue). »

10) <ins>Archives israélites du 24 juillet 1890, pp. 233-234</ins>

- **Politique et religion, le livre d'un diplomate** (ndla : Influence hébraïque sur la création des États-Unis comme pour la Révolution de 1789)

« *En même temps que l'antisémitisme cherche à faire rage, sous la double inspiration d'un fanatisme catholique sincère, mais dévoyé, et d'une coalition de spéculateurs en chantage, de précieuses recrues arrivent aux idées que nous soutenons, d'imposants hommages sont rendus, – émanant des sources les plus autorisées et les plus désintéressées, – aux principes pour lesquels nous luttons. Dans cet ordre de considération, voici un livre récent, traduit de l'anglais (« Les origines de la forme républicaine aux États-Unis », par Oscar S. Strauss, Paris, librairie Félix Alcan ; un volume, prix : 4 fr. 50), qui mérite une place d'honneur dans ce journal et une attention spéciale de nos lecteurs, à quelque culte qu'ils appartiennent. Un israélite ambassadeur d'une grande puissance – tel est le cas de M. Oscar Strauss, – cela ne se voit pas encore tous les jours : un israélite ambassadeur, qui écrit un livre de philosophie politique et religieuse, voilà qui n'est pas fréquent ; enfin un coreligionnaire occupant un poste aussi éminent, qui a le courage de rendre justice publique et éclatante aux influences civilisatrices et progressistes du culte où il est né, tel est, si nous ne nous trompons, un troisième trait, rare et curieux à constater. **M. Strauss, ministre des États-Unis près de la Sublime-Porte*** (ndla : il a noué des liens avec le fondateur du sionisme, Theodor Herzl), *avait fait, au cours de l'hiver 1883-1884, deux conférences à New-York, sur les origines de la forme républicaine du gouvernement de son pays ; de ces conférences* *étendues et approfondies est résulté un livre dont nous parlons, et dont le sens peut se résumer en ce que M. Strauss fait remonter ces origines à des causes religieuses, à l'influence directe que la république des Hébreux a exercée sur les fondateurs des États-Unis* (ndla : souligné par nous). *L'ouvrage, traduit en français sur sa $3^è$ édition par une dame chrétienne, Mme Auguste Couvreur, paraît avec une préface de l'éminent économiste chrétien M. Émile de Laveleye, qui s'étaie à son tour du témoignage d'un autre économiste chrétien distingué, M. Anatole Leroy-Beaulieu. Il n'entre ni dans notre cadre, dans les limites de l'espace que nous mesure l'abondance des matières, d'approfondir la partie politique de l'œuvre ; mais nous sommes en droit de montrer par quelques citations rapides, l'esprit de ce beau travail et l'accord d'idées qui se manifeste entre l'écrivain israélite et les deux commentateurs chrétiens. M. Strauss, s'inspirant des mêmes idées qui, émises jadis par l'éminent écrivain Joseph Salvador, avait fait crier au paradoxe, trouve dans la république des Hébreux telle que la Bible nous la fait connaître "l'établissement pratique et l'adaptation des principes essentiels du gouvernement démocratique, notamment le principe de la représentation nationale" ; il y trouve aussi le "principe de l'égalité civile dans son application la plus étendue", et déclare enfin que "nulle législation mieux que celle de Moïse n'eût pu être conçue pour maintenir l'égalité politique". C'est de là "et non de la Grèce ou de Rome, que s'inspirèrent les fondateurs de la République américaine"* (ndla : la véritable civilisation vient de la Grèce, de Rome parachevée par le catholicisme accomplissant les promesses de l'Ancien Testament). *Nous renvoyons à l'ouvrage même de M. Strauss pour les preuves à l'appui de ces diverses affirmations. Mais M. E. de Laveleye, associant l'Évangile de la Bible dans cette revendication des origines de la démocratie américaine, insiste sur la part qu'y ont eue les souvenirs de l'Ancien Testament, et cite M. Anatole Leroy-Beaulieu,* **mettant entre autres les paroles suivantes dans la bouche d'un Israélite participant à un banquet en l'honneur du Centenaire de 1789 : "Tout 1789 était en germe dans l'hébraïsme ..., Liberté, égalité, fraternité des hommes et des peuples, la Thora leur a donné la seule base solide, l'unité de l'espèce humaine** (ndla : toujours

cette vue de la synagogue comme éducateur du genre humain).
La Révolution avec ses espérances n'a été, à son insu, que l'exécuteur testamentaire d'Isaïe ... (ndla : le prophète Isaïe annonce l'arrivée de l'*Almah* et du Messie pour l'ensemble de l'humanité parachevant les promesses de l'Ancien Testament. Cf. *Archives du mondialisme*). *Et M. Laveleye fait suivre cette citation étendue (deux pages et demie de texte), des lignes suivantes en son nom personnel : "Je suis convaincu, pour ma part, que les événements futurs montreront de plus en plus tout ce que l'humanité doit et devra à ce peuple d'Israël que quelques égarés – les ingrats ! – veulent ramener au ghetto. Nous dédions ces paroles aux énergumènes de Paris, de Lille, de Bayonne, d'Algérie, d'outre-Rhin et d'outre-Danube ou Vistule, contre lesquels on soutient ici un combat ... qui n'est pas près de finir !* »

11) Archives israélites du 25 septembre 1890, pp. 305-306

- Causerie

« *Dans un an, à deux jours près, le 27 septembre, il y aura un siècle que le décret émancipateur de l'Assemblée élevant les Israélites au rang de citoyens a été rendu. Ce centenaire du 27 septembre 1791 ne peut passer inaperçu et doit donner lieu à une manifestation grandiose des sentiments de profonde gratitude des Français israélites envers le généreux pays qui le premier leur a ouvert ses portes et les a admis, sans réserves et sans restrictions, parmi ses enfants. Nous nous sommes associés, l'an passé, avec enthousiasme, aux démonstrations que le centenaire de 1789 a provoquées. Nous avons mêlé nos voix émues de reconnaissance à ce concert d'éloges et d'actions de grâces, qui s'est élevé de toutes parts à la mémoire des promoteurs de l'immortelle Révolution de 1789. Nous avons même organisé dans nos synagogues des services spéciaux pour commémorer cette illustre page de l'histoire des temps modernes. Nous avons salué avec bonheur l'anniversaire de l'avènement de ces grands principes de liberté, d'égalité et de fraternité qui ont changé la face du monde et ont préparé notre émancipation. Mais cet affranchissement des esclaves séculaires a été en réalité consommé le 27 septembre 1791. C'est donc le 27 septembre 1891 que nous aurons à célébrer ce glorieux centenaire, et nous devons dès maintenant nous préoccuper de la forme à donner à la manifestation solennelle de notre éternelle reconnaissance. Ce n'est pas trop tôt d'une année pour préparer cette imposante démonstration, et surtout pour lui donner un caractère de durée. Car ce n'est pas seulement par des paroles, des chants et des prières que nous devons témoigner notre affection à la France et payer le tribut de notre reconnaissance aux cœurs généreux, aux esprits élevés, les Mirabeau, les abbé Grégoire, les Clermont-Tonnerre, qui ont plaidé avec éloquence notre cause, réclamé, avec une insistance qui les honore, notre admission aux droits civiques. Il faut qu'il reste de la célébration de ce grandiose centenaire autre chose qu'un vague souvenir, des impressions plus ou moins précises. Il faut que l'expression de notre reconnaissance révèle un caractère durable, prenne la forme définitive d'un monument qui dira aux générations futures que les fils des émancipés de 1791 n'ont pas été ingrats envers la grande nation française, et que cent années après ce glorieux événement ils y pensaient avec émotion. Il s'agit donc de perpétuer cette date glorieuse, d'en rendre le souvenir impérissable. Entre tant de projets qui peuvent être mis en avant pour réaliser cette glorieuse pensée, il y en a un qui nous séduit tout particulièrement, que nous préconisons, c'est celui d'une offrande nationale, qui nécessairement doit être l'expression unanime, indistincte, de la reconnaissance des Français israélites, riches et pauvres, grands et petits. En un mot, nous proposons qu'une souscription publique soit ouverte parmi nos coreligionnaires de France et d'Algérie, au minimum de 1 franc. (…) Le produit de cette souscription permettra, croyons-nous, de le consacrer à la création d'un établissement d'intérêt public, soit d'ordre philanthropique, tel qu'hospice, asile, hôpital, etc., soit d'ordre d'instruction tel que l'école, lycée, etc., que le judaïsme français offrira à l'État en souvenir de 1791. (…) La bonne action des législateurs de 1791 n'aura pas été semé dans un sol ingrat. (…) Encore un mot : L'initiative de cette souscription doit, dans notre pensée, être prise par le Consistoire central, représentant officiel du judaïsme français. Nous ne croyons pas qu'il se dérobera à cet honneur.* »

12) Archives israélites du 1ᵉʳ octobre 1891, p. 321

Ndla : Les origines de Vatican II, faisant de l'Église devenue l'église conciliaire une annexe de la synagogue (liberté religieuse, *Nostra Aetate,...*), sont anciennes et des signes avant-coureurs d'un clergé catholique à l'esprit contaminé peuvent être relevés avec l'abbé Hyacinthe Loyson (chef de l'église catholique gallicane ... ce qui n'est pas un hasard) qui, pour le plus grand bonheur de la synagogue, a célébré une messe en faveur de la Révolution de 1789 et de la naturalisation des Juifs le 27 septembre 1791 à Paris rue d'Arras. Ce simple extrait du sermon de l'abbé Loyson est sans équivoques :

« *Il y a une sorte de solidarité entre toutes les religions (...). C'est donc, je le répète, comme chrétiens que nous célébrons cet anniversaire (...). Si vous n'êtes pas chrétiens, faites-vous juif !* » (ndla : souligné par nous).

13) Archives israélites du 29 septembre 1892, pp. 307-308

- Le centenaire de la République et la synagogue

« *Les orateurs sacrés, dans les Synagogues de Paris, ont tous introduit, dans leur sermon de Rosch-Haschana, quelques mots pour rappeler aux fidèles le glorieux Centenaire de 1792. À la synagogue de la rue de la Victoire, M. le Grand-Rabbin de Paris a clos son sermon, qui a fait la meilleure impression sur l'aristocratique auditoire, par une prière très émue pour la France et ses institutions. M. le Rabbin Haguenau a de son côté rappelé, à la Synagogue de la rue Nazareth, les titres de la Révolution à l'affection des Israélites. En somme, la note patriotique a dominé, ce jour-là, dans l'éloquence de nos pasteurs parisiens et de province. Les journaux de Lunéville font l'éloge du sermon de M. le Rabbin Aron qui avait pris pour sujet : "Religion et Liberté". L'Écho du Nord publiait, dans un de ses derniers numéros, l'avis suivant : "M. le Grand-Rabbin Cahen vient d'adresser aux Rabbins des sept départements qui relèvent de sa circonscription une lettre pastorale pour les inviter à célébrer un service solennel le 22 septembre, à l'occasion du Centenaire de la proclamation de la République française. À Lille, ce service aura lieu le 22 septembre, au temple israélite de la rue Gauthier-de-Châtillon, à 9h. ¼ du matin. Un discours sera prononcé. M. le Rabbin Meiss, à Nice, a éloquemment associé, dans son sermon de Rosch-Haschana, la Synagogue à la commémoration du grand Centenaire. Voici en quels termes élevés il a débuté :*

Chers auditeurs,

Par une heureuse coïncidence, la France fête en notre "jour du souvenir" un glorieux anniversaire. L'appréciant en dehors de toute préoccupation politique, je ne crains pas d'affirmer que l'événement dont on célèbre en ce moment même le Centenaire dans le merveilleux palais élevé "aux grands hommes par la patrie reconnaissante", marqua une ère nouvelle dans les annales de notre pays et celles de l'humanité. Telle la Révolution opérée sur les cimes enflammées du Sinaï, au milieu des sons du schofar (ndla : sorte de "trompette" ondulée) *et du grondement du tonnerre, avait brisé les idoles, détrôné les tyrans, et changé la face du monde ! Cette fois-ci encore, Dieu avait si bien présidé à l'œuvre de régénération **que ceux mêmes qui ont joué un rôle principal dans cette épopée grandiose ont avoué naïvement, dans la suite, n'avoir jamais prévu les conséquences de leurs actes*** (ndla : comme nous l'avons vu auparavant, ces révolutionnaires avaient l'esprit conditionné par le travail des loges). ***Il y avait un entraînement irrésistible et un beau jour, sans qu'on ait su pourquoi, des idées étranges circulèrent parmi les hommes, et la conscience universelle, animée par un souffle nouveau, se mit à renier le passé, à protester contre ces errements, ses abus et ses excès. Une immense pitié s'était emparée du monde en faveur de tous les déshérités du sort, en faveur des petits et des humbles, en faveur de ceux qui luttaient et qui souffraient*** (ndla : ce mouvement fut, paraît-il, spontané. C'est vraiment prendre les goyim pour des c…, mais, après tout, ça marche depuis plus de deux cents ans. Sur ce point, ces représentants ont peut-être raison !). *Les temps messianiques n'étaient-ils pas proches* (ndla : expression révélatrice de leur idéal suprême), *et le Sauveur n'allait-il pas enfin apparaître pour chasser définitivement de la terre la haine, l'intolérance, la guerre et toutes les plaies sociales ? C'étaient le cri des prophètes que l'on croyait entendre après un silence apparent de dix-huit siècles : "Ne sommes-nous pas tous enfants du même père ? Pourquoi aux uns les plaisirs et les jouissances et aux autres les labeurs et les fatigues?"* **Le 22 septembre 1792 fut comme le couronnement des tentatives timides de plusieurs siècles en faveur des doctrines qui doivent régir les Sociétés modernes et qui resplendissent en lettres d'or au frontispice de nos monuments** (ndla : Indirectement, ce passage extraordinaire affirme que les mouvements subversifs des siècles précédents émanaient, au sens kabbalistique du terme, bien d'eux). *La moisson était mûre et Dieu avait désigné d'avance ceux qui devaient rentrer des champs les gerbes magnifiques dont se nourriraient les générations futures ; "ceux qui ensemencent les larmes dans les yeux, dit le Psalmiste, récolteront au milieu des éclats bruyants de la joie". Comme Israélite et comme Français, nous saluons donc cet anniversaire, la reconnaissance dans le cœur, en ce jour de Rosch-Haschana qui personnifie le triomphe du bien sur le mal. Le résultat immédiat de ce bouleversement social si impatiemment attendu fut immense pour les descendants de Jacob. Le judaïsme put s'affirmer librement, et les communautés prirent naissance spontanément sur le sol français ; le Ghetto – cette invention barbare du moyen-âge – ferma ses portes ; les enfants d'Israël osèrent serrer la main de leurs frères des autres cultes dans une étreinte d'amour et prononcèrent pour la première fois le mot si doux de patrie, qui résume tout ce que nous avons de plus cher au monde, et purent aimer ouvertement cette chose sacro-sainte pour laquelle nous donnons tous sans compter notre vie et notre sang ! Il n'y a rien de comparable dans toute l'histoire de notre peuple à l'enthousiasme qui s'est emparé de nos coreligionnaires, il y a cent ans, quand on apprit que Dieu avait donné la victoire à nos soldats qui combattaient pour le Droit et la Justice et portaient au loin, pour les faire germer sur les terres inhospitalières, les idées nobles et généreuses de la France. Israël sentait* *instinctivement qu'il avait une certaine affinité spirituelle, des traits de ressemblance frappants entre son histoire et celle de la France* (ndla : oui, mais une France devenue apostate en 1789). »

14) Archives israélites du 22 juin 1893, p. 198

« (...) *Robespierre, dont pendant les premières années de la Révolution le nom fut écrit de tant et de si étranges façons, – on disait **Roberspierre, Robertzpierre, Robes-Pierre, Robets-Pierre**, et il semblait être un inconnu pour tous*, – (ndla : remarque très intéressante de ces érudits d'*Archives israélites* au courant de certaines choses cachées aux Goyim) *Robespierre, l'"homme vertueux" par excellence, dominait les partis, après en avoir sacrifié plus d'un à ses inimitiés personnelles comme à son ambition politique* (...)[37]. »

À la lecture de ces différents articles, on peut constater que les élites rabbiniques exaltent la Révolution de 1789 et la naturalisation des Juifs le 27 septembre 1791. On peut logiquement se dire que si les représentants de ce milieu sont plus que satisfaits du tour pris par ces événements, tout naturellement, la chose ne peut être que négative pour le monde catholique. En effet, 89 d'essence hébraïque instaure un système à la

---

[37] Dans *Atlas du mondialisme*, nous avons parlé du messianiste Jacob Frank séjournant pendant des années et jusqu'à sa mort en 1791 dans la ville de Brünn (siège du frankisme ; Brno en Moravie tchèque) et de son petit-cousin Junius Frey créateur des « Frères Asiatiques ». Junius Frey était lié à François Chabot et à Danton. Ils furent guillotinés le même jour, le 5 avril 1794. Les rédacteurs de ces *Archives israélites* sont des érudits. Dans un article d'*Archives israélites* du 15 juin 1893 pp. 188-189, le journaliste Léon Kahn évoque Léopoldine Frey, sœur de Junius Frey et mariée à François Chabot. Le père de Léopoldine s'était converti au catholicisme. En récompense, l'impératrice Marie-Thérèse lui concéda les terres de Found-Schomberg situées dans les environs de ... Brünn. Ces *Archives israélites,* consacrées à la Révolution, nous permettent de présenter le numéro complet du 24 septembre 1891 (**Annexe 1**) exaltant le centenaire de l'émancipation juive (1791-1891).

convenance de ce monde. Les droits de l'homme, religion humanitaire noachisée pour les Goyim, gèrent la sphère publique évacuant ainsi les droits de Dieu sur la société française. « *Tout restaurer dans le Christ* » selon la formule de Saint Pie X n'a pas sa place dans ce type d'architecture. Le régime politique français est sans gouvernail catholique, chose tout à fait plaisante pour la synagogue libre de frayer dans ce monde débarrassé d'un esprit trinitaire qui faisait obstacle à la promotion de son idéal messianique depuis 2000 ans. L'autre point à signaler, c'est l'exaltation du patriotisme du milieu israélite à l'égard de la France. Là aussi, la chose se doit d'être corrigée. Dans la Tradition de l'Église, il n'y a de patriotisme digne de ce nom que celui qui permet de gagner son Ciel. Le patriotisme israélite français se réfère à un modèle, les principes de 1789, ennemis acharnés de la Révélation[38]. La France, régie par cette nouvelle métaphysique, ne représente plus le repoussoir tel qu'il a existé pendant 1300 ans de Clovis à Louis XVI. Cette France révolutionnaire est donc le substrat utile permettant au monde judaïque de s'identifier et de se couler dans le moule – passage nécessaire pour accéder à une étape supérieure – rendant possible l'arrivée du « messie » d'Israël. C'est pourquoi, ce milieu

---

[38] Laissons le grand spécialiste israélien Gershom Scholem reconnaître l'opposition complète entre ces deux mondes : « *Il faut toujours garder à l'esprit qu'entre le judaïsme et le christianisme, **il y a une divergence fondamentale touchant le messianisme**, qui vient de ce qu'ils ont une notion différente de la rédemption* (ndla : souligné par nous). *Ce que le christianisme regarde comme le fondement glorieux de sa confession de foi et comme la donnée essentielle de l'Évangile **est rejeté avec détermination et combattu par le judaïsme**. Celui-ci a toujours et partout regardé la rédemption comme un événement public devant se produire sur la scène de l'histoire et au cœur de la communauté juive* » (ndla : souligné par nous) in *Le messianisme juif*, op. cit, p. 23. Ces propos sont essentiels. Indirectement, ils montrent aussi que l'islam, ne reconnaissant pas cette Révélation, ne gêne en aucune façon la synagogue. Comme nous l'avons déjà écrit, le cœur nucléaire du combat à mort – avec ses conséquences spirituelles et politiques – est uniquement entre l'Église et la synagogue aveugle. L'islam, réfractaire à l'Incarnation, n'est qu'un outil pour les élites rabbiniques.

s'autorise à accaparer la figure de Sainte Jeanne d'Arc vidée (désinfectée, on peut le dire) de sa mission spirituelle (et quelle mission!) ; celle-ci réaffirmant l'importance du baptême de Clovis instaurant la royauté du Christ (la Triple donation), sous-entendu le fameux Messie honni de la synagogue talmudique, sur la France. Il est révélateur que « *l'Action française* » naturaliste comme la plupart des mouvements royalistes, le régime républicain, les partis et/ou mouvements dits patriotiques comme le Front National[39]/Rassemblement National se sont saisis de cet emblème johannique débarrassé de sa mission première[40]. Ce faux patriotisme ne pouvait conduire le peuple de France que dans une impasse pour la plus grande satisfaction du monde rabbinique. La mise à l'honneur de la statue de Sainte Jeanne d'Arc en Russie à Saint-Pétersbourg au cours de l'année 2020 est à saluer. Cependant, cette reconnaissance ne peut être complète que si les autorités politiques et religieuses russes proclament solennellement que la Triple donation est le socle indépassable rappelant l'ordonnancement des sociétés humaines à partir du message délivré par le Christ. Si ce point essentiel n'est pas rappelé et appliqué, nous assisterions à une manière habile de la part de certains groupes subtilement malveillants de se servir du modèle johannique pour attirer des courants patriotes russes sans pour autant réaffirmer les droits de Dieu sur les hommes.

---

[39] Jean-Marie le Pen a été l'assurance-vie de la République.

[40] Nous observons le même profil dans le cas du président Trump exaltant le patriotisme aux États-Unis mais aussi en faveur des nations du monde entier aux dépens du mondialisme dans un discours tenu à l'ONU, le 24 septembre 2019. Le rejet du mondialisme est une excellente chose, à condition que celui qui le prononce soit sincère. Cependant, ce patriotisme trumpien purement naturaliste et matérialiste ne gêne pas la synagogue toujours maîtresse d'une situation ne remettant pas en cause l'élément premier qu'elle combat en priorité : le rejet du Christ, du Messie et sa reconnaissance publique dans l'organisation de la Cité. Même si le mondialisme est un messianisme pressé, n'oublions pas que le monde judaïque n'est pas un seul et même bloc. Certains courants sont messianistes, d'autres non ou ... pas tout de suite. Il en va de même avec les Juifs sionistes et les Juifs anti-sionistes, les Haredim. Et entre tous ces milieux, il existe des nuances évolutives.

Rappelons toutefois que ces milieux cherchant à canaliser le bien pour mieux le circonvenir seront toujours les jouets de la Providence qui saura toujours avoir le dernier mot. Nous ne pouvons que le souhaiter dans le cas de la Russie d'autant plus que ce pays aura un rôle majeur à jouer dans le renouveau du monde comme l'a promis la Vierge Marie à Fatima en 1917. La merveilleuse Jeanne réservera bien des surprises.

En 2019, la République universelle tant vantée par Anacharsis Cloots pointe son nez. Cependant, que de tensions, que de rivalités entre factions oligarchiques œuvrant en faveur d'une gouvernance mondiale ! Essentiellement, nous pouvons distinguer deux factions : celle acquise à la gouvernance mondiale en noyant les nations dans une purée complète et indifférenciée ; l'autre acquise à des blocs continentaux subdivisés en pays officiellement reconnus mais largement soumis à une union régionale (européen, nord-américain, asiatique, …) constituant l'architecture d'un Directoire mondial. Au sein du monde anglo-saxon, des groupes s'opposent entre les partisans de la City de Londres acquis à un monde unifié et indifférencié et ceux représentés par une partie du camp américain, les nationalistes ; ces derniers étant soucieux de maintenir leur pays à un niveau interdisant sa dissolution, en particulier en préservant la suprématie du dollar à la différence de l'autre camp comme les Rockefeller de tendance globaliste. Cette politique en faveur du maintien de la suprématie des États-Unis se traduit par l'affirmation de droits faisant hurler, à juste titre, de nombreux pays comme l'extraterritorialité du droit américain. Ces lois et mécanismes juridiques permettent de condamner des entreprises ou des banques commerçant en dollar avec des pays dans le viseur américain. C'est le cas, entre autres, de BNP Paribas accusée de ne pas avoir respecté l'embargo américain sur l'Iran, Cuba et le Soudan condamné en 2014, à hauteur d'environ 9000 millions de $, pour avoir utilisé des dollars dans ses transactions. Les exemples sont multiples dans cette affaire d'extraterritorialité. On peut tracer cette politique de suprématie américaine dans sa volonté d'exclure certains pays du programme SWIFT. Celui-ci est un réseau de paiements interbancaires offrant une variété de services dans plus de 200 pays : transfert de compte à compte, opérations sur devises ou sur titres etc. Voulant exercer des représailles face à des pays ciblés, les États-Unis ont réussi à en exclure l'Iran. Une telle mesure a fait comprendre à d'autres pays comme la Russie qu'il était nécessaire de mettre sur pied un système de paiement indépendant de SWIFT. Il est vrai aussi que la politique de la Chine en faveur de la « route de la soie » – et l'Iran est concerné par ces voies de communications commerciales gigantesques – se répercute sur le comportement des pays du bloc eurasiatique dont la Russie. Ces quelques exemples révèlent les combats violents entre ces milieux oligarchiques. Or, un événement majeur s'est produit lors de la réunion des patrons des grandes banques (Fed, Banque d'Angleterre, BCE, …) le 23 août 2019 à Jackson Hole dans le Wyoming aux États-Unis. En effet, Mark Carney à la tête de la Banque d'Angleterre n'a pas hésité à affirmer dans un discours son souhait d'évincer le dollar au profit d'une cryptomonnaie mondiale (monnaie dématérialisée), selon sa propre expression, une « *monnaie hégémonique synthétique* »[41]. Il s'agit de remettre en cause et de fond en comble l'organisation monétaire mondiale héritée des « Accords de Bretton Woods » en 1944 accordant au dollar une place au soleil[42]. Rappelant la nécessité d'un monde multi-polaire et l'obligation d'une monnaie mondiale adaptée à ce type d'architecture sous la direction du FMI aux dépens de la devise chinoise, il précise sans ambages dans le chapitre V de son discours qu'il faut à long terme changer les règles du jeu même si cela doit se faire d'une manière brutale. Un autre élément se doit d'être apporté obligeant à la prudence. Tous les projets et tous les objectifs présentés sont soumis à des aléas multiples, parfois imprévisibles, qui peuvent bouleverser les meilleurs

---

[41] https ://www.bankofengland.co.uk/-/media/boe/files/speech/2019/the-growing-challenges-for-monetary-policy-speech-by-mark-carney.pdf p. 15.

[42] John Maynard Keynes (1883-1946), représentant les intérêts de la City de Londres, avait tenté d'imposer une monnaie mondiale : le Bancor.

plans ... en particulier ceux de la City de Londres.

« (...) *Pour que le renminbi devienne une monnaie véritablement mondiale, il en faut beaucoup plus. En outre, l'histoire enseigne que la transition vers une nouvelle monnaie de réserve mondiale risque de ne pas se dérouler sans heurts* (ndla : souligné par nous). (...) *L'augmentation du renminbi pourrait, avec le temps, fournir une seconde meilleure solution aux problèmes actuels du FMI, mais la première meilleure solution consisterait à mettre en place un système multipolaire. L'avantage principal d'un système multifonctionnel multipolaire est la diversification.* (...)[43]. »

Continuant sur sa lancée, le gouverneur anglais précise que cette mutation sous l'égide du FMI se ferait dans le cadre des « Droits de tirage spéciaux » (DTS), véritable panier de monnaies constituées du dollar, de l'euro, de la livre sterling, du yen et du renminbi. Les fonds des DTS pilotés par le FMI seraient portés à 3 000 milliards de dollars, constituant ainsi le noyau du nouveau système monétaire. Ce socle permettrait de lancer cette fameuse « *monnaie hégémonique synthétique* » irriguée par un réseau de monnaies numériques des banques centrales dans le cadre de ces fameux *blockchains* ou « chaînes de bloc » (technologie de stockage et de transmission d'informations, l'ensemble sécurisé par cryptographie), monnaie adossée à l'or pour certains. Un tel bouleversement passe obligatoirement par un effondrement du système régi par le dollar. Il faut d'abord faire table rase. La fragilité du monde financier, qui ne s'est pas remis de la crise de 2008, risque de prendre une tournure particulière. Il est bon de rappeler que la Fed a injecté près de 270

---

[43] https ://www.bankofengland.co.uk/-/media/boe/files/speech/2019/the-growing-challenges-for-monetary-policy-speech-by-mark-carney.pdf pp. 13-14.

milliards de dollars à la mi-septembre 2019[44]. Après tout, il faut bien que l'annonce de *The Economist* de janvier 1988, porte-parole de la City de Londres, annonçant « *à l'horizon 2018* » (cela s'appelle laisser de la marge) l'apparition d'une monnaie mondiale se fasse jour[45]. Toute la question est de savoir si ces oligarchies rivales entre elles arriveront à s'accorder.

Pour une bonne compréhension de l'esprit mondialiste, il faut toujours conserver à l'esprit que ce n'est pas un bloc monolithique. Déjà, on peut le constater en se référant au révolutionnaire Anacharsis Cloots. Ses propos en faveur de la République universelle ne sont que le reflet général de l'esprit des révolutionnaires de 1789. En revanche, ces derniers s'opposaient violemment sur la vitesse d'exécution de leur idéal. L'enfer est divisé contre lui-même et la Terreur est l'aboutissement logique de rivalités d'êtres foncièrement mauvais se battant férocement entre eux, tel cet emblématique animal, le diable de Tasmanie[46]. Cette comparaison a pour but de

---

[44] Outre les tensions sur le marché interbancaire américain, le bombardement par des drones des raffineries saoudiennes, le 14 septembre 2019, a affecté la moitié de la production pétrolière. Bien entendu, ce ne sont pas les Houthis du Yémen à l'origine d'une attaque exigeant des capacités et des connaissances militaires de haute volée. N'oublions pas que de nombreuses banques américaines, véritables fleurons de *Wall Street*, ont un avenir dépendant de la survie du pétrodollar. Parmi les violentes dissensions au sein de l'État profond américain, certaines factions n'ont aucune envie que la situation ne s'apaise avec l'Iran.

[45] La couverture de cette revue et l'intégralité de l'article en anglais traduit en français sont présentées dans notre livre *Archives du mondialisme*.

[46] Ce mammifère est un marsupial carnivore vivant dans l'île de Tasmanie au sud de l'Australie. Son comportement est agressif dans tous les domaines à l'égard des membres de sa propre espèce. Même pour se reproduire, cela ne se fait pas sans bagarre. À la naissance, dès que les petits commencent à ouvrir leurs yeux ... ils commencent à s'étriper entre eux. Bref, c'est une bête infernale dont le comportement violent et agressif suggère celui des révolutionnaires de 89 entre eux qui s'envoyaient à l'échafaud.

rappeler que nous retrouvons la même situation au sein de ces milieux élitistes où flottent, pour certains, un parfum messianique. La perfection n'étant pas de ce monde, les oppositions farouches au sommet de la pyramide s'affichent et éclairent, si l'on peut dire, sous un nouveau jour les antagonismes. C'est un Grand-Maître maçon et progressiste italien, Gioele Magaldi, fondateur du Grand-Orient démocratique, qui révèle l'existence de super loges dénommées *Ur-Lodges* dans un livre de 656 pages paru en Italie en novembre 2014. La presse officielle n'a évidemment pas rapporté la moindre information à sa sortie alors que cet ouvrage en est à sa sixième édition depuis septembre 2017. L'objectif de ce livre est de révéler l'existence de 36 *Ur-Lodges* accueillant la crème de la crème du monde oligarchique, conditionnant la marche de l'ensemble de l'humanité (politique, finance, ...) et coiffant des organismes et/ou instituts para-maçonniques comme le Bilderberg, la Trilatérale etc. La plus ancienne *Ur-Lodge* s'appelle *Thomas Paine* créée en 1849/1850[47]. Depuis cette

---

[47] Gioele Magaldi, *La scoperta delle Ur-lodges*, Chiarelettere, 2014, p. 22. L'auteur a déposé de nombreuses pièces d'archives auprès d'avocats à Paris, à Londres et à New-York. Il n'a pas été poursuivi en justice en raison de ses allégations et ... il est toujours vivant (en 2019). Ce livre présente son auteur et les *Ur-Lodges* par les propos suivants : « *Asseyez-vous et prenez une bonne respiration : ici vous trouverez l'histoire, les noms et les objectifs des maçons au pouvoir en Italie et dans le monde, racontés par d'éminents insiders du réseau maçonnique international qui, pour la première fois, ouvrent leurs archives réservées de leurs supers-loges (Ur-Lodges). Les listes que vous lirez sont effarantes. Saviez-vous qu'Angela Merkel et Vladimir Poutine ont été initiés à la même Ur-Lodge, la Golden Eurasia ? Et que l'ISIS* [Terme anglais pour : "Islamic State of Iraq and Sham"] *est manipulé par des supers-frères totalement indifférents à l'islam ? De Barack Obama à Xi Jinping, de Mario Draghi à Giorgio Napolitano, de Christine Lagarde à Pier Carlo Padoan, en passant par Gandhi, Reagan, Mandela, Agnelli, Clinton et Blair, voilà les tabliers qui ont marqué l'histoire du XXè siècle et du début du nouveau Millénaire. Une bataille pour la démocratie. Une guerre féroce est en cours entre les Ur-Lodges, néo-aristocratiques, qui veulent restaurer le pouvoir des oligarques, et celles progressistes, fidèles à la devise, Liberté, Égalité, Fraternité. Le dernier acte a débuté, comme le révèle pour la première fois*

époque, d'autres ont vu le jour et, au nombre de 36, elles s'organisent selon des critères appelés « Progressistes » (P) et « Néo-Aristocratiques (NA)[48]. Nous avons laissé ci-après son auteur présenter les caractéristiques de ce milieu, de ses ambitions et de ses oppositions internes. Nous pouvons déjà relever entre ces loges de super haute-gamme s'appuyant sur des concepts philosophiques variés, mais agissant en faveur d'un but unique rejetant le Dieu trinitaire, l'image même du modèle hégélien : thèse/antithèse ... synthèse. On retrouve l'esprit kabbalistique dans le titre même de ces loges avec les lettres « *Ur* ». Avant d'apporter le sens de ce terme, nous devons rappeler que la Kabbale aspire à restaurer un ordre détruit par le christianisme. Il s'agit d'établir un messianisme salvateur uniquement pour la plus grande gloire d'Israël. Plusieurs chemins sont proposés pour atteindre ce but. Gershom Scholem

---

Gioele Magaldi, avec la rupture de la Pax Massonica, débutée en 1981 avec le pacte "United Freemasons for Globalization". Il s'agit d'une relecture explosive des moments les plus dramatiques du XXè siècle – La guerre froide, les assassinats des frères Kennedy et de Martin Luther King, les attentats de Reagan et de Wojtyla jusqu'aux massacres du 11 septembre 2001 et à la récente avancée de l'ISIS. "Massoni. Società a responsabilità illimita. La scoperta delle Ur-Lodges"est le premier volume d'une trilogie qui offre une radiographie inédite du pouvoir. Gioele Magaldi (14 juillet 1971), historien, politologue et philosophe, ex-Vénérable Maître de la loge "Monte Sion di Roma"(GOI), membre de la Ur-Lodge "Thomas Paine", il est Grand-Maître du mouvement maçonnique "Grand-Orient démocratique"(God). Promoteur d'un engagement solaire et progressiste de la franc-maçonnerie, il a donné vie à "Domocrazia Radical Popolare"(DRP) et au Mouvement Roosevelt (MR), (...). » Il n'est pas interdit d'imaginer que des exagérations, des zones troubles voire des mensonges puissent exister dans ce livre de Magaldi. En revanche, on retrouve dans ces écrits cette fameuse dualité maçonnique propre à l'élite jonglant entre laïcisme et spiritualité initiatique.

[48] **Annexe 2 :** les 36 *Ur-Lodges* avec leurs appartenances philosophiques, leurs noms et la liste des principaux membres. **Annexe 3 :** Photos de quelques membres appartenant à une des deux factions *Ur-Lodges* présentés dans ce livre. Certaines personnes sont membres, parfois, de plusieurs *Ur-Lodges :* Vladimir Poutine (*Golden Eurasia*), Angela Merkel (*Golden Eurasia, Parsifal* et *Valhalla*), Barack Obama (*Maat*), le pape Jean XXIII (*Ghedullah* et *Montesquieu*), Henry Kissinger (*Three Eyes* et *Compass Star-Rose*) etc.

en a relevé trois, plus particulièrement la fusion de deux « écoles », dont l'esprit « colle » parfaitement à celui des *Ur-Lodges* :

« Mais le messianisme a poursuivi son histoire au sein du judaïsme *selon sa perspective originelle* (ndla : souligné par nous), comme l'attente inlassable de l'accomplissement messianique. (...) Dans le judaïsme rabbinique, considéré ici à la fois du point de vue social et du point de vue religieux, on peut reconnaître l'existence de trois courants, qui se sont manifestés précisément dans les moments où le judaïsme fut le plus vivant : **un courant conservateur, un courant visant à une restauration et un courant utopique** (ndla : souligné par nous). Le courant conservateur visait à maintenir ce qui existe où ce qui était menacé au cours des changements de situation que le judaïsme a connus au cours de son histoire. Ce courant est, dans le judaïsme rabbinique, le plus aisément repérable et le plus visible. Il a pris consistance en particulier dans l'univers de la Halakha (ndla : la Loi juive), *dans la fixation, la préservation constante et le développement de la loi religieuse. La Halakha a déterminé la vie du Juif en exil. Elle fut le cadre dans lequel la vie à la lumière de la révélation du Sinaï fut possible. Il n'est pas surprenant qu'elle reflète surtout l'attitude conservatrice.* **Le courant restaurateur visait au retour et à la résurrection d'une situation qui était révolue mais qui était toujours ressentie comme définissant l'idéal** (ndla : souligné par nous car on se rapproche de l'esprit des *Ur-Lodges*). *On pourrait dire que ce courant était tourné vers le passé en tant que ce dernier était reconnu dans l'imagination et dans la mémoire de tout le peuple comme idéal. L'espérance s'attache ici au passé* **en vertu d'un désir de rétablissement de l'état original des choses et de la "vie avec les ancêtres"** (ndla : souligné par nous). *Il y eut enfin un courant s'appuyant sur une vision utopique de l'avenir et orienté vers le renouveau. Ce courant visait un état de choses n'ayant encore jamais existé. Le problème du messianisme s'est joué, se situe, au sein du judaïsme historique, dans le champ d'influence de ces trois courants. Si important et si décisif qu'ait été l'importance du courant conservateur pour la survie de la communauté religieuse, il est certain qu'il n'a aucunement* *contribué au développement du messianisme. Mais ceci n'est pas vrai des autres courants que j'ai appelés le courant restaurateur et le courant utopique. Ces deux courants se mêlent constamment. Bien qu'en eux-mêmes ils s'opposent, le messianisme est né de la rencontre de ces deux courants. Aucun des deux ne fut jamais tout à fait absent dans les manifestations historiques et idéologiques du messianisme, mais la proportion de l'un ou de l'autre fut sujette aux fluctuations les plus profondes. Dans les divers milieux de la société juive, ces courants et ces tendances trouvèrent des points d'application très différents. (...) L'utopie, qui présentait au Juif de cette époque un idéal à réaliser, se répartit en deux catégories. Elle peut se présenter comme la vision d'une situation radicalement nouvelle,* **qui en fait ne sera rien d'autre que le retour d'une situation ancienne et la restauration de ce qui a été détruit ; c'est l'idéal du passé qui est ici le point de départ de vision de l'avenir** *(ndla : souligné par nous). (...) Ainsi la tension dialectique entre les courants utopiques et les courants de restauration a-t-elle suscité des tensions profondes dans le messianisme dont on retrouve la trace dans le judaïsme rabbinique (...)*[49]. »

Ce long rappel des différents courants de pensée rabbinique poursuivant le même idéal d'un retour à la « perfection originelle » était nécessaire. En effet, on retrouve le même principe dans ces *Ur-Lodges*. Les lettres « *Ur* » ne sont pas sans rappeler, comme point de départ, la cité de *Ur* en Mésopotamie où vivait le fondateur et patriarche pour les religions juive, chrétienne et musulmane : Abraham. Ces fameuses *Ur-Lodges* font siennes de cette idée d'un retour à la source pour remodeler l'avenir du monde selon leurs concepts propres ; c'est-à-dire à des années lumières de celui inauguré par Abraham point de départ conduisant, chose horrible pour le monde rabbinique talmudo-kabbalistique, à la Révélation. La chose est d'autant

---

[49] *Le messianisme juif*, op. cit, pp. 24-27.

plus certaine que l'existence des premières *Ur-Lodges* commence avec celle de *Thomas Paine*, comme nous l'avons écrit, en 1849/1850. Le XIX^è siècle est marqué par la philosophie allemande (Hegel, Schopenhauer, …) teintée d'un naturalisme et d'un orgueil humain bon teint. Or, il n'est pas interdit d'imaginer qu'un jeu de mot propre à la langue allemande est conditionné l'appellation de ces *Ur-Lodges*. En effet, le préfixe *Ur* en allemand exprime l'idée d'ancienneté. Par exemple, le mot « histoire » en allemand se dit *Geschichte*. Si l'on ajoute le préfixe *Ur*, cela donne *Urgeschichte* signifiant « préhistoire ». Nous pouvons citer un autre exemple avec le mot « grand-père » (*Großvater*) qui avec ce préfixe devient *Urgroßvater* ; c'est-à-dire « arrière-grand-père ». Si l'on écrit *Ur-, Ur, Großvater* ; cela signifie « arrière, arrière-grand-père ». Peut-être que d'autres éléments entrent encore en jeu pour expliquer l'application des lettres *Ur* … Cette idée de retour à la source, considérée comme l'élément d'un renouveau annonciateur du bonheur, de la paix universelle et d'un paradis terrestre pour les rebelles de l'Incarnation, touche tous les secteurs de la société. Nous avons déjà évoqué les marques kabbalistiques dans la Révolution de 1789 comme, par exemple, avec l'Être suprême qui n'est que l'*En-Sof* de la Kabbale ou encore dans la partie chantée de la 9^è de Beethoven, *L'Ode à la joie* (Cf. *Archives du mondialisme*). Le chanteur Michel Berger (1947-1992, de son vrai nom Hamburger) exprimait le même type de pensée dans certaines de ses chansons, plus précisément, dans celle intitulée : *Le Paradis blanc :*

« (…) *qu'on arrive plus à distinguer le blanc du noir et l'énergie du désespoir* (…) *que le silence pour respirer,* **recommencer là où le monde a commencé** (ndla : souligné par nous). *Je m'en irai dormir dans le paradis blanc où les nuits sont si longues que l'on oublie le temps, tout seul avec le temps, tout seul avec le vent comme dans mes rêves d'enfants. Je m'en irai mourir dans le paradis blanc loin des regards de haine et des combats de sang* (…) *et jouer avec le vent, comme dans mes rêves* *d'enfant,* **comme avant** (ndla : souligné par nous)[50].

- Quelques citations extraites du livre de Gioele Magaldi :

« *Il existe une franc-maçonnerie progressiste et démocratique (créatrice des sociétés ouvertes, libres, laïques, pluralistes, constitutionnelles, parlementaires, fondées sur l'état de droit, la division des pouvoirs et les droits universels des hommes et des citoyens, depuis la révolution anglaise de 1689 à celles du XVIIIè et XIXè siècles entre Europe et Amériques, jusqu'à la création de la Société des Nations), attaquée par des courants maçonniques plus élitistes et conservateurs, désireux de mettre en œuvre une gouvernance de l'Occident et du monde fondée sur des bases néo-aristocratiques, c'est-à-dire s'appuyant sur des oligarchies et des hiérarchies initiatiques de l'esprit*[51]. »

« *La maçonnerie ordinaire est celle représentée par le circuit des Grandes Loges (...) et des Grands Orients (...), organisés sur base nationale et dotés de rapports diplomatiques internationaux avec les autres puissances maçonniques (...). Les Ur-Lodges sont un réseau de super-loges qui naissent sur base cosmopolite et qui ont une vocation identitaire et opérative supra-nationale. Ces super-loges, depuis qu'elles existent, ont toujours affilié uniquement les membres les plus éminents de la maçonnerie ordinaire. À ceci s'ajoute l'initiation ex novo de femmes et d'hommes profanes mais de grands prestige politique, médiatique, économique, ecclésiastique etc. à condition qu'ils*

---

[50] https ://www.youtube.com/watch?v=Z2OawuAcIF4 Le clip officiel de cette chanson présente comme un sage un rabbin et l'échelle (les marches) de Jacob.

[51] *Ibid.*, p. 9. (…) « *des spiritualités hiérarchiques initiatiques de l'esprit* » … formule révélatrice.

manifestent les signes indubitables d'un désir authentique de perfectionnement intellectuel et ésotérique[52]. »

« *Le monde moderne et contemporain a été construit par la franc-maçonnerie, défaisant les anciennes aristocraties ecclésiastiques et de sang. Et aujourd'hui, ses membres les plus éminents contrôlent et gèrent son fonctionnement à des fins louables (démocratique, libérale, libertaire, laïque, égalitaire et philanthropique) et exécrables, telle que la constitution de nouvelles oligarchies de l'esprit et de la finance subordonnées à la souveraineté populaire, en fait vidée de substance*[53]. »

« *Le Groupe de Bilderberg et la Commission Trilatérale, comme le Bohemian Club, la Fabian Society, la Pilgrims Society, le Round Table, le RIIA (Chatham House), le CFR, la Mont Pelerin Society, le Group of Thirty, le Bruegel, le Groupe Spinelli et ainsi de suite, sont des organisations qui sont toutes strictement contrôlées par les « Ur-Lodges ». (...) Ce sont des associations para-maçonniques qui remplissent des fonctions de nature purement accessoires et subordonnées aux souhaits des élites maçonniques au sens strict*[54]. »

« *Les différentes sociétés telles que le Bilderberg et la Trilatérale (...) ont pour tâche principale d'agir comme un paratonnerre, un miroir déformant, un écran protecteur et trompeur vis-à-vis de ce back-office maçonnique où sont discutés et délibérés les véritables enjeux du pouvoir du monde contemporain*[55]. »

---

[52] *Ibid.*, pp. 22-23.

[53] *Ibid.*, p. 26.

[54] *Ibid.*, p. 35.

[55] *Ibid.*, p. 36.

« *Les maçons ont toujours été concernés par les choses terrestres et profanes comme la politique et la religion. Le but même de la franc-maçonnerie n'est pas seulement de travailler pour la gloire du Grand Architecte de l'Univers, mais aussi pour le bien et le progrès de l'humanité !*[56]. »

« *Un accord de 1981 met fin à la guerre entre les néo-aristocratiques Ur-Lodges et inaugure une pax maçonnique, étendue aux tabliers progressistes, destinée à durer plus de vingt ans (...). Le back-office "donne naissance à un nouveau projet mémorable pour l'histoire contemporaine de la planète : la mondialisation politico-économique (...)". La création d'un Nouvel ordre mondial caractérisé par une économie de marché libre, à toutes les latitudes*[57]. »

« *Pour parvenir à l'accord, il y a eu d'innombrables négociations, affrontements, ruptures, médiations qui ont impliqué toute la maçonnerie planétaire. Celle importante, cependant. Le réseau des super-loges supranationales, à la fois oligarchiques et démocratiques (...). Pendant plus de 20 ans, à compter de la signature de United Freemasons for Globalization (la franc-maçonnerie unie pour la mondialisation), elles suspendront tous les conflits. Jusqu'à ce que la guerre ne reprenne, au début du nouveau millénaire. C'est la guerre qui se poursuit encore aujourd'hui*[58]. »

« *Juin-Juillet 1981, un comité diplomatique composé de maçons néo-aristocratiques de premier plan – Zbigniew Brzezinski (Three Eyes), Lew Wasserman (White Eagle), Jacques Chirac (Atlantis-Aletheia), Madeleine Albright et Robert Rubin*

---

[56] *Ibid.*, p. 39.

[57] *Ibid.*, pp. 39-40.

[58] *Ibid.*, p. 40.

(Leviathan) – propose une ébauche de United Freemasons aux leaders et aux idéologues du circuit progressiste[59]. »

Voici un résumé des points négociés :

- Soutien au Frère Deng Xiaoping (*Three Eyes*) et à sa politique d'ouverture de la Chine au marché libre.

- Destruction et liquidation de l'URSS et du pacte de Varsovie grâce à l'ascension du Frère Michael Gorbatchev (*Golden Eurasia*) et à la mise au placard d'anciens titans du PCUS comme le secrétaire général Léonid Brejnev et ses proches partisans et successeurs (*Joseph de Maistre*).

- Accélération du processus d'intégration économique et politique de l'Europe selon le schéma envisagé par les Frères Richard Coudenhove-Kalergi (fondateur de *Pan-Europa*[60]) et Jean Monnet (ancien progressiste de la *Thomas Paine* débarqué ensuite à *Edmund Burke*, *Pan-Europa* et *Compass Star-Rose / Rosa-Stella Ventorum*.

- Réunification allemande à la demande des membres des Ur-Lodges *Pan-Europa, Atlantis-Aletheia, Parsifal, Valhalla* et *Der Ring*.

- Re-confirmation de Sœur Margareth Thatcher (*Edmund Burke*) et sabotage du Parti travailliste au Royaume-Uni.

- Ascension du Frère Jacques Delors (*Montesquieu* et

---

[59] *Ibid.*

[60] On retrouve la vision néo-aristocratique de Richard de Coudenhove-Kalergi dans son livre, paru en 1925, *Praktischer Idealismus* aux Éditions Omnia Veritas, *Idéalisme Pratique, le Plan Kalergi pour détruire les peuples européens*. www.omnia-veritas.com.

Ioannes) à la présidence de la Commission européenne.

- Fin de l'opération Condor (*Three Eyes* et autres loges super-réactionnaires) en Amérique latine et retour de l'Argentine à la démocratie avec la présidence du Frère Raul Alfonsin.

- Démantèlement progressif de l'apartheid en Afrique du Sud et libération du Frère Nelson Mandela (*Arjuna-Phoenix*).

- Alternance partout, à commencer par les États-Unis, de gouvernements conservateurs et progressistes selon un calendrier très précis.

- Parmi les éléments mentionnés dans l'accord, une chose n'a pas encore été accomplie. La solution du conflit israélo-palestinien à travers l'implication progressive d'exposants modérés d'Al-Fatah et de l'OLP dans les circuits maçonniques internationaux.

L'existence de cette haute société, déchirée en interne mais conditionnant tout l'avenir du genre humain, n'est pas en soi une surprise. Elle n'est que le reflet de l'histoire de l'humanité car l'élite, en bien comme en mal, a toujours existé. En revanche, ce qui peut étonner, c'est cette sorte de perfectionnement de la part de ce monde révolté. On connaissait l'existence de grandes obédiences maçonniques et de toutes ces institutions Bilderberg et consort ; désormais il faut rajouter une couche supplémentaire : les *Ur-Lodges*. Rien n'interdit d'imaginer une strate supplémentaire qui, existante ou pas, oblige à rappeler qu'à ce très haut niveau d'organisation, les fameux « supérieurs inconnus » font la jonction avec le monde infernal. Le fond de tout cela est démoniaque. En tout cas, l'influence de ces groupes est indéniable d'autant plus qu'elle bénéficie d'un système politique, la démocratie, faisant la part belle aux instincts et aux pulsions diverses des populations manipulables à souhait. Le diplomate et évêque apostat, Charles-Maurice de Talleyrand (1754-1838), lié aux milieux maçonniques de son temps se plaisait à répéter : « *Agitez le peuple avant de s'en servir* ». Dans la continuité de ces propos, ceux d'Edward Bernays (neveu de Sigmund Freud), père de la propagande politique et du consumérisme, n'hésitait pas à affirmer dans son ouvrage *Propaganda* :

« *La manipulation consciente, intelligente, des opinions et des habitudes organisées des masses joue un rôle important dans une société démocratique. Ceux qui manipulent ce mécanisme social imperceptible forment un gouvernement invisible qui dirige véritablement le pays*[61]. »

Tous les propos d'Anacharsis Cloots (République universelle, anti-catholicisme, renversement de l'Église, etc), apparemment utopiques à son époque, prennent forme sur fond de rivalités violentes entre groupes oligarchiques. La finalité ultime des événements que nous connaissons et subissons au moment où nous écrivons ces lignes (octobre 2019) est d'aboutir à une destruction complète du monde issu de la Révélation. C'est le cœur du sujet. Les événements matériels (crise financière, tensions en tout genre, destruction de la cellule familiale classique, etc.) ne sont que des outils pour y aboutir. Après la catastrophe de 1789, il ne restait plus qu'à abattre l'ultime et central bastion rappelant le Messie et son Incarnation, l'Église. Vatican II fut l'outil pour achever le cycle révolutionnaire afin de transformer la Chaire de Saint-Pierre en une simple annexe noachisée de la synagogue. Nous avons expliqué dans l'*Atlas du mondialisme* le rôle d'instituts et d'acteurs juifs agissant en faveur de cette bascule en lien avec de nombreux clercs apostats. Nous invitons le lecteur à s'y référer. Parfois un événement promu par l'église conciliaire, c'est-à-dire d'esprit révolutionnaire et qui n'est pas l'Église authentique, résume tout le fond de l'histoire. Le « pape » François, ci-nommé Bergoglio,

---

[61] Edward Bernays, *Propaganda, comment manipuler l'opinion en démocratie*, Éditions la Découverte, Paris, 2007, p. 31.

a inauguré le 29 septembre 2019 sur la Place Saint-Pierre un monument tout en longueur en bronze représentant une cohorte de migrants dont on trouve à la tête un juif présentant toutes les caractéristiques du rabbin[62]. Coiffé d'un chapeau et le visage encadré par des papillotes, celui-ci porte une valise à chaque main. Il est à la tête de cette multitude humaine bigarrée guidée par la synagogue prétendue éducatrice. L'ensemble de cette sculpture est révélatrice puisque l'humanité se trouve sur une longue barque, une Arche de Noé préfigurant en réalité l'Église. Nous avons dans cette représentation en bronze le résumé bimillénaire de la synagogue aveugle voulant se substituer à l'Église comme seule messagère de la parole divine avec l'idée d'un retour aux sources ; c'est-à-dire avant cette Incarnation abhorrée par le monde rabbinique. Le pire dans cette affaire est que la synagogue rebelle n'a jamais changé d'objectif spirituel avec ses conséquences politiques depuis 2000 ans. D'une certaine manière, les catholiques devraient être immunisés depuis longtemps par toutes ces turpitudes multi-séculaires rabbiniques. Eh bien non ! Toutes les hérésies (arianisme, bogomilisme, catharisme, hussisme, calvinisme, maçonnerie etc.) détruisant la religion trinitaire (sans oublier les méfaits de René Guénon avec sa « Tradition primordiale »)[63] et des religions comme l'islam dont les principes clefs épousent le noachisme (Dieu unique, certes, mais surtout pas trinitaire, Jésus simple prophète et rejet du sacerdoce rappelant le Sacrifice de la Croix) vont toutes dans la même direction : le rejet de l'Incarnation. Le rabbin Benamozegh a su présenter sans détours cette hiérarchie voulue par la synagogue avec ses conséquences politico-spirituelles sur fond de judaïsme triomphant et surtout

---

[62] **Annexe 4 :** Inauguration par le « pape » François d'un monument rendant hommage aux migrants. Au milieu de cette cohorte humaine, nous pouvons apercevoir la présence d'ailes. L'être humain en étant dispensé, qui cela peut-il être ? Le porteur de lumière … peut-être ?

[63] Il faut se référer aux travaux de Jean Vaquié (22 cahiers), *Cahier Jean Vaquié*, Éditions ACRF, 2016. Voir aussi son livre *L'imposture guénonienne*, Éditions Omnia Veritas.

revanchard :

« *On sait que le Zohar compare Israël au cœur de l'humanité, tandis que les autres nations en représentent les divers membres. (...) Le judaïsme considère tous les hommes comme les enfants de Dieu. (...) Il nous faut examiner maintenant la conception des rapports internationaux qui en découle. Dieu, pour le judaïsme, est le créateur et le père de tous les peuples ; il impose le respect des droits de chacun, et dans ce monde des nations qui constituent une grande famille, **Israël apparaît comme le cœur de l'humanité** (ndla : souligné par nous) avec une fonction toute particulière, et la glorieuse mission de travailler à l'unité future de tout le genre humain. (...) Mais pour la démonstration que nous poursuivons en ce moment, il suffira d'établir que le judaïsme possède, non seulement un culte et une morale qui embrassent toute l'humanité, **mais encore une politique universelle** (ndla : souligné par nous)*[64].

Plus de deux siècles après la Révolution, nous assistons à des décompositions et à des recompositions au sein de la matrice mondialiste. L'Union européenne, soumise aux États-Unis mais attirée aussi (à des degrés divers – économiquement et financièrement – selon les États) par la Russie et le bloc eurasiatique en lien avec la Chine (rivalités entre *Ur-Lodges* progressistes et néo-aristocratiques), est sous pression ainsi qu'en plein déliquescence[65] tandis que des mouvements dits

---

[64] *Israël et l'humanité*, op. cit, pp. 230-324.

[65] Et tyrannique en même temps. L'Union européenne impose la marche à suivre aux gouvernements européens dans le cadre des GOPÉ (*Grandes Orientations des Politiques Économiques*). Les recommandations, pour ne pas dire les obligations, sont plus de libéralisme dans tous les domaines de la part de la Commission européenne. L'État se désengage au profit de la finance apatride. Le programme à suivre a été présenté le 5 juin 2019. Il est intitulé : « *Recommandation du Conseil, concernant le programme national de réforme*

nationalistes se renforcent dans de nombreux États européens. La position de l'Allemagne, balançant entre les États-Unis et le monde russo-chinois, sera déterminante pour l'avenir de l'Europe. Qui plus est, des courants juifs apportent un soutien à des partis « populistes » défendant la cause nationale. Le sionisme promouvant le « Grand Israël » influence ces partis dont les manifestations et les orientations patriotiques sont définies par certains par l'expression « national-sionisme ». L'échec du projet européiste d'amener la prospérité sur le vieux Continent et la présence croissante d'une population musulmane étrangère à la civilisation des États européens, le tout renforcé par des courants migratoires continus en provenance d'Afrique et du Moyen-Orient, créent une tension de plus en plus vive avec les populations autochtones. Celles-ci désemparées sont soumises à des tirs croisés entre ceux liés à des groupes de pression juifs soutenant des mouvements nationalistes d'essence naturalistes acquis au sionisme tandis que d'autres font l'apologie de l'immigration continue et des frontières ouvertes à tout vent. Dans les deux cas, la civilisation française, née du baptême de Clovis et rappelant la royauté du Christ sur la France, est humainement condamnée à disparaître. Le Juif comme le musulman, chacun dans son style, sont utiles pour empêcher le retour de ce type de civilisation[66]. Les élites juives sont dans les

---

de la France pour 2019 et portant avis du Conseil sur le programme de stabilité de la France pour 2019 » in

https ://ec.europa.eu/info/sites/info/files/file_import/2019-european-semester-country-specific-recommendation-commission-recommendation-france_fr.pdf

[66] Comme nous l'avons expliqué dans *Archives du mondialisme*, pour être Français et bénéficier de tous les droits (état civil,...) avant 1789, il fallait être catholique. Des cas particuliers pouvaient exister octroyant une reconnaissance juridique (Édit de tolérance de 1787 par exemple). Nous n'abordons pas ce thème. Être sujet du roi donnait le droit d'être propriétaire de terres agricoles et de biens immobiliers. L'influence des Lumières a commencé à désagréger la société catholique à la veille de la Révolution. C'est celle-ci qui octroya la nationalité française aux Juifs. Comme le disait Mirabeau, « *Le Juif est plus*

bureaux tandis que les masses musulmanes sont dans les rues. Pris entre le marteau et l'enclume, le peuple français ballotté à l'instar des autres peuples européens ne peut être qu'une victime. D'emblée, nous savons que tout cela se terminera, tôt ou tard, dans un bain de sang. La crise financière qui se précise afin d'aboutir à une gouvernance mondiale ne peut se faire que dans la violence avec son corollaire de guerres civiles et de guerres tout court. Dans l'esprit même de leurs concepteurs traversés par des dissensions internes quant à la vitesse et le degré d'exécution du projet global messianique, cela permettrait d'éliminer une partie de la population mondiale mais aussi d'offrir, tel un rituel digne de Moloch, une part du genre humain sacrifié sur l'autel de la gouvernance mondiale. Nous avons expliqué dans *Atlas du mondialisme* et dans *Archives du mondialisme* que les courants sabbatéo-frankistes promouvant la « rédemption par le péché » estiment que pour accéder à un « bien », il faut que celui-ci soit proportionnellement préconçu à un mal. Plus le mal est délicieusement tordu, plus le « bien » est magnifiquement accompli. Avec un tel raisonnement digne d'un esprit démoniaque, le parachèvement de la gouvernance mondiale en lien avec un messianisme recherché ne peut aboutir qu'à un holocauste magistral. Anacharsis Cloots et ses petits camarades

---

homme encore qu'il n'est juif. » in https ://gallica.bnf.fr/ark :/12148/bpt6k41681h/f136.image p. 66. Nous avons largement traité du cas de Mirabeau dans *Archives du mondialisme*, personnage hautement malfaisant. À partir du moment où l'on ouvrait la porte à la naturalisation autre que catholique, cela signifiait que l'on pouvait octroyer le même titre à des musulmans, à des bouddhistes, à des hindouistes etc. C'est donc en toute logique que le député Adrien Duport précisa dans le processus de la naturalisation de la communauté juive de France : « *Je crois que la liberté des cultes ne permet plus qu'aucune distinction soit mise entre les droits politiques des citoyens à raison de leur croyance. La question de l'existence politique des Juifs a été ajournée, **cependant, les Turcs, les musulmans, les hommes de toutes les sectes, sont admis à jouir en France des droits politiques*** (ndla : souligné par nous) *Je demande que l'ajournement soit révoqué, et qu'en conséquence, il soit décrété que les Juifs jouiront en France des droits de citoyens actifs.* » in https ://www.retronews.fr/journal/gazette-nationale-ou-le-moniteur-universel/28-septembre-1791/149/1302103/2

n'avaient sûrement pas prévu une telle évolution. Même si la promesse d'un renouveau de la France nous est assurée, entre autres par le pape Saint Pie X, nous paierons très chers les divagations criminelles de ces révolutionnaires.

Pierre Hillard

Annexe 1
Archives Israélites, Le Centenaire de l'Émancipation Juive, 1791-1891

généreuse que la postérité serait disposée à désavouer. Nous avons appelé en témoignage quelques uns des plus illustres représentants de cette postérité. Voici leurs dépositions que nous avons été heureux de recueillir ; אסתרי. On va lire ces pages signées des noms d'une autorité incontestable et où passe — c'est le plus bel éloge qu'on puisse en faire — comme le souffle des grands hommes de la Révolution. Que pèsent dans la balance de l'opinion publique, à côté des Jules Simon, des Barthélémy Saint-Hilaire, des Claretie, des Mézières, des Loyson, les excitations intéressées de quelques pamphlétaires !

Mais ce qui crie encore plus haut, ce qui plaide avec une singulière éloquence en faveur de notre Émancipation, ce sont les faits, c'est l'histoire de ces cent dernières années de la France où les Israélites, par leur activité, leur dévouement, leur intelligence, ont justifié si brillamment les espérances que de généreux esprits fondaient sur eux, et prodigué les marques de leur attachement inaltérable à la noble patrie qui les avait adoptés. Depuis un siècle, ils n'ont épargné ni leur sang, ni leur fortune, ni les ressources si variées de leur esprit souple et entreprenant, quand il s'est agi de faire la France forte, grande et prospère.

On les a vus, dès les premières guerres de la Révolution, s'enrôler sous les drapeaux pour défendre le sol de la patrie et, aujourd'hui encore, ils tiennent dignement leur place dans les rangs de l'armée, prêts, comme leurs camarades des autres cultes, à faire leur devoir. Leur sang a coulé sur tous les champs de bataille où l'honneur de la France depuis un siècle s'est trouvé engagé, cimentant ainsi la grande œuvre de 1791.

Mais les travaux pacifiques de l'industrie, du commerce, des sciences, des lettres, des arts n'ont pas moins sollicité leur brûlante activité, excité leur émulation et mis en mouvement leurs facultés si pénétrantes. Là aussi, sur ces champs de bataille plus calmes, ils ont contribué à la gloire de la France.

Mais à quoi bon insister sur les conséquences d'un acte que la justice a inspiré et qui, prenant sa source dans un sentiment aussi auguste, ne pouvaient qu'être heureuses et fécondes, éclatante confirmation de cette belle parole d'Isaïe : והיה מעשה הצדקה שלום
L'œuvre de la justice se traduit par la paix.

Laissons maintenant la parole aux généreux et grands esprits qui, répondant avec un aimable empressement à notre invitation, viennent consacrer du poids de leur autorité, le Décret du 27 septembre 1791.

LA RÉDACTION.

LETTRE DE M. BARTHÉLEMY SAINT-HILAIRE
Membre de l'Institut, Sénateur, ancien Ministre.
Paris, Boulevard Flandrin, 4,
9 septembre 1891.

Monsieur,

L'Émancipation des Juifs en 1791 est un des actes les plus honorables et les plus sages qu'ait faits la Constituante de 1789. La réparation a été tardive, mais elle a été complète. On peut la rapporter à l'esprit de tolérance que Voltaire avait contribué à répandre, sans être lui-même fort tolérant. Une partie de la chrétienté se déshonore encore par d'odieuses persécutions, qui ne semblent pas près de cesser.

Les Juifs sauront résister à ces barbaries, comme ils ont résisté à tant d'autres. Depuis plus de deux mille ans, ils donnent au monde un exemple de constance et de foi inébranlables. C'est une gloire pour eux, et aussi pour l'humanité. Ils doivent rester à jamais ce qu'ils sont. Appuyés sur la Bible, qui est le plus grand des livres sacrés, ils peuvent croire qu'on fait de religion et de piété, ils n'ont rien à apprendre de personne, et sans l'Ancien Testament, le Nouveau n'eût pas été possible.

Vous faites donc bien, Monsieur, de célébrer l'anniversaire du décret de la Constituante. C'est un acte de reconnaissance de la part des Israélites, et un témoignage de plus de leur invincible persévérance.

Agréez, Monsieur, l'assurance de ma considération distinguée, et de ma vive sympathie pour les Sémites.

B. SAINT-HILAIRE.

LETTRE DE M. JULES SIMON
*Membre de l'Académie Française
Sénateur, ancien Ministre*

Villers-sur-Mer, le 9 septembre.

Vous avez bien raison, Monsieur, de célébrer le Centenaire de l'Émancipation des Juifs par l'Assemblée Constituante. Cet anniversaire vient très à propos, puisqu'il y a une agitation antisémite en Russie, dans les Balkans, en France, un peu partout. On vous attaque en Russie par la violence ; en France par des calomnies, dont mon ami Germain Sée a fait très noblement justice à l'Académie de Médecine. J'ai moi-même eu l'occasion, il y a un mois ou deux, de prendre la défense des Juifs, et cela m'a attiré un grand nombre de lettres d'injures.

Un des grands meneurs de la conjuration antisémite dit que ce n'est pas une guerre religieuse. Mais c'est une guerre religieuse.

Dans tous les temps et dans tous les pays, les guerres religieuses ont essayé de se mettre à l'abri sous le couvert d'accusations calomnieuses. Ce qu'a fait l'Assemblée Constituante le 27 septembre, ce n'est moins l'émancipation d'une classe de citoyens, qu'une nouvelle proclamation, une nouvelle application du principe de la liberté de

ARCHIVES ISRAÉLITES

conscience. Nous autres catholiques, nous devons à ce grand acte autant de reconnaissance que les Juifs; car il a été aux Juifs la qualité de persécutés, et à nous la qualité plus odieuse de persécuteurs.

Les ligues antisémites font surtout du mal aux chrétiens, car elles les déshonorent, et aux philosophes, car elles démontrent le peu d'influence qu'ils exercent aujourd'hui. Je rougis de les voir s'étendre dans un pays qui, d'un côté, a donné naissance à Saint-Vincent de Paul, et qui, de l'autre, a publié l'Encyclopédie.

Veuillez agréer, Monsieur, l'assurance de ma considération très distinguée.

JULES SIMON.

LETTRE DE M. ALFRED MÉZIÈRES
Membre de l'Académie française, Député

Rehon, le 15 septembre 1891.

Monsieur,

J'écris en ce moment la vie de Mirabeau. Ce grand et généreux esprit avait proposé, dès le mois de décembre 1789, de donner aux Juifs la qualité de citoyens ! Il mourut six mois avant que l'Assemblée Nationale Constituante eut accompli cet acte de justice. A mon sens, rien n'honore plus sa mémoire qu'une telle proposition. Il avait compris, l'un des premiers, que la Révolution, pour être féconde, devait assurer à tous les Français l'égalité devant la loi. Après un siècle écoulé, ce principe est si bien entré dans nos mœurs que rien ne le déracinera. C'est même la seule des idées de 1789 qui n'ait jamais subi d'éclipse. Nous avons, trop souvent, perdu la liberté ; nous n'avons pas toujours pratiqué la fraternité ; mais aucun gouvernement n'a osé, aucun gouvernement n'osera toucher à l'égalité.

Veuillez agréer, je vous prie, Monsieur, l'assurance de mes sentiments les plus distingués.

A. MÉZIÈRES.

LETTRE DE M. JULES CLARETIE
Membre de l'Académie Française, administrateur de la Comédie-Française

Viroflay, 12 septembre 1891.

Vous avez raison, Monsieur et cher Confrère, de célébrer cette date qui marque un progrès dans l'histoire de la liberté humaine. Lorsque le projet de décret rédigé par Duport, amendé par de Broglie et Prugnon, fut voté, l'Assemblée Nationale rayait d'un seul coup des ordonnances royales cruellement injustes. Les Juifs, bannis et expulsés de France par Charles VI et Louis XIII, allaient enfin participer aux droits civils et politiques,

comme tous les hommes, et Dubois-Crancé demandait les mêmes droits pour les nègres qui touchaient le sol de France.

Et que cette discussion dura longtemps ! Dès septembre 1789, les Juifs de Metz demandent protection à l'Assemblée. Clermont-Tonnerre soutient éloquemment leurs revendications. Mais il faut deux ans pour que ceux que Rewbell présente, au nom de l'Alsace, comme des usuriers avilis, soient considérés comme des citoyens, comme des hommes. Même dans cette Révolution, qui fait la guerre aux abus et aux préjugés, le préjugé subsiste. Strasbourg s'oppose à leur admission aux droits de citoyen. A l'heure même où l'on pille leurs maisons dans le Maroc et où on traque leurs personnes en Pologne. Le temps n'est pas loin cependant où Bonaparte, avide de pouvoir, fera le rêve de rebâtir avec eux Jérusalem et les invitera à se ranger sous ses drapeaux. Si le général ne réalise pas cette chimère, l'empereur, du moins, en 1807, ratifiera les délibérations de 1791.

Et quand on pense, qu'après un siècle, le fanatisme peut encore refuser aux Juifs ce que la raison et le libéralisme d'une Assemblée leur accordaient il y a cent ans !

C'est une des gloires de la Révolution que ce décret. C'est une des hontes de notre temps que la haine qu'on voudrait attiser contre cette race de bannis et de calomniés, réhabilitée par le travail, l'intelligence, la science, le dévouement à une tradition et à une foi.

Je vous félicite de célébrer la date de son affranchissement, et vous avez raison de fêter ce Centenaire de liberté. Depuis septembre 1791, que les Juifs sont tombés à côté de nos coreligionnaires pour notre France, pays qui leur donnait une patrie, patrie à laquelle, en revanche, ils donnaient leur sang !

Croyez, Monsieur, je vous prie, à mes sentiments les plus distingués.

JULES CLARETIE.

LETTRE DE M. HYACINTHE LOYSON
Prêtre
Chef de l'Église Catholique Gallicane
27, boulevard d'Inkermann,
Parc de Neuilly, près Paris.

Le 21 septembre 1891.

Monsieur le Rédacteur,

Vous me faites l'honneur de me demander mon opinion sur l'acte par lequel l'Assemblée Constituante de 1789, ne pouvant rendre aux Juifs leur ancienne patrie, la Judée, leur en a donné une nouvelle, la France.

Je me suis expliqué déjà, en public, au sujet d'un événement que je regarde, au double point de vue religieux et social, comme l'un des plus considérables des temps modernes. J'ai l'intention de traiter de nouveau cet important sujet, dimanche prochain, dans l'église catholique-gallicane de la rue d'Arras, où nous fêterons votre centenaire.

Je me borne à rappeler ici que l'initiateur de la moderne délivrance d'Israël a été un gallican, l'abbé Grégoire, qui, odieusement calomnié par toutes les réactions, n'en demeure pas moins l'un des plus grands évêques de l'Église catholique.

Recevez, je vous prie, Monsieur le Rédacteur, l'assurance de ma considération distinguée.

HYACINTHE LOYSON.

Esquisse Historique de l'Emancipation

L'histoire de l'Émancipation des Juifs n'est pas aussi simple qu'on le croit généralement dans le public. Quand on parle de ce grand acte de justice accompli par la Révolution, on s'imagine volontiers que l'Assemblée Nationale procéda pour les Juifs comme elle avait fait dans la fameuse nuit du 4 août pour les privilèges de la noblesse, et que, tout d'un coup frappée de l'injustice du sort des israélites, elle les éleva par acclamation, dans un élan d'enthousiasme, au rang de citoyens.

Les choses ne se passèrent pas aussi triomphalement il faut bien le dire, dût notre amour propre en souffrir, et bien qu'en général, dans toutes ses entreprises, la Révolution ait fait vite et grand, elle montra, en la circonstance, une lenteur, une circonspection qui détonnaient sur ses habitudes primesautières.

Il ne faudrait pas croire, d'un autre côté, que la question juive, soumise à leur délibération, surprit les législateurs de la grande Assemblée et qu'ils se montrèrent quelque peu décontenancés devant une réforme à laquelle ils n'avaient pas eu le temps de réfléchir.

L'Émancipation était dans l'air, longtemps avant qu'éclatât le mouvement de 1789.

Les grands penseurs du XVIII° siècle avaient semé dans les esprits des idées généreuses et humanitaires dont la réalisation devait fatalement profiter à la race si méprisée des Juifs. La Révolution donnait brusquement leur maturité aux graines que les philosophes de cette époque avaient, par leurs écrits, leurs discours, leur enseignement, déposées dans tous les cœurs et qui germaient doucement. L'éclosion avait été préparée de longue main.

Voltaire, qui n'aimait pas les Juifs, qui les a même criblés de ses plus mordants sarcasmes, travaillait inconsciemment pour eux par ses écrits philosophiques.

Aussi avec le règne de Louis XVI, leur condition avait des tendances à s'améliorer. Un édit de janvier 1784 les exemptait des droits de péage. D'un autre côté, les Juifs dits portugais voyaient leurs privilèges confirmés.

Enfin Malesherbes, le ministre de Louis XVI, un des plus généreux esprits de ce temps, conçut le projet de relever les Juifs de leur avilissement.

Il réunit à Paris des israélites notables du Midi, Furtado, Lopès-Dubeo, Rodrigues, pour étudier avec eux les moyens d'émanciper leurs coreligionnaires. Un des premiers effets des meilleures dispositions qui régnaient à leur égard dans les régions gouvernementales fut l'édit de 1787, qui autorisait les non-catholiques à se livrer au commerce et aux arts mécaniques.

Les penseurs et les hommes politiques tournaient, eux aussi, leurs regards vers cette population tenue hors la loi. Mirabeau, qui devait jouer un rôle si prépondérant dans la Révolution, s'intéressait à leur sort. Il est pris d'admiration pour le génie de Mendelssohn, il publiait un mémoire dont le titre était toute une promesse : *Réforme politique des Juifs*.

Enfin l'Académie de Metz mettait au concours la question de la régénération des Juifs, et couronnait l'étude remarquable de l'abbé Grégoire, qui concluait en faveur de cette réforme.

Comme on le voit, le terrain était admirablement préparé pour ce grand acte de justice et de réparation. Il semblait que la Révolution n'eût qu'à éclater pour que, du même coup, les Juifs fussent mis en possession de ces droits que la Royauté elle-même se déclarait prête à leur conférer.

Eh ! bien, les événements ne marchèrent pas au gré des Juifs et de leurs amis.

La Bastille, — la forteresse de l'ancien temps, avait été renversée d'un coup d'épaule par le peuple en révolte, emportant dans sa chute le régime d'exception et de bon plaisir, et les Juifs continuaient de former une classe à part !

Ils voyaient le peuple conquérir sa souveraineté, les roturiers devenir à leur tour les maîtres, et eux, en qui le droit avait le plus souffert, ne participaient pas à son triomphe !

Les castes disparaissaient, la noblesse et le clergé abdiquaient leurs privilèges ; la famille française ne connaît plus ni rang ni distinctions ; elle ne compte que des frères et des citoyens, et eux, les parias de tous les temps, de tous les pays, eux, les représentants de cette doctrine égalitaire qui triomphait, on ne les admet pas au grand banquet de la réconciliation !

Cependant l'Assemblée Nationale s'est déclarée constituante, et a donné une Charte au peuple français, qui est la *Déclaration des Droits de l'homme* et qui proclame la liberté de conscience en ces termes :

« Nul ne doit être inquiété pour ses opinions même religieuses, pourvu que leur manifestation ne trouble pas l'ordre public établi par la Loi. »

Quelques jours auparavant, à la séance du 3 août, notre grand ami l'abbé Grégoire avait évoqué le premier la cause des Juifs à la tribune nationale, et demandé avec instance qu'on s'occupât de ce peuple « proscrit et malheureux ».

Le 23 août, lors de la discussion sur la déclaration des droits de l'homme, Rabaud Saint-Etienne, développant un amendement de M. de Castellane, s'élève contre l'intolérance et réclame la « liberté pour ces peuples toujours proscrits, errants, vagabonds sur le globe, ces peuples voués à l'humiliation, les Juifs... »

Mais cette Emancipation qui découlait virtuellement de la déclaration des Droits de l'homme, que les Juifs de Paris, par une Adresse à l'Assemblée Nationale, sol-

ARCHIVES ISRAÉLITES

tcliont dès le 26 août 1789. — Ils n'avaient pas perdu de temps. — Ils devaient attendre encore deux années entières.

Nous allons voir nos coreligionnaires multiplier sans se décourager leurs démarches, leurs instances pour obtenir ce titre de citoyens qui leur tenait tant au cœur, qui leur revenait bien après les sacrifices qu'ils faisaient à la patrie, après les gages de civisme que la plupart d'entre eux donnaient, enrôlés dans la garde nationale; nous allons voir la population de Paris, aux instincts si généreux, fidèle à ses traditions d'équité et de justice, revendiquer ardemment pour les Juifs les droits de citoyen par l'organe éloquent et convaincu des abbés Mulot, Berlolio, de l'avocat Godart; nous allons voir des députés poursuivre sans relâche, avec un zèle que l'opposition qu'ils rencontraient ne faisait que réchauffer, l'accomplissement de cette réforme; ne se rebuter ni des atermoiements, ni des ajournements jusqu'au jour où leur énergie indomptable, leurs accents émus triompheront des calculs, des résistances et des préjugés obstinés!

Nous allons suivre pas à pas, le *Moniteur* à la main, la gestation de cette grande œuvre, qui fut si laborieuse et que les efforts qu'elle coûta doivent nous rendre d'autant plus précieuse et plus chère!

La question de l'Emancipation est posée en termes catégoriques devant l'Assemblée à la séance du jeudi 3 septembre 1789 au soir. Voici ce que dit à ce sujet le *Moniteur* du 4, dont les comptes-rendus sont encore singulièrement laconiques:

« L'on y examina l'affaire des Juifs; ils demandent:
1° Que l'Assemblée prononce d'une manière expresse sur leur sort, en leur décernant le titre de citoyen;
2° Qu'ils puissent demeurer dans toutes les villes, indépendamment de toutes les lois, de tous les privilèges;
3° D'abolir à jamais toutes les lois arbitraires et injustes auxquelles ils sont assujettis;
4° Qu'ils seront libres dans l'exercice de leur religion, lois, etc.;
5° Qu'ils conserveront particulièrement leur Synagogue publique à Metz. »

On discute « l'affaire des Juifs de Metz » le lundi 28 septembre au soir. M. de Clermont-Tonnerre parle avec beaucoup d'éloquence sur les causes de l'avilissement de cette nation toujours dispersée, toujours errante, toujours fugitive. Le mépris des chrétiens, des lois barbares lancées contre elle, en forcent les membres à devenir usuriers et justifient en quelque sorte tous les vices que nous leur reprochons. »

L'abbé Grégoire plaida aussi en leur faveur et il est décidé, à la suite de ce discours, que le Président écrira aux municipalités de la Lorraine pour leur manifester que la déclaration des « Droits de l'homme » est commune à tous les habitants de la terre et que le roi sera supplié de l'appuyer de toute son autorité. »

Des délégués israélites de la Lorraine sont admis à la barre de l'Assemblée le 14 octobre, et Berr — Isaac Berr qui fut l'un des agents les plus actifs de l'Emancipation — prononce un discours que « l'Assemblée écoute avec intérêt et auquel le Président fait une réponse applaudie avec attendrissement. »

A la séance du 21 décembre, à propos d'une motion concernant l'éligibilité des non-catholiques et d'une formule de décret rédigée par Clermont-Tonnerre, « plusieurs personnes réclament la discussion sur l'état des Juifs comme tenant à la Constitution ».

Rewbel intervient pour dire que « les Juifs ne se croient pas citoyens ». C'est de Rewbel qui mettra autant d'ardeur à empêcher l'émancipation des Clermont-Tonnerre, les Mirabeau et d'autres en déployeront pour la faire voter.

Jusqu'à présent, partisans et adversaires ne se sont livrés qu'à des escarmouches. La grande bataille va s'engager à la séance du 23 décembre. L'éligibilité des Juifs, des protestants et des comédiens figure en tête de l'ordre du jour.

Le comte de Clermont-Tonnerre prononce en faveur des exclus un discours empreint d'une haute philosophie.

Après avoir fait justice des accusations portées inconsidérément contre les Juifs, il s'écrie:

« Il faut tout refuser aux Juifs comme nation, il faut tout leur accorder comme individus. Il faut qu'ils soient citoyens. On prétend qu'ils ne veulent pas l'être; qu'ils le disent donc et qu'on les bannisse... Les Juifs ne sont pas, sans qu'ils n'auront pas refusé de l'être. Dans leurs requêtes, ils demandent à être considérés comme tels. La loi doit reconnaître un titre que le préjugé seul refuse. Mais, dit-on, la loi n'a pas d'empire sur le préjugé. Cela était vrai quand la loi l'ouvrage d'un seul; quand elle est celle de tous, cela peut suffit... »

« Il faut s'expliquer clairement sur leur sort. Vous bien serait le pire des maux; ce serait avoir en le bien et à avoir pas voulu le faire; ce serait avoir connu la vérité et n'avoir pas osé le dire; ce serait, enfin, asservir sa la même trame les préjugés et la loi, l'erreur et la raison. »

Cette harangue, où la raison et le bon sens parlaient un si mâle langage, dut faire une vive impression sur l'Assemblée. L'abbé Maury, qui vint la combattre les conclusions, commence par dire:

« Il est impossible d'employer plus de talent et de dialectique que le préopinant... »

Puis il se livre à une charge à fond de train contre les Israélites, rééditant toutes les calomnies en cours. Il les montre inaptes à l'agriculture, à l'état militaire, au métier d'artisan, etc. Il s'élève contre toute idée de persécution, mais refuse d'en faire des citoyens.

Robespierre intervient en faveur des Juifs:

« On vous a dit, s'écrie-t-il, sur eux des choses infiniment exagérées et souvent contraires à l'histoire. Les vices des Juifs naissent de l'avilissement dans lequel vous les avez plongés; ils seront bons quand ils pourront trouver quelque avantage à l'être. Je persiste en ne peut priver aucun des individus de ces classes des droits sacrés que leur donne le titre d'homme. »

Un autre membre du clergé, de la Fare, évêque de Nancy, s'efforce de détruire l'effet de ce discours, et pour y arriver, il met en avant les arguments les plus variés. Il parle de cent huit jours de chômage que les Israélites observent dans l'année. Il est obligé toutefois de reconnaître que les Juifs ont rendu de grands services à la Lorraine et à la ville de Nancy, mais il ajoute que son cahier lui ordonne de s'opposer à la motion présentée, et cela « par intérêt pour les Juifs ».

Et il conte l'histoire d'une sédition qui éclata contre eux à Nancy et, au cours de laquelle, un des émeutiers lui fit cette observation piquante: Oui, Monsieur, si nous venions à vous perdre, nous verrions un Juif devenir notre évêque, tant ils sont habiles à s'emparer de tout.

Et le bon La Fare, par peur sans doute d'avoir un Juif pour successeur sur le siège épiscopal de Nancy, conclut contre leur émancipation!

Avec Duport, qui aura l'honneur plus tard d'attacher son nom à cette grande réforme, la discussion se replace sur le terrain du droit:

« Nous ne devons pas examiner, dit-il est autres, si les Juifs sont fidèles à leur loi; il faut qu'ils remplissent les devoirs que leurs aurons imposés, que vous aurez écarté toute mention de culte ou de une rédaction fixe, que vous aurez posé en principe de l'éligibilité pour tous les professions, qui ne sera refusée en principe de l'éligibilité pour tous les Français. La priorité est refusée à la rédaction de M. Duport par une autre d'une voix.

Malgré l'habileté et la modération de nos amis, la victoire leur échappe encore, à quelques voix près.

Le lendemain, la discussion reprend. Rewbel déclare qu'il n'est pas de l'ordre en Alsace et l'on accorde aux Juifs les mêmes droits qu'aux autres citoyens.

ARCHIVES ISRAÉLITES

M. de Beaumetz demande immédiatement l'ajournement de la question des Juifs, sous le prétexte que ceux-ci ne voudraient pas être privés civils et militaires auxquels on les déclarerait aptes.

Mirabeau demande alors la parole, et ce généreux esprit qui a déjà rendu justice aux Juifs dans son Mémoire, vient les défendre à la tribune :

« Messieurs, plus M. de Beaumetz a obtenu et mérité de succès pour le discours qu'il vient de prononcer, plus on doit être sévère à son égard.

« Ce n'est pas sans étonnement que j'ai entendu cet orateur estimable nous dire que les Juifs ne voudraient peut-être pas des emplois civils et militaires auxquels vous les déclareriez admissibles, et conclure de là, très précipitamment, que ce serait de votre part une générosité gratuite et mal entendue que de prononcer tout aptitude à ces emplois.

« Eh! Messieurs, serait-ce parce que les Juifs ne voudraient pas être citoyens, que vous ne les déclareriez pas citoyens? Dans un Gouvernement comme celui que vous élevez, il faut que tous les hommes soient hommes. Il faut bannir de votre sein tous ceux qui ne le sont pas ou qui refuseraient de le devenir.

« Mais la requête de ces Juifs vient de faire remettre à cette Assemblée prouve contre l'insertion du préopinant. (Ici l'orateur lit un passage de cette requête dans laquelle les Juifs expriment formellement le vœu d'être déclarés citoyens.) Je conclus de ce que je viens de lire qu'il faut ajourner la question sur les Juifs, puisqu'elle n'est pas assez éclaircie, mais je ne veux pas moins du chercher à détruire les expressions que le préopinant aurait pu faire naître contre ce peuple moins coupable qu'infortuné. »

Les amis des Israélites, sentant que, cette fois-ci, ils ne vaincront pas, demandent eux-mêmes l'ajournement, et il est décrété que « les non-catholiques sont capables de tous les emplois civils et militaires comme les autres citoyens, « avec cette réserve « sans entendre rien innover relativement aux Juifs, sur l'état desquels l'Assemblée Nationale se réserve de prononcer. »

Le 28 janvier 1791, l'Assemblée discute la question de savoir si les Juifs de Bordeaux, de Bayonne et d'Avignon, qui ont la possession de l'état-civil en France, seront considérés comme citoyens actifs. Talleyrand, évêque d'Autun, conclut dans son rapport pour l'affirmative. Rewbel, comme toujours, est pour la négative, ne voulant pas créer un précédent en faveur de ceux d'Alsace. M. de Sèze insiste pour qu'on accorde ces droits. Il dit qu'en le faisant, il remplit un vœu très pressant de la ville de Bordeaux, sa patrie. Il fait valoir les services qu'ils ont rendus en différentes occasions et il cite M. Gradis, négociant juif à Bordeaux, à qui il « n'a manqué que trois voix pour qu'il fût élu représentant de Bordeaux à cette Assemblée ».

On met aux voix l'amendement. Cette épreuve n'ayant pas réussi, on demande l'appel nominal. Mais un groupe de députés, au dire du *Moniteur*, s'oppose par des murmures à cet appel.

Le duc de Liancourt insiste pour qu'on y procède. Enfin, 374 voix contre 224 votent l'amendement qui accorde aux Juifs portugais, espagnols et avignonnais les droits de citoyens actifs. Le décret est promulgué par Louis XVI le 9 février suivant.

Le jour même où l'Assemblée votait l'émancipation des Juifs portugais, l'Assemblée générale de la Commune de Paris recevait une députation des Juifs de Paris qui s'associait à leurs vœux. L'abbé Mulot, au nom de la Commune de Paris, vient le 25 février à la barre de l'Assemblée, en tête d'une députation, et demande qu'on étende aux Juifs de Paris le décret concernant ceux de Bordeaux. Le lendemain 26, le duc de Liancourt demande qu'on fixe le jour de la discussion. Mais elle est encore ajournée. On y revient le 15 avril et « toute l'affaire est renvoyée au Comité de Constitution. »

Une municipalité d'Alsace sollicitait l'Assemblée de

s'occuper du sort des Juifs exposés à des dangers, un décret est voté le 10 avril qui « met de nouveau les Juifs de l'Alsace et autres sous la sauvegarde de la loi. » (Promulgué au *Moniteur* le 18 avril.)

Le 20 juillet, à propos de la dette des Juifs de Metz envers la famille de Brancas, l'Assemblée décrète la suppression des droits d'habitation, de protection, de tolérance et de redevances semblables sur les Juifs.

L'émancipation, on le sent, gagne du terrain, et rien qu'à voir l'ardeur déployée par les obstructionnistes tels que Rewbel et l'abbé Maury, pour ne parler que des plus connus, on se rend compte des progrès que la cause de l'égalité fait dans l'Assemblée.

La victoire se dessine, mais elle est encore lointaine. La municipalité de Paris, par ses discours, par ses arrêtés, prodigue aux Israélites les marques de sa vive sympathie, et la voix puissante de ses élus donne du poids à leurs incessantes revendications.

Le mardi soir 18 janvier, la séance est présidée par l'abbé Grégoire. L'occasion paraît bonne pour enlever le vote. Un député, M. Martineau, renouvelle la demande, qui a déjà été précédemment faite, d'étendre à tous les Juifs les bienfaits du décret du 28 janvier 1790. Un autre député fait observer que cette motion est conforme à l'avis du Comité de Constitution. Les adversaires se réveillent, et l'un d'eux fait remarquer qu'on cherche à exploiter la bienveillance de l'abbé Grégoire qui préside pour intervertir l'ordre du jour. Le prince de Broglie parle dans le même sens et, à sa demande, l'ajournement est de nouveau voté.

Les mois s'écoulent sans que de nouvelles tentatives soient faites en faveur de la cause des Juifs.

Mais la Constitution de 1791 est votée qui garantit la liberté religieuse. Alors, à la séance du mardi 27 septembre, M. Duport met heureusement à profit les dispositions favorables de l'Assemblée et il prend la parole en ces termes :

« Je crois que la liberté des cultes ne permet plus d'aucune distinction soit mise entre les droits politiques des citoyens, à raison de leurs croyances. La question de l'existence politique a été ajournée. Cependant les Turcs, les Musulmans, les hommes de toutes les sectes sont admis à jouir en France des droits politiques. Je demande que l'ajournement soit révoqué et qu'en conséquence il soit décrété que des Juifs jouiront, en France, des droits de citoyen actif. (On applaudit.) »

Ici l'inévitable et implacable Rewbel apparaît à la tribune pour combattre la proposition.

Mais M. Regnault Saint-Jean-d'Angely a vu le mouvement, et avec autant de netteté que de décision il s'écrie :

« Je demande qu'on rappelle à l'ordre tous ceux qui parleront contre cette proposition, car c'est la Constitution elle-même qu'ils combattront. »

La proposition Duport est adoptée.

Le lendemain 28, M. Duport arrive avec son projet de décret.

M. de Broglie demande qu'on prenne des précautions pour que ce décret ne produise pas de mauvais effets en Alsace.

Rewbel, toujours acharné contre les Juifs, profite contre la précipitation avec laquelle la motion Duport a été votée, il fait un tableau très chargé des créances des Juifs d'Alsace et il obtient de l'Assemblée, à titre de compensation, un décret spécial relatif au règlement de ces dites créances.

Enfin le projet de décret de M. Duport, amendé par M. de Broglie, est voté. Il est ainsi conçu :

ARCHIVES ISRAÉLITES

L'Assemblée Nationale, considérant que les conditions nécessaires pour être citoyen français sont fixées par la Constitution, et que tout homme qui réunissant lesdites conditions, prête le serment civique et s'engage à remplir tous les devoirs que la Constitution impose, a droit à tous les avantages qu'elle assure ;

— Révoque tous les ajournements, réserves, exceptions insérés dans les précédents décrets relativement aux individus juifs qui prêteront le serment civique, qui sera regardé comme une renonciation à tout privilège et exceptions introduits en leur faveur. » (Promulgué par Louis XVI le 13 novembre.)

Il était temps ; trois jours plus tard, le 30 septembre, l'Assemblée Constituante allait clore ses travaux et faire place à la Législative sans avoir effacé cette dé-[illisible] et supprimé cette inégalité. Heureusement Duport avait eu l'œil à l'échéance et, grâce à son heureuse intervention, la France admettait les Juifs au nombre de ses citoyens.

Comme on vient de le voir, en suivant la relation des débats auxquels la question juive a donné lieu, l'Emancipation n'a pas été décrétée d'emblée, sous le coup d'un de ces beaux mouvements d'enthousiasme si fréquents à cette époque. Nulle réforme n'a été plus mûrie, plus étudiée, n'a eu à subir plus de trituration, n'a été en butte à plus d'acharnés assauts. Elle a passé par toutes les épreuves imaginables, elle a été retournée de tous les côtés dans le creuset de la discussion la plus approfondie. C'est morceau par morceau, lambeau par lambeau, que la condition des Juifs a été transformée et a passé du régime de l'exception à celui de l'égalité.

Mais cette Réforme, qui a coûté tant de peines aux nobles esprits qui s'étaient assigné la tâche de la faire aboutir, doit à son caractère raisonné et réfléchi d'avoir pénétré de puissantes racines dans l'âme de la France, sans distinction de parti ; l'Emancipation n'a jamais été remise en question depuis un siècle. Elle doit encore d'avoir été unanimement acceptée, nonobstant de si vifs préjugés et de si invétérées préventions, à ce fait que, dans cette Assemblée Constituante où au nom de l'unité de la France les trois États s'étaient intimement confondus, elle rencontra des défenseurs convaincus, des patrons dévoués sur tous les bancs de l'Assemblée aussi bien chez les membres de la noblesse et chez ceux du clergé que parmi les représentants du peuple.

L'abbé Grégoire comme l'évêque Talleyrand, le comte de Mirabeau comme le comte de Clermont-Tonnerre, unirent leurs efforts à ceux de Duport et de Prugnon pour aider à la réalisation de ce suprême acte de justice.

Ils sentirent et les uns et les autres que la Révolution manquait son but, mentait à son programme si on laissait les Juifs en dehors de la nouvelle Constitution, en dehors de la loi, si le nouveau régime maintenait les exceptions humiliantes de l'ancien dont il voulait effacer jusqu'au souvenir.

L'affranchissement des Juifs est bien le fruit du concert intime des représentants de toutes les classes de la France se rencontrant dans une haute pensée d'équité.

Toutes les opinions, tous les rangs ont concouru à l'élaboration de cette grande réforme. On peut dire de cette conquête de la Raison et du Droit que, comme l'idée de Dieu, elle repose sur le consentement universel. C'est le plus bel éloge qu'on en puisse faire.

Et après cent ans écoulés, nous évoquons avec une reconnaissance émue les noms des initiateurs de ce grand mouvement de justice qui a fait Israël dit, dans la plupart des pays d'Europe, la cessation de ses maux séculaires et la jouissance des droits imprescriptibles de l'homme libre.

H. PRAGUE.

NOUVELLES DIVERSES

M. Hyacinthe Loyson, l'éminent orateur catholique dont nous publions plus haut la lettre qu'il a bien voulu nous adresser, fera dimanche prochain, 27 septembre (jour anniversaire de l'Émancipation), à 3 heures 1/2, une conférence dans l'Église de la rue d'Arras, 3, sur la délivrance d'Israël par la France.

— C'est une généreuse pensée de gratitude envers la France émancipatrice qui a dicté le projet suivant à un de nos abonnés, M. Cerf Lévy, 15, rue Rougemont, à Paris, et qui a pour but de perpétuer le souvenir de notre reconnaissance.

Nous donnons donc volontiers l'hospitalité de nos colonnes à la note qu'il nous adresse et qui est bien à sa place dans un numéro consacré comme celui-ci à la célébration de la grande date:

Les Israélites de France reconnaissants envers la République française qui les a émancipés, fondent une Société perpétuelle dite *Caisse fraternelle d'assistance aux sinistrés*.

Toute personne peut faire partie de la Société sans condition de sexe, d'âge ou de religion.

Les versements annuels sont d'un minimum de 2 francs.

La Société est administrée de la manière suivante:
Président d'honneur : Le Grand-Rabbin de France.
Directeur : Le Régent de la Banque de France.
Trésorier : Le Secrétaire général de la Caisse des Dépôts et Consignations.
Secrétaire : Un membre de l'Académie.
Administration : deux sénateurs; deux députés; deux conseillers municipaux; dix membres de la Société. Total : dix-neuf membres.

Les versements sont reçus chez les receveurs et trésoriers généraux. Les fonds sont placés dans les proportions suivantes :
Un tiers en rente française; *un tiers* en obligations à lots des villes françaises; *un tiers* en dépôt à intérêts variables à la Banque de France.

Les secours seront répartis par délibération du conseil d'administration, après avis conforme du représentant du Gouvernement.

La Société reste indépendante de toute attache politique.

Les adhésions sont reçues provisoirement chez le fondateur, et au bureau du journal les *Archives Israélites* et dans tous les journaux.

Le Directeur, gérant responsable : ISIDORE CAHEN.

ANNEXE 2

LES 36 UR-LODGES AVEC LEURS APPARTENANCES PHILOSOPHIQUES, LEURS NOMS ET LA LISTE DES PRINCIPAUX MEMBRES

36 chandelles

L'auteur dévoile l'existence de 36 super-loges, dites « Ur-Lodges »

(P= Progressistes / NA= Néo-Aristocratiques)

1. Amun (NA)
2. Arjuna-Phoenix (P)
3. Atlantis-Aletheia (NA)
4. Babel Tower (NA)
5. Benjamin Franklin (P)
6. Carroll of Carrollton (P)
7. Compass-Star-Rose/Rosa-Stella-Ventorum (NA)
8. Christopher Columbus (P)
9. Daath (P)
10. Der Ring (NA)
11. Ecclesia (P)
12. Edmund Burke (NA)
13. Ferdinand Lassalle (NA)
14. Fraternité Verte (P)
15. Geburah (NA)

16. Ghedullah (P)
17. Golden Eurasia ou Speculum Orientalis Occidentalisque (NA)
18. Hathor Pentalpha (NA)
19. Hiram Rhodes Revels (P)
20. Ioannes (P)
21. Ibn Arabi (NA)
22. Janus (NA)
23. Joseph de Maistre (NA)
24. Leviathan (NA)
25. Lux ad Orientem (NA)
26. Maat (NA)
27. Montesquieu (P)
28. Newton-Keynes (P)
29. Pan-Europa (NA)
30. Parsifal (NA)
31. Simon Bolivar (P)
32. Tao Lodge (NA)
33. Thomas Paine (P)
34. Three Eyes ou « Three Architects » (NA)
35. Valhalla (NA)
36. White Eagle (NA)

Listes de membres

1) La Ur-Lodge « **Amon** » a été créée par la « Three Eyes » et la « Joseph de Maistre », en 1972, sous la direction de Henry

Kissinger et avec la bénédiction de Brejnev et d'Andropov. En étaient membres, entre autres :

- Hafez El-Assad
- Hussayin ibn Talal
- Sulaylab Farangiyye
- Hassan II
- Boumédiène
- N. al-Sadat
- Moshe Dayan
- Israel Tal
- Mustafa Tlas
- M. al Gamass
- Laurence D. Fink
- Jacob Frenkel
- Jusuf Wanandi
- Sufjan Wanandi
- Yasser Arafat
- Bettino Craxi

2) La super-loge « **Arjuna-Phoenix** » a été créée en 1904 par Gandhi. Elle œuvre principalement en Inde, en Afrique et dans le monde occidental. Parmi ses membres connus :

- Mohandas Gandhi
- Nelson Mandela
- J. Nehru
- Kenneth Galbraith

3) La super-loge « **Atlantis-Aletheia** » est modérée plus que progressiste. Parmi ses membres connus :

- Max Weber
- Kostantinos Karamanlis
- Evangelos Venizelos
- Moises Naim
- Jurgen Chrobog
- Olaf Schulz
- Beniamino Andreatta
- Carlo Azeglio Ciampi
- Corrado Passera
- Francisco Pinto Balsemao
- Pascal Lamy
- Jacques Chirac
- Nicolas Sarkozy
- François Hollande
- Emmanuel Macron
- Warren Buffett

4) La super-loge « **Babel Tower** »

Ses membres cités sont :

- Maître Vénérable : Mario Draghi
- Mario Monti
- Carlo Secchi
- Jean-Claude Trichet

- Jean Pisani-Ferry
- Nicolas Veron
- George Osborne
- Reinhilde Veugelers
- Bruno van Pottelsberghe
- Luc Coene
- Etienne Davignon
- Herman van Rompuy
- Olli Rehn
- Leszek Balcerowicz
- Lucas Papademos

5) La « **Benjamin Franklin** » est une super-loge progressiste de laquelle furent membres :

- Arthur Schlesinger Jr (Maître Vénérable)
- Ted Kennedy
- William Averell Harriman

6) La « **Carroll of Carrollton** » est une super-loge progressiste de laquelle furent membres :

- Ted Kennedy
- Robert McNamara

7) La « **Compass-Star-Rose/Rosa-Stella-Ventorum** » est une des plus importantes Ur-Lodge néo-aristocratiques.

Parmi ses membres, sont cités :

Jean Monnet	Rachel Lomax	Anatolij Cubajs
Fabrizio Saccomanni	Peter Sutherland	Donald Graham
Vittorio Grilli	Etienne Davignon	Richard Perle
Francisco Pinto Balsemao	Jeroen Dijsselbloem	Irene Rosenfeld
Juan Luis Cebrian	Joe Kaeser	Henry Kravis
Javier Solana	Andreas Dombret	Marie-Josée Kravis
Nicolas Baverez	Karl Otto Pöhl	Kenneth Jacobs
Manuel Valls	Sergio Ermotti	Bill Gates
Henri de Castries	Daniel Vasella	Laurence D. Fink
Lord Kerr of Kinlochard	Jacob Wallenberg	Jacob Frenkel
Douglas Flint	Jorma Ollila	Giampaolo Di Paola
Mark Carney	Vladimir Dlouhy	Massimo D'Alema
George Osborne	Alexandre Lamfalussy	Jessica Mathews
Martin Wolf	Alexei Mordashov	

8) La super-loge « **Christopher Columbus** » fait partie de la frange progressiste. Parmi ses membres cités :

- Norman Cousins
- Carlos Prats Gonzales
- Augusto Pinochet
- Mario Sepulveda
- Guillermo Pickering
- Raul Alfonsin
- Tancredo de Almeida Neves
- José Sarney

9) La super-loge « **Daath** » touche principalement le milieu laïc et libéral-progressiste israélien, mais compte aussi des Goyim. Parmi ses membres les plus célèbres :

- Golda Meir
- Yitzhak Rabin

10) La super-loge néo-aristocratique « **Der Ring** » est centrée en Allemagne, mais compte des membres venant d'Europe et d'Amérique. Parmi ses membres connus :

Wolfgang Schaüble (Me V...)	Klaus Kleinfeld	Josef Ackermann
Jean-Claude Trichet	Michael Dickmann	Alexandre Lamfalussy
Manuel Valls	JoeKaeser	Lloyd Blankfein
Michael W.R Dobson	Nikolaus von Bomhard	Robert Zoellick
Nathaniel Philip Rothschild	Jens Weidmann	Irene Rosenfeld
Etienne Davignon	Dieter Zetsche	Laurence D. Fink
Ben van Beurden	Andreas Domber	Peter Mandelson
Thomas Enders	René Obermann	Karl Albrecht Jr (dad of UvdL)

11) La super-loge « **Ecclesia** ».

En étaient membres :

- Angelo Roncalli, futur pape Jean XXIII
- Norman Cousins

À ceux-ci s'ajoutent les noms publiés par Mino Pecorelli dans OP (Osservatore Politico), en 1978.

12) La super-loge « **Edmund Burke** » a été créée pour faire la volonté de Cecil Rhodes. Parmi ses membres cités :

Jean Monnet	Nathaniel C.J. Rothschild	Warren Buffett
Fabrizio Saccomanni	Nathaniel Philip Rothschild	Kenneth Jacobs
Ignazio Visco	Guy Elliott	Arthur C. Brooks
Domenico Siniscalco	Rupert Pennant-Rea	Lawrence Ellison
Matteo Arpe	John Micklethwait	Peggy Noonan
Pedro Passos Coelho	Anthony Peter Jenkins	Peter Mandelson
Ana P. Botin	Philip Hampton	Allan Gottlieb
Guillermo de la Dehesa	Peter Sutherland	Fu Ying
Bernard Arnault	Richard Burrows	Sofjan Wanandi
Nicolas Sarkozy	Bruno van Pottelsberghe	Henry Luce
Christian Noyer	Etienne Davignon	Clare Booth Luce
Marvyn Allister King	Guy Quaden	Manlio Brosio
Michael W.R Dobson	Axel Alfred Weber	Nigel Stuart Henderson
Leon Brittan	Leszeck Balcerowicz	George H. W. Bush
Mark Carney	Mark Weinberger	Margareth Thatcher
Tony Blair	Lloyd Blankfein	Withelaw
David Cameron	Josette Sheeran	Alden W. Clausen

13) La « **Ferdinand Lassalle** » est une super-loge néo-aristocratique, d'inspiration démocratique. Parmi ses membres recensés :

- Olof Palme
- Helmut Schmidt
- François Mitterand
- Kenneth Galbraith
- Gerhard Schröder

➢ François Hollande

14) La « **Fraternité Verte** » est une super-loge progressiste. Parmi ses membres cités :

➢ François Hollande
➢ François Mitterand
➢ Bettino Craxi

15) La super-loge « **Geburah** » a compté parmi ses membres :

➢ Nicolas Sarkozy
➢ Ian C. Read
➢ David Cameron
➢ Richard L. Olven
➢ Philip Hampton
➢ Ben van Beurden
➢ JoeKaeser
➢ Heinrich Heisinger
➢ Jeffrey Immelt
➢ Richard Perle
➢ Keith Alexander
➢ Lawrence J. Ellison
➢ David Rubenstein
➢ Jacob Frenkel
➢ Jose Angel Gurria
➢ Yang Jiemian
➢ Henry Luce

- Clare Booth Luce

16) La super-loge « **Ghedullah** » est principalement centrée sur l'étude de la Kabbale et de la tradition rosicrucienne. Parmi ses membres cités :

- Angelo Roncalli (Jean XXIII)
- GoldaMeir
- Yitzhak Rabin

17) La super-loge néo-aristocratique « **Golden Eurasia** » ou « **Speculum Orientalis Occidentalisque** », est centrée en Russie. Parmi ses membres connus :

- Vladimir Poutine
- Angela Merkel
- Gerhard Schröder
- Peter Hartz
- Igor Ivanov
- Anastas Mikojan
- Nikolaj V. Podgornyi
- Andrej Kirilenko
- Armand Hammer
- Tito
- Khrouchtchev
- Alexander Dubcek
- Ota Sik
- Vaclav Havel
- Milan Kundera

- Pavel Kohout
- Michail Gorbartchev
- Edvard Sevardnadze
- Norman Cousins
- Enrico Mattei

18) La super-loge « **Hathor Pentalpha** » est ce qui se fait de mieux en matière de contre-initiation. Ses membres sont :

- Maître Vénérable : Dick Cheney
- Ier Surveillant : Donald Rumsfeld
- 2e Surveillant : Bill Kristol
- Orateur : Samuel Huntington (« The Clash of Civilization »)
- Trésorier : Paul Wolfowitz
- Secrétaire : Lewis Libby
- M.C. : Robert Kagan
- Expert Terrible : Richard Perle
- Orateur adjoint : Karl Rove
- Tony Blair
- Nicolas Sarkozy
- Richard L. Olver
- Gerhard Schröder
- Philipp Hilderbrand
- Robert Zoellick
- Michael Ledeen
- Arthur C. Brooks

- Keith Alexander
- Christopher DeMuth
- Condoleeza Rice
- Laurence D. Fink
- Peter Mandelson
- Qabus bin Said al Said
- Hamad bin Isa al Khalifa
- Ali Rafsanjani
- Hamad al Thani
- Ariel Sharon
- David Klein
- Stanley Fischer
- Moshe Yoalon
- 7 princes saoudiens
- Jan Peter Balkenende
- Jose Maria Aznar
- Alexander Kwasniewski
- Marcello Pera
- Antonio Martino
- Recep Tayyip Erdogan
- George W. Bush
- Abu Bakr al-Baghdadi
- Jeb Bush

19) La super-loge « **Hiram Rhodes Revels** » fait partie de la frange progressiste des Ur-Lodges. Parmi ses membres :

- Bayard Rustin
- Martin Luther King
- Nelson Mandela

20) La super-loge « **Ioannes** » est également progressiste. Parmi ses membres cités :

- Richard J. Cushing
- Norman Cousins
- Jacques Delors

21) La super-loge « **Ibn Arabi** » est active principalement au Moyen-Orient. Parmi ses membres et anciens membres cités :

- Enrico Mattei
- Reza Pahlavi

22) La super-loge néo-aristocratique « **Janus** » compte parmi ses membres et anciens membres :

- Lyndon Johnson
- Neil Armstrong
- Andrew Goodpaster
- Cyrus Vance
- Giovanni Spadolini
- Robert McNamara
- Jeffrey Immelt
- Joseph Nye
- Lynn Forester de Rothschild
- Moises Naim

➢ Bill Clinton

23) La super-loge « **Joseph de Maistre** » a été fondée par Lénine (1903). Parmi ses membres et anciens membres cités :

➢ Baudouin Prot
➢ Nathaniel Philip Rothschild
➢ Paul Achleitner
➢ Wolfgang Schaüble
➢ Thomas Jordan
➢ Alexei Mordashov
➢ Wang Jisi WuJianmin
➢ Pierre Messmer
➢ Leonid Brejnev
➢ Youri Andropov
➢ J. Cernenko
➢ Armand Hammer

24) La super-loge « **Leviathan** » est née de la rencontre entre les milieux impérialistes rhodésiens (regroupés principalement dans la « Edmund Burke ») et les milieux de la Société Fabienne.

Elle sera à l'origine de la création du RIIA, à Londres, et du CFR, à New York. Parmi ses membres et anciens membres cités :

➢ Robert Rubin
➢ Madeline Albright
➢ Henry Luce
➢ Clare Booth Luce
➢ Pierre Messmer

- William Westmoreland
- Reza Pahlavi
- George H. W. Bush (unfriendly exit)
- Jaime Caruana
- Juan Luis Cebrian
- Robin Niblett
- Philipp Hampton
- Joe Kaeser
- Anatolii Kubajs
- Carla Handerson Hills
- Marie-José Kravis
- Henry Kravis
- Kenneth Rogoff
- Timothy Geithner
- Peter Orszag
- Lawrence J. Ellison
- Jessica Mathews
- Edward G. Corrigan
- Lynn Forester de Rothschild
- Andrew Liveris

25) La super-loge « **Lux ad Orientem** » a été créée en 1967 par Zbig Brzezinski, pour porter un certain type de lumière en Union soviétique. Parmi ses membres :

- Giorgio Amendola
- Armand Hammer
- Boris Eltsin

➢ George Soros (?)

26) La « **Maat** » a été créée sur base bi-partisane, par Zbig Brzezinski et Ted Kennedy, pour porter la candidature de leur frère Barack Obama à la présidence des Etats-Unis. Parmi les autres membres cités :

➢ Jeffrey Immelt

➢ Josette Sheeran

➢ Warren Buffett

➢ Kenneth Duberstein

➢ Peter Orszag

➢ Joseph Nye

➢ Mohammed El-Erian

➢ Bill Clinton

27) La super-loge « **Montesquieu** » est progressiste. Parmi ses membres, sont cités :

➢ Angelo Roncalli, pape Jean XXIII

➢ Vincent Auriol

➢ J.M. Keynes

➢ Jacques Chaban-Delmas

➢ Beniamino Andreatta

➢ Carlo Azeglio Ciampi

➢ François Mitterand

➢ Jacques Delors

28) La super-loge « **Newton-Keynes** » est également progressiste. Parmi ses membres, sont cités :

- Harold Wilson
- John Bordley Rawls
- John Williamson

29) La super-loge « **Pan-Europa** » a été fondée par le comte Richard Coudenhove-Kalergi. Il s'agit d'une des plus importantes loges néo-aristocratiques, à dominance européenne, mais comptant aussi des membres américains. Parmi ses membres cités :

Cte Coudenhove-Kalergi	Edmond Alphandéry	Karl Otto Pöhl
Wilfried Martens	Jean Pisani-Ferry	Peter Voser
Beniamino Andreatta	Baudouin Prot	Josef Ackermann
Emma Marcegaglia	Henri de Castries	Daniel Vasella
Carlo Azeglio Ciampi	Christophe Noyer	Gertrude Tumpel-Gugrell
Pier Carlo Padoan	Jacques de Larosière	Esko Aho
Massimo D'Alema	Leon Brittan	Olli Rehn
Alfredo Ambrosetti	Robin Niblett	L. Balcerowicz
Carlo Secchi	Peter Sutherland	Jacek Rostowski
Jose Manuel Barroso	Luc Coene	A Lamfalussy
Emilio Botin	Etienne Davignon	L. Papademos
Ana Botin	Herman van Rompuy	L. D. Fink
Mariano Rajoy	MarkRutte	
Jean-Claude Trichet	Klaas Knot	
Christine Lagarde	HenkKamp	
Thierry de Montbrial	Axel Alfred Weber	
Nicolas Sarkozy	Nikolaus von Bomhard	

30) La super-loge néo-aristocratique « **Parsifal** » est à dominance allemande. Ses membres cités sont :

- Maître Vénérable : Dieter Schwarz
- Jose Manuel Barroso
- Etienne Davignon
- Henk Kamp
- Angela Merkel
- Olaf Scholz
- Gerhard Schröder
- Axel Alfred Weber
- Peter Hartz
- Philipp Rosier
- Helena Blavatsky

31) La super-loge progressiste « **Simon Bolivar** » est principalement active aux Amériques. Parmi ses membres cités :

- Salvador Allende (son grand-père, Ramon, fut Grand Maître de la Grande Loge du Chili)
- Carlos Prats
- Augusto Pinochet
- Raul Alfonsin
- Tancredo de Almheida Neves
- José Semay

32) La « **Tao Lodge** » est une super-loge néo-aristocratique basée en Asie. Elle a été fondée en 1989, après Tienanmen, par la branche chinoise de la « Three Eyes », qui a entièrement conflué dans celle-ci. Parmi ses membres cités :

- Deng Xiaoping
- Peter Sutherland
- Dominic Barton
- Huang Renwei
- Li Cheng
- Chen Dongxiao
- Wang Jisi
- Wei Jianguo
- Zeng Peiyan
- Fu Ying
- Fujio Cho
- Jusuf Wanandi
- Xi Jimping
- Xi Zhongxun (père de Xi Jimping)
- Chen Yun
- Song Renqiong
- Bo Yibo
- Peng Zhen
- Yang Shangkun
- Wang Zhen

33) La « **Thomas Paine** » est la plus ancienne super-loge progressiste, fondée en 1849/1850.

Parmi ses membres les plus illustres :

G. Mazzini	A Kerenski	George Bernard Shaw
G. Garibaldi	J.M. Keynes	Beatrice Potter Webb
Helena Blavatsky (expulsée)	Ghandi	Sydney Webb
Victor Hugo	Nelson Mandela	Pease
Jules Michelet	George Orwell	Podmore
Louis Blanc	Altiero Spinelli	H.H. Ellis
John Stuart Mill	Arthur Schlesinger Jr	E. Carpenter
Pierre Joseph Proudhon	Franklin D. Roosevelt	S.H. Olivier
Charles Darwin	Eleanor Roosevelt	H.G. Wells
John Dewey	Jean Monnet (puis NA)	Annie Besant
Virginia Wolff	L. Wolff	Emeline Pankhurst
Ramsey McDonald	Harold Laski	J. Nehru
G.D. Cole	RH. Tawney	J.K. Galbraith
Olof Palme	TedKennedy	Zhao Ziyang
WenJiabao	William Beveridge	Hu Yaobang
Gioele Magaldi		

34) La « **Three Eyes** » (Te) ou « **Three Architects** » (Ta) a été la super-loge néo-aristocratique la plus active, depuis sa fondation en 1967, sur la scène internationale. La plus crainte, aussi.

Elle a été créée par David Rockefeller, Henry Kissinger et Gianni Agnelli, avec la complicité de Zbig Brzezinski. Leur but ? Faire barrage au courant démocratique incarné par Bob Kennedy et le frère Martin Luther King. Briser dans l'œuf la contestation estudiantine et ouvrière. « Organiser des colossales spéculations sur le dos des peuples et des nations ».

Parmi ses innombrables membres, sont cités :

La République Universelle du Genre Humain

David Rockefeller	Henry Kissinger	Gianni Agnelli
Zbig Brzezinski	Mario Draghi	Giorgio Napolitano
Gianfelice Rocca	Giuseppe Pecchi	MartaDassù
E.T. Cucchiani	Carlo Secchi	Federica Guidi
Pedro Passos Coelho	Christine Lagarde	Bernard Arnault
Edmond Alphandéry	Henri Proglio	Jacques de Larosière
John Kerr	Nathaniel C.J. Rothschild	David Alan Walker
Richard L. Olver	Anthony P. Jenkins	Peter Sutherland
Etienne Davignon	MarkRutte	Jeroen Dijsselbloem
Martin Winterkom	Andreas Dombret	Karl Otto Pöhl
Philipp Rôsler	Josef Ackermann	Jorma Ollila
Jacek Rostowski	Vladimir Dlouhy	Alexandre Lamfalussy
Lucas Papademos	Antonio Samaras	Anatolij Cubajs
Lloyd Blankfein	John Thain	Michael Corbat
Warren Buffet	Kenneth Rogoff	Kenneth Jacobs
Madeleine Albright	Timothy Geithner	David M. Rubenstein
Condoleeza Rice	Joseph Nye	Laurence Fink
Dominic Barton	Allan Gottlieb	Jacob Frenkel
Jaime Serra Puche	Jose Angel Gurria	Moises Naim
Carlos Ghosn	Mohammed El-Erian	Huang Renwei
Li Cheng	Chen Dongxiao	Beniamino Andreatta
Carlo Azeglio Ciampi	W. Whitelaw	Bill Clinton
Larry Summers	Ben Bemanke	Neil Armstrong
Giovanni Cossiga	Armando Corona	Henry Ford II
Milton Friedman	Enrico Cuccia	Edgardo Sogno
Junio Valerio	John E. Hoover	Richard Helms

Borghese		
Yang Jiemian	Zhang Yunling	Yotaro Kobayashi
Fujio Cho	Hong Seok-Hyun	LeeKun-Hee
William Colby	Edward Heath	Alec Douglas-Home
Maurice Oldfield	Gaston Eyskens	Henry Luce III
Robert R Bowie	Melvin Laird	Henry D. Owen
Armand Hammer	Max Khonstamm	Valery Giscard-d'Estaing
Gerard Coed Smith	E.O. Reischauer	Peter Brennan
James Schlesinger	Federico Umberto d'Amato	James Jesus Angleton
Walter Mondale	Paul Volcker	Mgr P. Marcinkus
Alan Greenspan	Deng Xiaoping	Zhou Enlai
Akio Morita	Masaru Ibuka	Y. Nakasone
Otto Graf Lambsdorff	George HW. Bush	Alexander Haig
Stansfield Turner	Dick Cheney	Richard Brenneke
Henry Sturgis Morgan	William H. Webster	George Pompidou
Antoine Bernheim	André Meyer	Nelson Rockefeller
Paul Desmarais Sr.	George Pratt Schultz	Gerald Ford
Stephen Bechtel		

35) La « **Valhallah** » est une super-loge néo-aristocratique active principalement en Allemagne. Parmi ses membres cités :

- ➢ Maître Vénérable : Maria Elisabeth Schaeffer
- ➢ Ier Surveillant : Stefan Quandt
- ➢ Mariano Rajoy
- ➢ Etienne Davignon
- ➢ Angela Merkel

- Jurgen Fitschen
- Manfred Bischoff
- Martin Winterkorn
- Michael Fuchs
- Heirich Hiesinger

36) La super-loge néo-aristocratique « **White Eagle** » s'est constituée pour porter Ronald Reagan à la Maison-Blanche. Parmi ses membres cités :

Pedro Passos Coelho	Jaime Caruana	Guillermo de la Dehesa
Jacques de Larosière	Rupert Pennant-Rea	Philip Hampton
Josef Ackermann	John Thain	Richard Perle
Michael Ledeen	Kenneth Duberstein	Christopher DeMuth
Peggy Noonan	Edward G. Corrigan	Allan Gottlieb
Lew Wasserman	G.P. Shultz	Philip Guarino
Milton Friedman	F. von Hayek	Paul Volcker
Alan Greenspan	W.E. Webster	Alexander Haig
George H.W. Bush	Alden W. Clausen	Giovanni Spadolini
Jean Monnet		

ANNEXE 3

PHOTOS DE QUELQUES MEMBRES APPARTENANT À UNE DES DEUX FACTIONS UR-LODGES (PROGRESSISTES/NÉO-ARISTOCRATIQUES)

La République Universelle du Genre Humain

ANNEXE 4

Inauguration par le "pape" François d'un monument rendant hommage aux migrants (29 septembre 2019)

La République Universelle du Genre Humain

On ferait un volume des fausses maximes accréditées dans le monde. On y vit sur un petit fonds de principes dont fort peu de gens se sont avisés de reculer les bornes. Quelqu'un ose-t-il prendre l'essor et voir au-delà ? il effraie, c'est un esprit dangereux, c'en est tout au moins un bizarre.

SOMERI

LA RÉPUBLIQUE UNIVERSELLE, OU ADRESSE AUX TYRANNICIDES,

Par Anacharsis Cloots, orateur du genre humain[67]

---

[67] Qu'est-ce qu'un *Orateur du Genre Humain* ? C'est un homme pénétré de la dignité de l'homme ; c'est un tribun qui brûle d'amour pour la liberté, et qui s'enflamme d'horreur contre les tyrans ; c'est un homme qui, après avoir reçu la sanction de son apostolat universel dans le sein du Corps constituant de l'univers, se dévoue uniquement à la défense gratuite de tous les millions d'esclaves qui gémissent d'un pôle à l'autre sous la verge des aristocrates ; c'est un homme dont la voix foudroyante se fait entendre sur tous les trônes, et dont la voix consolante se fait entendre dans les ateliers, pour saper sourdement les trônes par une circulation de quarante mille artisans de toute nation, qui portent ses discours, ses épitres, ses harangues, ses homélies dans les caves et les chaumières des peuples environnant ; c'est un homme qui s'exile volontairement des foyers qui l'ont vu naitre, des contrées qu'il a parcourues, des climats divers où un doux souvenir le caresse, pour rester inébranlablement assis dans le chef-lieu de l'indépendance, en renonçant à toutes les places honorables et lucratives où son zèle et ses talents l'appelleraient indubitablement. La mission de l'*Orateur du Genre Humain* ne finira qu'après la déroute des oppresseurs du Genre Humain.

Je persiste à croire, disait Voltaire, *que les philosophes m'ont daigné prendre pour leur représentant comme une compagnie fait souvent signer pour elle le moindre de ses associés*. Anacharsis Cloots persiste, avec la même modestie, à croire que les peuples opprimés ont daigné le prendre pour leur représentant. Je poursuivrai donc ma carrière d'un pas grave et sûr ; mes raisonnements seront peu volumineux et très substantieux. Ce n'est pas avec de gros livres qu'on opère des révolutions ; les grands ouvrages de Payne et de Sieyes n'ont que cent pages d'impression : ces deux brochures ont remué les deux mondes. Le vrai moyen d'éviter le poids du papier, c'est de viser au poids des idées. On ne risque rien à révéler ce secret aux profanes : le vulgaire des auteurs accablera toujours le vulgaire des lecteurs. M. d'Escherny dit avec raison, dans un ouvrage qui

J'applaudis, Citoyens, à votre plan généralement bon, et à vos vues incontestablement civiques ; mais je ne saurais accepter la place que vous m'offrez sous le titre de Vieux de la Montagne, titre qui ne convient ni à mon âge, ni à mon caractère. C'est avec les rayons de la lumière, et non pas avec le poignard des assassins, que nous délivrerons les peuples : nous voulons tuer la tyrannie, et le fer ne tue que le tyran. Mon avis est donc de n'imiter l'action sainte de Mutius Scoevola, qu'alors qu'un despote aura profané le sol sacré de la liberté. Que la tête d'un roi ou d'un général contre-révolutionnaire tombe au moment où son pied souillera la terre des hommes libres. Ne mettons pas leur tête à prix, car c'est une main pure qui doit plonger le fer dans le sein des oppresseurs. L'amour de l'or nous prêterait des mains tremblantes ; mais l'amour de la patrie nous offrira des bras fermes, dont l'adresse égalera le courage.

Les heureuses conjoncture qui accompagnent le parachèvement de la Constitution française, nous dispenseront, j'espère, de recourir à des atrocités patriotiques. Les peuples s'ébranlent de toute part : une voix secrète leur dit de faire cause commune avec la France ; et je redoute moins la vigilance des tyrans que la nonchalance de nos représentants. Le comité diplomatique a beaucoup temporisé[68]. Je suis un des plus ardents défenseurs de cette mesure politique ; mais le moment approche où de plus longs délais cesseront d'être utiles, et commenceront à être nuisibles. Ne laissons pas germer la funeste idée d'une fédération de pays adjacents. Et en refusant l'incorporation du Comtat Venaissin, nous aurions forcé un peuple loyal à s'isoler tristement, ou à se fédérer par des liens éphémères. Ce refus eût été funeste à d'autres voisins gallophiles. La beauté et la solidité de notre Constitution proviennent de son homogénéité ; ce serait contrarier sa nature que de lui agréger des corporations

---

mérite d'être réfuté, que telle image, telle comparaison valent un gros livre, et peuvent en fournir la matière.

[68] Il s'agit ici de l'ancien Comité diplomatique.

nationales. Insistons éternellement sur la fusion parfaite, sur la confédération des individus, sans quoi les corps reparaitront avec l'esprit de corps. Et pourquoi les corporations sont-elles dangereuses ? C'est parce qu'il est plus difficile de les contenir sous la puissance légale, que les simples individus. L'ambition individuelle est aussi ardente que l'ambition collective ; mais la faiblesse de l'une change les disputes particulières en simple procès, pendant que la force de l'autre lui permet d'entreprendre des guerres sanglantes et rarement interrompues. Les corps provinciaux et les corps nationaux sont les plus grands fléaux du genre humain. Quelle ignorance, quelle barbarie de nous parquer en différentes corporations rivales, pendant que nous avons l'avantage d'habiter une des moindres planètes de la sphère céleste ! Nous multiplions nos jalousies, nos querelles, en divisant l'intérêt commun, la force commune. Un corps ne se fait pas la guerre à lui-même, et le genre humain vivra en paix, lorsqu'il ne formera qu'un seul corps, la NATION UNIQUE[69].

Une dispute qui coute la vie à des millions d'hommes, qui ravage les villes et les bourgs, qui renverse les monuments, qui désole les champs et les ateliers, qui exige la construction de ces prisons appelées forteresses, et l'entretien de ces meurtriers appelés soldats : une pareille dispute ne coutera pas deux feuilles de papier ou deux audiences de juge de paix, lorsque tous les hommes seront citoyens du même pays. Les Italiens de Gênes font la guerre aux Italiens de Venise, mais les Français de Nantes n'ont que des procès avec les Français de Bordeaux. Nous n'aurions jamais aucun démêlé sanglant avec Londres et La

---

[69] En publiant, l'année dernière, mon système de la *nation unique*, je m'attendais à nombre d'objections auxquelles je répondrai de manière à contenter tous les bons esprits. L'adoption qu'en vient de faire M. Volney dans son livre des *Ruines* m'est trop honorable pour ne l'en pas remercier publiquement. Mes principes politiques et religieux, développés dans mon volume contre *Hertzberg*, et dans mon livre de *la certitude des preuves du Mahométisme*, se retrouvent si formellement avec ma méthode et ma tactique dans la dernière production de M. Volney, que plusieurs hommes de lettres, après la lecture des *Ruines*, me dirent : *Nous venons de vous lire sans vous lire.*

Haye, si la France s'étendait aussi loin au Nord de Paris qu'au Midi de Paris. Réfléchissez, lecteurs et auditeurs. La différence même des modifications constitutionnelles des régimes intérieurs, est une source sanglante de haines et de rivalités. Spartes et Athènes se détestaient autant pour les formes opposées de leurs gouvernements respectifs ; que pour les prétentions à la suprématie de la Grèce.

Notre Constitution a un côté faible, il ne faut pas se le dissimuler ; c'est de confier à un seul homme la direction de nos forces de terre et de mer, la surveillance de nos places frontières et de nos ports maritimes ; c'est de confier à un seul homme une correspondance intime avec des tyrans étrangers qui disposent d'une soldatesque nombreuse et aguerrie ; nous avons à redouter une combinaison de circonstances, qui mettraient la république dans un péril imminent. Ceux qui proposent de revoir l'article du *Prince*, ou premier fonctionnaire, méritent d'être entendus, sauf à l'ajournement de leur projet de décret ; car les principes éternels doivent fléchir sous la politique journalière.

Profitons de notre ascendant sur l'esprit des peuples morcelés. Profitons de notre masse imposante et de notre situation géographique au centre de l'Europe sur l'Océan et la Méditerranée. Profitons de l'universalité de notre langue, et de la diversité des langues étrangères, usitées parmi les Français du Rhin et de l'Escaut, des Alpes et des Pyrénées. Un idiome se propage rapidement ; à peine César eut-il fait la conquête des Gaules, que le latin devint la langue des Gaulois : le grec ne fit pas des progrès moins rapide en Asie, après les victoires d'Alexandre. Les Portugais ne firent qu'une apparition triomphale aux Indes, et leur idiome est encore usité aujourd'hui sur les côtes du Malabar, du Coromandel, de Malaca et de Ceylan. Saint-Louis ou Louis IX, voulant planter la croix sur le sépulcre d'un Essénien, ne laissa, pour tout monument de ses folles croisades, que la langue de son pays et de son temps, dont l'usage, depuis cette époque, n'a pas discontinué dans les échelles du Levant. La langue du corps diplomatique, du monde politique, va devenir incessamment la langue du monde commerçant. Les écoles françaises se multiplient dans toutes les villes de commerce, à l'instar de toutes les cours de l'Europe. Un négociant d'Amsterdam ou de Londres écrit en français à ses correspondants de Lisbonne ou d'Archangel ; il reçoit la réponse en français : de sorte qu'avec un seul commis, on fait des affaires qui auraient exigé dix hommes versés dans l'étude des mots. L'intérêt général exige de prendre une seule langue pour dragoman universel ; or l'intérêt du genre humain est plus puissant qu'Alexandre et César.

Il n'y a pas jusqu'aux puristes qui ne doivent aimer le nouvel ordre des choses ; car une des grandes causes de la mobilité qu'éprouvait notre langue, c'est que les courtisans, les nobles et les gens vivant noblement, affectaient un jargon de coterie ; il était de bon ton d'abandonner des termes adoptés ou créés par le peuple. Or comme tout émane ordinairement du souverain, il sera de bon ton désormais de respecter la majesté du peuple : et la langue française, la langue universelle ne s'appauvrira plus par les caprices de la fatuité.

Comme l'usage de la langue française, dans les pays étrangers est la marque d'une bonne éducation, on apprenait le français par esprit d'aristocratie ; mais on l'apprendra désormais par esprit de démocratie. Beaucoup d'Allemands et d'autres septentrionaux affectent chez eux d'ignorer leur langue, pour se donner du relief dans le beau monde. Frédéric le Grand poussa la chose si loin, qu'on vous mettait en pénitence à l'école militaire de Berlin, lorsque nous parlions l'idiome du pays. Je ne risquai pas beaucoup, car je venais de faire mes humanités à l'université de Paris : aussi n'ai-je jamais bien su ma langue natale. Ce fut dans des livres français que j'appris à lire, dans le *Catéchisme historique* de Fleury et dans l'*Histoire de la barbe bleue*. Et au sortir de la maison paternelle à l'âge de neuf ans, je fus envoyé à Bruxelles, puis à Mons, puis à Paris. Cette digression biographique ne sera pas tout à fait inutile aux observateurs. Ils y trouveront plus d'une cause de la propagation rapide de la doctrine que je prêche pour le salut du genre humain.

Je recueille avec soin toutes les objections contre mon système philanthropique, et aucune, jusqu'à présent, ne saurait en ébranler la moindre colonne. On a voulu m'objecter la différence des climats, comme un obstacle à la liberté du globe ; mais l'expérience de Boston et de Charlestown, mais le patriotisme des Indiens de Pondichéry, des Africains de Bourbon, des Américains de Saint-Domingue ; mais l'indépendance des noirs dans les montagnes bleues de la Jamaïque et dans les forêts épaisses de la Guyane ; mais la voix de la nature qui prêche la liberté à l'Iroquois et au Samoyède, tous les faits historiques, tous les voyages philosophiques déposent en faveur de notre instinct pour la liberté. Je sais que plusieurs peuples sont très-abrutis ; mais reposez-vous sur notre sollicitude, et l'abrutissement disparaitra de la face humaine. L'homme est naturellement laborieux parce qu'il est naturellement avare, cupide, amateur de soi-même. C'est toujours la faute du gouvernement, lorsqu'une nation est paresseuse et insouciante. Coupez les liens qui me retiennent, et je marcherai : ouvrez cette cage, et l'oiseau s'élancera dans les airs.

Pour répondre à ceux qui me soutiennent hardiment que les divers peuples se refuseraient à ne former qu'une seule nation, je propose à ces Messieurs de faire avec moi le tour du monde, et de consulter l'intérêt de chaque peuplade ; car toute base politique doit être fondée sur l'intérêt général. Consultons d'abord les Hollandais, si toutefois l'ignominieux joug anglo-prussien leur laisse la faculté de parler ; ce peuple commerçant vous dira que sa prospérité serait au comble, si ses navires pouvaient entrer librement dans tous les ports du monde, s'il était délivré de l'influence d'un voisinage étranger et jaloux, s'il était préservé de la calamité périodique des guerres navales et continentales, et de la calamité perpétuelle des forces de terre et de mer. En effet, chaque peuple est sur le qui-vive ; on entretient des troupes de ligne, parce qu'on se méfie de ses voisins. Il en serait de même de chaque famille ; nos maisons seraient des forteresses, si toute une ville, ou tout un canton n'était pas soumis à la une loi commune. Il en est du genre humain, divisé en peuplades, comme de l'anarchie féodale, qui métamorphose de paisible donjons en châteaux forts, en repaires de voleurs et d'assassins. Il importe donc au propriétaire, au négociant à l'habitant de la ville et de la campagne, d'abolir la féodalité universelle, après avoir aboli la féodalité intérieure ou nationale. Consultez l'Anglais, l'Écossais, l'Irlandais, ils vous tiendront le même langage que le Hollandais, l'Allemand et le Russe. L'insulaire Breton, qui se croit supérieur en industrie à tous les peuples du continent, s'empressera d'envoyer ses députés dans l'assemblée séante à Paris, et d'anciennes réminiscences lui feront éprouver un secret plaisir à biffer le nom de l'Angleterre, en voyant la France généreuse sacrifier son beau nom à la fraternité générale. Brest et Portsmouth seront étonnés de se trouver dans le même pays, et de voir leurs arsenaux menaçants changés en magasins de commerce.

Qu'on cesse de nous proposer la fédération des masses ; l'exemple des treize Cantons, des sept Provinces, des quatorze États, militent contre ce monstrueux système, et leurs divisions intestines seraient beaucoup plus multipliées, plus graves, plus funestes si la crainte des grandes puissances ne contenait pas leurs jalousies respectives. C'est bien assez de l'égoïsme des individus, sans qu'on affaiblisse le lien social par l'égoïsme des corporations. L'acier et le marbre ne sont durs et polis que par la ténuité des parties intégrantes : la véritable législation et la félicité permanente seront le fruit de l'unité humaine, de la ténuité des parties intégrantes. Deux soleils sur l'horizon nous donneront un faux jour ; deux souverains sur la terre sont aussi absurdes que deux dieux dans le ciel. Franklin eût vécu dix ans de plus, s'il avait pu diviser l'Amérique comme nous divisons la France : Hertzberg n'aurait jamais mis le pied en Hollande, si la fédération de sept souverains ne lui avait pas donné un vaste champ aux intrigues diplomatiques : les rochers de la Suisse n'eussent pas été arrosés dans le dix-huitième siècle du sang de leurs habitants si la diversité des souverains n'y entretenait pas des principes mortifères : Avignon et Carpentras n'auraient pas renouvelé sous nos yeux toutes les horreurs de la guerre, si ces fertiles contrées avaient été incorporées dans la république environnante. Il est d'autant plus urgent d'insister sur la cause politique du malheur et du bonheur des hommes, que nous sommes à la veille de grands changements, et qu'une fausse démarche de l'assemblée nationale produirait des conséquences déplorables. Nous avons renoncé aux conquêtes hostiles, mais il serait utile, louable, instructif, de porter un décret par lequel on renonçât à toute agrégation collective de peuple à peuple. Cela préviendrait les achoppements de l'ignorance qui ne se doute pas de la nécessité d'une agrégation individuelle. Deux peuples, deux corporations populaires, dans la chaleur d'un premier pacte, s'imaginent que leur amitié est inaltérable ; mais le philosophe est là derrière, qui s'aperçoit de la fragilité de ces nœuds mal ourdis. La crainte d'un tiers prolonge le pacte ; mais un jour ce tiers ombrageux éprouvera des modifications qui rompront les rapports actuels. Et les peuples, divisés par l'esprit de corps et livrés à la tyrannie des passions, regretteraient la tyrannie des despotes. Je ne veux ni despotes, ni peuples, et tous ceux qui pèseront mes raisons, auront la même volonté que moi : ils se rangeront sous l'oriflamme du genre humain, en s'écriant avec transport : *Une nation, une assemblée, un prince*[70].

Mais comment effectuer ce plan utopique que des penseurs épais comparent au rêve de l'abbé de Saint-Pierre ? J'aimerais autant comparer la diète de Ratisbonne à notre assemblée nationale, la constitution Germanique à la constitution Française. Saint-Pierre invitait les puissances incohérentes de l'Europe à former un congrès bizarre et ridicule, qui aurait dicté plus souvent la guerre que la paix : et je propose un nivellement absolu, un renversement total de toutes les barrières qui croisent les intérêts de la famille humaine. C'est bien assez du choc nécessaire des individus, sans provoquer le choc des masses inutiles, des corporations nuisibles. Et ce n'est pas avec une satisfaction médiocre que je découvre dans le système de la balance européenne, une cause prochaine de la réalisation de mes vœux. Cette balance ne saurait pencher un seul instant en faveur de la liberté, sans que tous les tyrans ne soient anéantis comme d'un coup de foudre. Aussi voyons-nous avec un vif intérêt les

---

[70] Le mot *prince* est pris ici dans l'acception philosophique.

progrès du républicanisme en Angleterre. L'Anglais délivré de sa chambre haute, jettera un regard sur le continent ; il verra que la France, par sa position géographique, attire à elle le Brabant, la Hollande, Liège, la Savoie, et tous les électorats qui avoisinent le Rhin et le Mein. Ce coup-d'œil effrayant pour un despote, devient un spectacle ravissant pour des hommes libres. L'Anglais, circonscrit dans d'étroites limites par l'Océan, calculera ses intérêts, qui, d'abord avec la morale, lui feront adopter la division départementale, et la députation dans l'assemblée séante à Paris. Les anciennes rivalités disparaitront avec les anciens noms et les anciennes démarcations. Et, de proche en proche, les Espagnols, les Italiens, les Danois, tous les peuples débarrassés de leurs fers par notre impulsion, auront les mêmes raisons d'imiter les riverains de l'Amstel, de la Meuse, de la Tamise et du Shannon. Tout le monde s'empressera de se confondre dans la grande société, pour en partager les bénéfices, pour en goûter les délices, et pour ne pas en éprouver une influence déplaisante. L'économie sera immense, les impôts seront légers, et le bonheur sera sans bornes. Une peuplade qui s'obstinerait à faire bande à part, serait un sujet de raillerie ; son ineptie la couvrirait d'opprobre.

Il en est de la liberté comme des quatre éléments, elle cherche le niveau, elle tend à la réunion : la liberté, qu'on qu'en dise Montesquieu, est une plante qui s'acclimate partout. Elle est bannie aujourd'hui de la Grèce, mais elle n'attend qu'une occasion favorable pour rendre les droits de l'homme et du citoyen aux Grecs vaincus et aux Turcs vainqueurs. La plus légère secousse introduira l'égalité et le bonheur sur le sol fameux de ces deux peuples esclaves. Le philosophe, en scrutant le cœur humain, ôtera au peuple tous les brandons de la discorde ; et puis nous avons vu la différence de l'uniforme causer l'effusion de sang parmi les citoyens, à plus forte raison, la différence politique des nations doit-elle server de véhicule aux contestations les plus sanglantes. Le jour approche où un décret sur la Famille universelle ne paraitra pas plus surprenant que le décret sur la couleur indigo et le bouton jaune de la garde nationale de France. Qu'on se rappelle les débats du sénat romain, lorsqu'après la prise de Véies, on fit la motion de diviser la république en deux sénats, en deux gouvernements égaux. Tout ce qu'on allégua contre cette motion insidieuse, qui fut rejetée après un mûr examen, viendrait puissamment à l'appui de la mienne. Et tous les maux qui assaillirent l'empire romain, après la fondation de Constantinople et l'apparition de l'aigle à deux têtes, formeraient encore des arguments dont je pourrais faire usage. Mais il est inutile de citer à des hommes éclairés par leurs propres désastres, à des hommes rendus enfin à eux-mêmes, à des hommes qui consultent librement leur propre intérêt, il est inutile de leur montrer la sagesse ou la folie des sénats aristocratiques et des cours despotiques. L'unité, l'unité ! la nature entière nous prêche l'unité.

Nos décrets constitutionnels sont applicables aux deux tropiques comme dans les deux zones glaciales. Nous n'établirons pas l'inquisition à Goa et à Lima avec les Portugais et les Espagnols ; nous n'introduirons pas un monopole odieux dans le Bengale et les Moluques avec les Anglais et les Hollandais. Nous mettrons les deux Indes sous le joug des *Droits de l'homme :* ce joug sera plus durable que celui des moines de Madrid et des trafiquants de Liverpool : j'en atteste le civisme des gardes nationaux païens et mahométans de Pondichéri et de Chandernagor. Que chacun cultive son champ à sa manière ; que chacun pratique le culte qui lui plaît ; la loi générale protégera tous les cultes et toutes les cultures. Tout ce qui ne nuit pas à la société aura son plein exercice. La majorité des égoïstes philanthrope l'emportera sur la minorité des égoïstes misanthropes. Le genre humain sera toujours le plus fort contre les ennemis de l'humanité, contre les partisans de l'esclavage, contre les sophistes qui ne conçoivent pas comment la Constitution française pourrait faire le bonheur de ceux qui se couchent aux Antipodes pendant qu'on se lève sur notre hémisphère. Ces sophistes se retranchent derrière l'aristocratie cutanée des Îles à sucre, et derrière l'aristocratie des Polygames orientaux : comme si la servitude pouvait subsister en Amérique, après la chute des tyrans africains ! comme si la polygamie pouvait subsister avec la liberté nationale ! Neuf hommes libres se voueront-ils au célibat, à la castration, pour laisser languir un seul homme avec dix femmes malheureuses ? Mépris aux raisonneurs pervers ou stupides qui oseraient encore nier la possibilité de l'établissement universel des *Droits de l'Homme* : droits sacrés qui remplaceront l'universelle tyrannie, et qui répareront les maux de toutes les institutions barbaresques. Et tel peuple sauvage ou abruti, qui, méconnaissant son propre intérêt, ne voudrait pas s'incorporer dans la famille souveraine, il n'en ressentirait pas moins la bénigne influence, par les lumières que nous répandrions sur lui, pour sa prochaine civilisation et sa félicité permanente. La différence des monnaies n'empêche pas l'Européen de commercer avec l'Indien ; la différence des habitudes n'empêche pas que l'homme n'éprouve, ou ne soit susceptible d'éprouver les mêmes sensations partout.

La raison est si puissante, que nous avons vu une nation entière renoncer aux prétentions de la religion dominante, c'est-à-dire, à la domination des prêtres, pour laisser aux différents sectaires la plénitude des droits du citoyen. La liberté religieuse aplanit de grand obstacles ; elle rallie tous les hommes autour du tribunal de la conscience. On s'occupera davantage des affaires d'ici-bas que de celles de là-haut, si toutefois il y a un haut et un bas. L'incrédule qui niera l'existence de Dieu, sera écouté aussi paisiblement que le bonhomme qui jurera par le Coran ou le Zend-Avesta. On parlera de Dieu pour varier la conversation, plutôt que pour varier les dogmes. Je soutiendrai, par exemple, que le monde est incréé, et qu'il n'y a pas d'autre Éternel que le monde. Un ami s'amusera à me demander comment je me tirerai de la progression à l'infini, et des causes finales. L'œuf est-il avant la poule ou la poule avant l'œuf ? Avons-nous des dents pour mâcher, ou mâchons-nous parce que nous avons des dents ? Je m'arrêterai volontiers devant ces instances, si, en admettant l'éternité de Dieu, les mêmes difficultés ne se présentaient point. Je demanderai, à mon tour, si ce que nous appelons le temps, n'est pas une illusion, une vaine apparence ; si Dieu a eu une première pensée, une seconde pensée, s'il a songé à l'œuf avant de songer à la poule, ou *vice versa* ? Voilà pour la progression à l'infini. Quant aux causes finales, il n'est pas plus étonnant de les trouver dans la nature éternelle que dans la divinité éternelle. C'est un grand phénomène que la nature, je l'avoue ; mais votre dieu invisible, indéfinissable, serait un phénomène bien moins compréhensible. Vous voulez expliquer une merveille par une autre merveille. Il est clair qu'en ajoutant un incompréhensible *Théos* à un incompréhensible *Cosmos*, vous doublez la difficulté, sans la résoudre. Je m'en tiens à ce que nous entendons, à ce que nous palpons, sans chercher midi à quatorze heures. Je vais remonter à la source de toutes les questions insolubles. Pourquoi existe-t-il quelque chose ? pourquoi votre soi-disant Dieu existe-t-il ? Nous n'en savons rien ; mais on ne conçoit pas non plus le néant absolu. Il me semble que l'espace existe nécessairement. Or si quelque chose existe nécessairement, il n'en coûte pas plus d'admettre le contenu que le contenant. Laissons donc les soleils et les planètes innombrables rouler éternellement dans le vide.

Les Théistes prétendent avec Platon, que le monde, le meilleur des mondes possibles préexistait de toute éternité dans l'entendement de Dieu. Nous sommes tous d'accord sur cette existence éternelle qui comprend l'enchaînement de tous les phénomènes physiques, la progression à l'infini et les causes finales : nous ne différons que sur l'admission d'un *moule divin* aussi inutile que chimérique. C'est choquer les premières notions de la philosophie que de multiplier les êtres sans nécessité : donc les Athées ont raison contre les Théistes. La vaine curiosité des métaphysiciens et le furieux despotisme des théologiens ont rendu obscures les plus lucides notions de notre entendement. On a substitué aux lois générales et immuables de la nature, les lois particulières et vacillantes de l'homme. Les modifications végétales ou animales, que nous appelons la *naissance* et la *mort*, nous ont fait supposer un *commencement* et une *fin* au grand tout, quoique nous avouions que rien ne s'anéantit dans l'univers. Les formes changent, les éléments se combinent et se décomposent ; mais les lois sont éternelles. Le point central peut se déplacer, mais le centre de gravitation est invariable. Toutes les planètes et satellites de notre petite sphère pourraient s'écrouler dans le disque du soleil, sans qu'aucune loi naturelle fut enfreinte, sans que rien ne sortît du cercle incommensurable des combinaisons et des modifications. Dix ou douze globes astronomiques sont imperceptibles dans la multitude infinie de systèmes solaires qui circulent dans l'immensité. Dix ou douze grains de sable de plus ou de moins sur les rivages de l'Océan, ne troubleront pas la marche régulière des marées et des vents alisés. S'il est possible qu'une comète, d'un coup de queue, noie toute l'espèce humaine, il sera possible aussi qu'un autre corps céleste apporte sur la terre une nouvelle colonie d'hommes ; à moins que, par un phénomène inconcevable, la semence animale ne produisit spontanément des animaux, comme la semence végétale produit des végétaux. Vraisemblablement les comètes et les planètes sont soumise à des lois communes qui les préservent de tout contact ou voisinage dangereux. Au reste, tout cela ne doit pas inquiéter des individus qui paraissent et disparaissent du jour au lendemain, et dont la réapparition, la recomposition vitale est sinon impossible, au moins très peu probable.

Nous ne pouvons plus douter que le système des Théistes ne repose sur une pétition de principe. « Tout ouvrage, *disent-ils* (remarquez bien, *tout ouvrage)*, qui nous montre des moyens et une fin, annonce un ouvrier ; donc cet univers composé de ressorts, de moyens dont chacun a sa fin, découvre un ouvrier très-puissant, très-intelligent ». On supprime toujours ici la mineure à dessein, car ce syllogisme ne séduirait personne. Sans doute que *tout ouvrage* annonce un ouvrier ; mais je nie que l'univers soit un ouvrage. Je dis que le monde est une chose éternelle, un être éternel. On prouverait avec le misérable argument des Théistes, que leur propre Dieu a été fabriqué par un ouvrier. Les pétitions de principe sont le passe-partout des plus grossières erreurs : ce sont là les véritables clefs de St. Pierre avec lesquelles on dérobe des millions d'arpens et des millions de victimes à l'humanité crédule. *Tout ouvrage qui... Donc l'univers est un ouvrage. Tout ouvrage qui... Donc Dieu est un ouvrage.* Sophismes risibles qu'il faut admettre tous deux, ou rejeter tous deux. Mais l'univers est si merveilleux ! Oui, mais votre Dieu créateur est bien plus merveilleux. On n'explique pas une moindre merveille par une plus grande merveille. Le sens commun ordonne de nous en tenir simplement à ce qui parait le moins compliqué et le moins étonnant. La croyance d'un Dieu produit tant de calamités, qu'après avoir pesé le pour et le contre dans la balance des biens et des maux, on s'écrie avec le sage et profond *Hobbes :* Qu'un magistrat qui proposerait un Dieu dans une république d'Athées, serait un mauvais citoyen ! En effet, toutes les religions battent en brèche la raison ; car la Divinité disparait en y réfléchissant une heure tout au plus. Or plus les hommes seront raisonnables, et plus ils seront vertueux, c'est-à-dire, utiles à la société : donc la religion est une maladie sociale qu'on ne saurait guérir trop tôt. Un homme religieux est un animal dépravé ; il ressemble à ces bestiaux qu'on n'apprivoise que pour les tondre et les rôtir au profit des marchands et des bouchers. La raison est une maitresse qui doit occuper toutes les facultés de notre entendement : elle exige tout ou rien. Un préjugé ne peut se loger quelque part sans qu'il n'en coute cher à son hôte imprudent et débonnaire. Les familles et les nations seraient trop riches, trop heureuses, sans la colonne des préjugés, dont les chiffres surchargent leurs livres de compte. L'homme en place le plus vicieux, le plus nuisible, c'est celui dont le jugement est le moins robuste. La tyrannie des sophismes est pire que la tyrannie des rois. Et tel homme qui passe, aux yeux du vulgaire, pour *vertueux*, pour *incorruptible*, est à mes yeux le plus vicieux, le plus corrompu des bipèdes ; car ses paralogismes nous mèneraient à la ruine, à l'anarchie, à l'esclavage, si la gendarmerie des bons raisonneurs n'arrêtait pas les ravages des concussionnaires, des brigands de la logique. Le fer des barbares a détruit moins d'hommes, moins de villes, moins d'états, que la langue des sophistes sacrés et profanes. Un mauvais argument engendre la guerre, la peste, la famine, la banqueroute, la servitude et l'opprobre ; un mauvais argument forge des chaines aux bons citoyens ; il nourrit l'aristocrate trompeur aux dépends du peuple trompé. Donnez-moi le choix et la sanction des sophismes, et je me rendrai maître absolu de la république.

Ne regrettons pas les prétendues consolations que la chimère d'un Dieu vengeur et rémunérateur procure aux sots mortels ; c'est un palliatif chez des peuples vexés au nom de Dieu, par des rois et des prêtres. Quelques individus se consoleront puérilement en invoquant un fantôme, mais la nation esclave sera toujours malheureuse. Horace disait aux dieux de l'Olympe : Laissez-moi la santé et la fortune, et ne vous embarrassez pas du reste. Nous dirons aux religionnaires : Laissez-nous la liberté, le reste viendra de soi-même. En effet, sous le régime de la loi, le laboureur, l'artisan s'occupe de sa besogne et de ses récréations, le riche s'occupe de ses affaires et de ses plaisirs, et tout le monde est suffisamment distrait. On jouit de la vie sans songer à la mort, et l'on répète en mourant, le mot sublime de Mirabeau : *dormir*. Le sommeil plaît à l'homme ; chacun, riche ou pauvre, heureux ou malheureux, s'y livre avec volupté. La nature est plus indulgente, plus prévoyante que nous, avec nos sermons évangéliques, absurdes et lugubres. Un prédicateur qui épouvante ses ouailles par des figures de rhétorique sur l'enfer et le purgatoire, est cent fois plus méprisable qu'un empirique de la place Louis XV qui vend de mauvaises drogues sur les tréteaux. L'un empoisonne certainement l'âme, l'autre empoisonne vraisemblablement le corps. Les drogues du premier coutent cent millions à l'état, c'est-à-dire, autant que la guerre et la marine. Un cinquième des impositions est absorbé par une jonglerie burlesque et sombre. Les prêtres *farinocoles* sont nécessairement des imbéciles ou des fourbes ; et toute la nation se cotise pour nourrir la fourberie et l'imbécillité ! Cela est monstrueux en morale et en politique. Où sont-ils nos Méliers ? Le consciencieux Mélier demanda pardon à Dieu et aux hommes d'avoir enseigné la religion, la dérision chrétienne à ses paroissiens. Nos 83 évêques auront-ils la candeur du bon curé Mélier ? Au reste, le peuple fera justice lui-même de l'absurde catholicisme. L'église romaine est un édifice bâti sur l'infaillibilité ; on ne saurait en ôter une seule pierre sans que toute la fabrique ne s'écroule. Déjà la plupart des hommes libres se refusent à courber la tête en vils esclaves dans un confessionnal ; or, sans la confession, point de communion ; et il est oiseux d'entendre la messe, lorsqu'on renonce à l'absolution du sacerdoce. L'inutilité des frais exorbitants d'un culte méprisable et méprisé se fera sentir aux citoyens les plus bornés. Il n'y aura incessamment qu'un vœu pour transformer les basiliques, les oratoires, en écoles de la jeunesse, en clubs fraternels. On s'assemblera pour s'instruire, pour apprendre à vivre, et non pas pour s'abrutir, pour apprendre à végéter. La Loi bienfaisante qui remplacera un DIEU insignifiant. Jamais on ne prendra le nom de la Loi en vain. MM. les ecclésiastique devraient coopérer à cette régénération sainte ; ils se couvriraient de gloire et de bénédictions. Qu'ils ne craignent point la suppression de leurs appointements ; car nous ne serions pas moins généreux envers les nouveaux prêtres, qu'envers ceux de l'ancien régime. Choisissez, lévites, entre la vérité et le mensonge, entre l'honneur et l'ignominie.

Mais si nous admettons le fatalisme, la destinée, si l'homme n'est pas moralement libre, il n'y a donc ni vertu, ni vice ; Fénélon et Ravaillac marcheront de pair ensemble ? Conséquences fausses d'un principe incontestable. Le vice et la vertu sont aussi réels que la laideur et la beauté. La vertu est la beauté de l'âme, le vice est la laideur de l'âme. Mon amitié et mon amour n'en sont pas moins ardents, quoique personne ne se donne à soi-même les qualités de l'âme et du corps. Tous les humains seraient beaux, si cela dépendait de leur volonté ; tous les humains seraient vertueux, s'ils pouvaient en avoir la volonté. Rien au monde n'est plus volontaire que la volonté qui nous conduit irrésistiblement. On ne saurait donc trop rectifier notre jugement par des notions saines et lucides. Les lois doivent être assises sur ces données fondamentales. La société présentera des appas à la vertu et des obstacles au crime. La douleur et l'opprobre, l'honneur et le plaisir, la paix avec soi-même et avec les autres, sont des motifs attrayants et réprimant qui dirigent notre volonté vers le bien ou le mal. Le bien l'emporte généralement ; car l'instinct de l'ordre appartient à la presque totalité des hommes ; et cet instinct contrarié, dénaturé par le despotisme ou l'aristocratie, appelle tous les vices, au lieu d'engendrer toutes les vertus. Il résulte de là une apologie complète du gouvernement républicain ; j'en atteste les penseurs qui me liront. Ma philosophie est trop vraie pour être chagrinante ; et les esprits faibles qui ne sauraient soutenir cette clarté, devraient consulter la nature, qui couvre tous les systèmes spéculatifs d'un voile consolant. En effet, soyez athée ou déiste, matérialiste ou spiritualiste, vous irez toujours votre train ordinaire dans le cours de la vie. Les idées métaphysiques disparaissent comme un rêve dans les transactions du monde civil et politique. Helvetius et la Rochefoucault ne m'ôteront pas les charmes de l'amitié ; Fontana et Spalenzani, après m'avoir montré ma maîtresse au microscope, ne tempéreront pas les feux qui me raniment dans son sein. L'amitié ne perdra rien à l'analyse morale ; l'amour ne perdra rien à l'analyse physique. Je sais que

Vénus est un monstre au microscope ; je sais que Pylade ne saurait faire un pas vers Oreste sans l'intérêt personnel ; mais la nature, plus puissante que la dialectique, me fait adorer Vénus et Pylade ; elle me fait agir et jouir, comme si j'étais libre de vouloir ou de ne vouloir pas. Ces réflexions concises serviront de réponse aux longues déclamations des religionnaires contre les philosophes. Si vous vivez à la campagne, vos choux vous occuperont plus que votre croyance ou non-croyance ; si vous vivez à la ville, vos dissipations absorberont vos spéculations mentales. Le fort l'emporte toujours sur le faible ; or l'empire de nos sens est infiniment plus impérieux que les arguments des métaphysiciens. L'essentiel est de se soustraire à l'empire des charlatans, et de couler ses jours dans les occupations de notre industrie, de notre état, de notre profession, et dans les amusements qui conviennent à nos goûts et aux circonstances qui nous environnent. Rien n'est plus hideux que la mort aux yeux d'un chrétien, et cependant les chrétiens, tout en payant un tribut onéreux à leurs jongleurs, se divertissent, mangent, boivent, chantent, jouent et rient, comme si l'enfer et le purgatoire étaient des chimères du paganisme, ou des parades du boulevard. C'est que la nature est plus sage que les hommes. Et si tous les philosophes avaient tenu un langage pareil au mien, on ne dirait pas dans les orgies bachiques, dans les fêtes et les festins : *O triste raison !* Car ma philosophie, c'est-à-dire, l'emploi que je fais de ma raison, mène à des consolations réelles, à des jouissances délicieuses. La vertu aimable et la quiétude parfaite sont les fruits de mon argumentation évidente, invincible.

On gagne beaucoup avec la vertu sous le régime de la liberté ; on gagne beaucoup avec le vice sous le joug du despotisme. Les méchants se glissent à la cour pour opprimer les honnêtes gens de la ville. Les scélérats s'emparent de l'imprimerie captive, pour déchirer impunément les hommes probes et indépendants. Le titre de *roué* mène à la faveur ; le titre de *philosophe* mène aux carrières. La fâme d'un sycophante est un moyen de parvenir ; la réputation d'un sage est un brevet de misère. La superstition et la prostitution jouent le premier rôle, la vérité et l'honneur sont bannis ignominieusement. Le despotisme concentre l'espérance dans un petit nombre de mains impures ;

la liberté rend l'espérance à toute la nation. Or sans espérance, point d'émulation, point de vertu. Et comme l'homme est naturellement aussi fier qu'industrieux, on n'opérera jamais une contre-révolution dans une vaste contrée où le simple paysan siège au sénat, ou le simple ouvrier ne paye pas de maitrise. La France ressemblait à l'enfer de Dante ; mais nous en avons fait un paradis, en chassant les diables, et en arrachant le fatal écriteau : *Lasciate ogni speranza voi ch'entrate*. Nous goûtons les fruits délicieux de la sagesse, en maudissant les fruits amers de la folie, de l'abrutissement. L'amitié sainte est une dérision dans l'esclavage ; l'inconstance et la perfidie sont des exploits honorables ; la trahison privée devient un triomphe public sous le sceptre de l'oppression, sous le règne des courtisans et des courtisanes. Les remords, ces puissantes barrières que la nature oppose aux crimes, les remords sont étouffés par les récompenses que les fripons obtiennent toujours aux pieds d'un trône fondé sur l'usurpation et la friponnerie. Les remords existent-ils chez les athées ? me demandera-t-on. Oui, certes. Je n'ai jamais commis de crime ; mais les moindre fautes me déchirent tellement le cœur, elles me pèsent si lourdement sur la conscience, qu'il est à présumer que si j'avais le malheur d'être criminel, les fureurs d'Oreste seraient moins douloureuses que les miennes. L'homme qui, ayant tendrement aimé son ami, s'en trouve séparé par les emportements d'une passion trop vive, par les imprudences d'une âme trop exaltée, par les *exagérations dont le sentiment est le principe* et peut-être l'*excuse* ; cet homme n'aimait pas véritablement, si le souvenir de cette rupture ne lui cause pas des étouffements, des regrets, des remords. Pour moi, je n'en saurais supporter l'idée qu'en regardant une pareille rupture comme une suspension de l'amitié, un ajournement de nos étreintes mutuelles. J'oublie tous les sorts d'autrui, pour ne songer qu'à mes propres fautes ; je suis moi seul coupable, je le dis, le répète, et je conjure les échos de redire à mon ami que je l'aime toujours, et que mes expiations surpassent mes délits, mes offenses. Hélas ! le repentir ne découle pas d'un Dieu vengeur ; il suffit d'avoir un cœur, et j'en ai un heureusement ou malheureusement.

L'indulgence et la fraternité vont étendre leurs mains bienfaisantes sur toute la nation. Le progrès des lumières nous montrera l'homme moins méchant que faible, plus entrainé vers le mal qu'ennemi acharné du bien, plus criminel machinalement que volontairement ; plus digne de compassion que de punition. Je doute qu'il y eut un seul homme exempt de vol et d'assassinat, si la pratique du crime était aussi facile que la théorie du crime. Où est le mortel qui, dans un accès de colère et dans les ennuis de la misère, n'a pas tout massacré, tout dérobé mentalement ? Or le crime gît dans l'intention, et non pas dans l'exécution. Vous pouvez plonger un poignard dans le sein de votre frère, très innocemment très involontairement ; mais vous ne pouvez pas lui souhaiter la mort sans être criminel très-réellement. Avouons-le naïvement, nous sommes tous des voleurs et des assassins. Combien de fois un Anglais n'a-t-il pas exterminé tous les Français ; un Portugais tous les Espagnols ; un Danois tous les Suédois ; un Russe tous les Turcs ; un Prussien tous les Autrichiens. Voyez-vous cet homme dont la probité est en recommandation ? Il lit une gazette ; la joie pétille dans ses yeux. De quoi s'agit-il Monsieur ? – Ah ! mes amis, bonne nouvelle ; la Jamaïque est ruinée par un tremblement de terre, et les Anglais s'égorgent à la Barbade ; nos sucres et nos cafés se vendront à merveille. – C'est donc pour être plus riche que vous vous réjouissez du malheur de vos frères communs ; et vous ne souhaiteriez pas la mort de vos proches parents pour être plus riche ? Je ne ravale pas la probité de mes héritiers ; mais je regarderais ma vie comme très précaire, très aventurée, si l'action criminelle était aussi prompte et invisible que la conception du crime. L'étude de l'homme nous rend prudents et indulgents. Voyons la nature telle qu'elle est, et non pas telle qu'on se l'imagine : suppléons, par la sagesse de nos lois, à ce qui manquerait de sagesse à la nature. L'esprit public nous fera découvrir dans la mesure des élections, dans l'établissement des jurés, dans la censure typographique, des motifs de vertu, de candeur, de concorde et de bienveillance universelles. Nous serons élus par nos pairs, nous serons jugés par nos pairs, nous serons appréciés par nos pairs ; rendons-nous digne de leur estime, de leur amour, c'est-à-dire, méritons bien de la cité tout entière. Nous serons aussi intéressés, aussi habitués à faire le bien à la face d'un peuple libre, que nous étions induits à faire le mal dans l'obscurité des geôles royales. La liberté est aussi féconde en vertus, que l'esclavage est fécond en vices. La stérilité des biens moraux et physiques est l'attribut inséparable d'un gouvernement arbitraire. La nature toute nue n'est ni belle ni laide ; mais elle devient un Léviathan sous l'armure de l'ignorance et de l'oppression, elle devient une divinité adorable sous l'armure de la constitution française. La nature se justifie depuis le 14 juillet 1789 ; car si l'élévation de la Bastille fut l'ouvrage de son aveuglement, la chute de la Bastille est l'ouvrage de sa clairvoyance. Rien n'est artificiel, tout est naturel dans l'univers. L'art ingénieux qui dessèche les marais et les lacs, se trouve dans la même classe que les inondations, les déluges, les cataclysmes, les conflagrations auxquels notre planète est soumise à différentes époques.

Il est utile d'accoutumer les esprits à ces conceptions philosophiques : on ne saurait donner trop de latitude aux opinions qui facilitent la marche du civisme universel. Nous appartenons à la terre, et non pas au ciel. Un rêveur ascétique est un mauvais citoyen. Plus nous serons attachés à la terre, et plus nous aimerons notre patrie, notre mère commune. Pensons hardiment, et tous les nuages se dissiperont. Le chancelier Bacon a dit, qu'un peu de philosophie rend athée, et que beaucoup de philosophie rend théiste. On répète cet adage sur parole, on le commente avec complaisance. Quant à moi, j'ai été le champion du théisme au commencement de ma carrière philosophique ; et je ne pense pas avoir rétrogradé, en laissant cette hypothèse loin derrière moi.

Je défie de me montrer un seul article de notre *déclaration des droits*, qui ne soit pas applicable à tous les hommes, à tous les climats. Et s'il pouvait encore rester le moindre doute sur l'exécution de mon vaste plan, après ce que j'en ai développé dans ma DÉPÊCHE à *Hertzberg*, dans mes ADRESSES *aux Polonais, aux gens de couleur, aux Genevois ;* si tout ce que je viens d'exposer ne portait pas une conviction lumineuse dans l'âme de tous nos frères, je ne mépriserai personne, en remerciant la nature de m'avoir donné une vue plus longue, une logique plus solide. J'en appellerai au témoignage des hommes dont le *criterium* est le plus sûr et le plus exercé : ils prononceront en ma faveur indubitablement. Quant aux déclamateurs, je les renverrai dans les huttes des sauvages, qui s'obstinent à dire que les palais comme le Louvre et des villes comme Paris sont des contes à dormir debout. Ces sauvages qui ne croient possible que ce qu'ils voient ; sont plus excusables que nos messieurs, qui croient impossible tout ce qu'ils ne voient point. Il y a plus loin d'une hutte à un Louvre, d'un hameau d'Iroquois à une capitale de l'Europe, que de la république des Français à la république du genre humain.

Les prodiges qui s'opèrent sous nos yeux dans le cours de la plus salutaire des révolutions, devraient nous aguerrir avec les combinaisons futures de la plus saine politique. Rien ne doit nous étonner, après ce que nous avons vu depuis le mois de juillet 1789 jusqu'à présent. Quiconque a eu le bonheur de vivre en France durant cette superbe époque, conviendra avec moi, pour peu qu'il veuille m'entendre, que le procès des peuples contre les tyrans est sur le point d'être jugé définitivement. C'est sur les débris de tous les trônes que nous bâtirons l'édifice de la république universelle. Nous savons maintenant de quoi les hommes libres sont capables, et la contenance fière et mesurée du peuple Français lors de la fuite du roi, nous annonce l'harmonie qui régnera sur la terre après la chute des oppresseurs. La volonté sera une, l'action sera une, parce que l'intérêt sera un.

J'ai réfuté tous les sophismes, j'ai indiqué tous les moyens ; il me resterait à ramener les esprits opiniâtres, à refondre les mauvaises têtes dont les préjugés résistent à toute argumentation. On ne me forcera pas, j'espère, de prêter les ailes de l'aigle aux oisons qui volent terre à terre. Il me suffit de pulvériser les objections, sans que j'aille volatiliser les esprits engourdis. Mon système, vigoureusement prononcé, produira toujours un avantage quelconque. On m'accordera, sinon la république du monde, au moins celle de l'Europe, au moins celle de la Gaule, jusqu'aux embouchures du Rhin et au sommet des Alpes : ce système écartera toute idée de dislocation de la France, de fédération départementale. Ceux qui me donneront toute la

Gaule, sentiront, dans la suite, qu'il faudra m'accorder toute l'Europe, tout notre hémisphère, toute la mappemonde. Et si l'on me demande pourquoi cela ? Je répondrai qu'on ne m'a pas lu attentivement.

Nombre d'écrivains politiques ont présenté des projets de paix perpétuelle, de confédération d'états, de nations ; mais aucun homme ne s'est élevé au véritable principe de l'*unité souveraine*, de la confédération individuelle. Combien de faux raisonnements ne s'épargnerait-on pas dans l'assemblée nationale, si l'on posait pour base de toutes les délibérations diplomatiques, que le *souverain* est unique comme le genre humain ? Nos conquêtes rapides seraient chaque jour une nouvelle application à la *déclaration des droits de l'homme :* conquêtes où il n'y aurait de vaincus que les tyrans, et de victorieux que la liberté. Des auteurs Anglais ont proposé à l'Europe une organisation américaine ; mais cette mesure est un monstre à côté de mon système, fondé sur la nature humaine, sur le jeu et le choc de nos passions. L'union des masses, des êtres moraux, est aussi fragile en politique que l'union des individus, des êtres physiques, est solide en politique. La loi est toute puissante avec mon régime. Voulez-vous un indice de la bonté de mes principes ? Voyez tous les citoyens du monde les adopter avec respect, et tous les aristocrates du monde les rejeter avec dédain. C'est du lait pour les amants de la liberté, c'est du poison pour les fauteurs de la tyrannie ; Ou la liberté constitutionnelle est une chimère, ou chaque individu est aussi libre à l'extrême frontière que dans le centre de l'empire.

Les rois européens s'adressent à tous les empiriques de la diplomatie, pour savoir quel parti prendre dans les conjonctures actuelles. On assemble des conseils, on opine gravement, et le gouffre s'élargit journellement. C'est surtout Léopold qui parait le plus inquiet, parce que les Pays-Bas et le Brisgau, le Milanais et la Toscane lui échapperont incessamment. Mais il pourrait s'en dédommager par une démarche grande et magnanime, en organisant ses possessions sur le Danube, à l'instar de la France. Cette régénération ferait tomber le sceptre à tous les despotes de l'Allemagne. Les Germains libres se joindraient aux Français libres, pour décréter des remerciements et des récompenses à Léopold, libérateur. L'entrée triomphale dans Paris de ce héros du civisme, ferait un contraste sublime avec l'entrée ignominieuse des héros de la scélératesse. Si Léopold connait la force du torrent qui entrainera toutes les couronnes dans la profondeur des abîmes, si l'empereur veut achever sa carrière paisiblement et glorieusement, il suivra mon conseil, il goûtera mes principes, et son cœur embrasé du bonheur de l'humanité, votera pour la manifestation du souverain unique. Léopold, richement doté par l'assemblé nationale, vivrait tranquille et heureux dans le chef-lieu du globe, il s'assoirait parmi les législateurs du monde, il dirait aux amis de la constitution, que la félicité réelle des rois consiste à descendre volontairement d'un trône chancelant. Ah ! que ne suis-je à la place de Léopold ! L'univers serait libre demain, sans verser une goutte de sang. Comme je bénirai la ville de Paris, d'avoir donné la première impulsion à l'ébranlement universel des cours ! Ce foyer de lumières, ce centre de l'unité républicaine deviendra de jour en jour plus resplendissant. Il est dans la nature de l'homme d'aimer la société, et plus la réunion d'hommes est nombreuse, plus les agréments sont nombreux et variés. La foule attire la foule, et les déserts repoussent les humains. Il est essentiel pour l'harmonie universelle d'avoir une capitale commune, où toutes les lumières divergentes viennent se rectifier, où tous les caractères viennent se coordonner, où tous les goûts viennent s'épurer, où toutes les opinions viennent se combiner, où tous les préjugés viennent échouer, où tous les égoïsmes viennent se broyer, se confondre dans l'intérêt du genre humain. C'est ici que l'homme du département devient l'homme de la France, que l'homme de la France devient l'homme de l'univers. J'avais prédit aux partisans d'une chambre haute, que Paris en tiendrait lieu, et chaque jour ma prédiction se confirme. Les pouvoirs de cette grande chambre émanent de l'ascendant des lumières combinées avec la force et la justice ; combinaison dont l'autorité est toute puissante sur les amis de l'ordre et de la liberté. La force toute seule est nulle dans un pays libre, la justice toute seule est insuffisante dans un pays libre. Leur réunion, fruit de la saine philosophie, doit nécessairement rallier tous les peuples, toutes les familles sous le même étendard. L'opinion de Paris sera constamment l'interprète de l'intérêt national ; car le chef-lieu de l'empire ne saurait faire acception d'aucune partie de l'empire. Un membre ne saurait souffrir sans que la tête ne s'en ressente ; mais les différents membres ignorent les rapports qui les lient entre eux. Et si la Rochelle se plaint aveuglément de Nantes, Lyon, d'Avignon, Toulon de Marseille, c'est dans Paris que ces contestations locales sont examinées froidement sur le *criterium* de la prospérité générale. Paris est une assemblée nationale, par la nature des choses ; et l'assemblée constitutionnelle est une production légitime que nous devons à la vigueur physique et morale de Paris dans les bras de la France. Notre vaste capitale et notre corps législatif sont tellement inséparables, que si ce dernier allait siéger ailleurs, il faudrait que la France pérît, ou que la capitale voyageât à la suite de l'assemblée. Chaque député arrive à Paris avec les intérêts et les préjugés de son district ; mais il ne tarde pas à être environné de cinq ou six hommes clairvoyants, qui lui montrent des intérêts majeurs, dont son district profitera moins directement, mais plus sûrement, sans nuire au bien-être de la république entière. Et voilà comme une assemblée de 750 membres dans Paris, équivaut à une assemblée de plusieurs milliers de représentants utiles. Paris en masse a un tact dont la finesse démêle les convenances et les avantages respectifs de tous les points de l'empire. Je parierai que chaque département fournit à la population de Paris, en raison de ses moyens en hommes et en richesses : la représentation naturelle est vraisemblablement aussi exacte que la représentation élective. Un tableau nominal, d'après mon idée, serait aussi curieux que neuf ; il ajouterait aux sentiments d'amour et de fraternité que tout Français, tout homme éprouve pour la VILLE par excellence, pour un ARGUS incorruptible, sans peur et sans reproche, dont la vue perçante franchit les limites qui séparent la France du reste de l'Europe. Un chef-lieu immensément peuplé, immensément éclairé, est tellement nécessaire au maintien de notre constitution, que les Américains, avec leurs treize chétives capitales, n'ont pas osé chez eux établir la chambre unique. En effet, les objections du célèbre Adams restent sans réponse dans un pays où la liberté typographique devient nulle ou dangereuse, faute d'une immense cité qui serve de sauvegarde aux écrivains combattant les hommes en place et les erreurs populaires.

Choquer l'opinion de M. le maire, ou de M. le curé, ou de M. l'important, c'est risquer de se faire lapider dans une petite ville, c'est risquer d'être influencé soi-même par des notables qu'on rencontre journellement dans la rue ou dans la société. On hurle avec les loups par crainte ou par condescendance. La nation sacrifiée dans une petite ville, serait la première victime de son propre aveuglement, de son misérable isolement. Tel philosophe qui se débaptise à Paris, aurait la faiblesse d'aller à la messe en province ; tel républicain qui gourmande la royauté dans Paris, aurait la politesse d'aller à la cour en province : les folies religieuses et politiques se perpétueraient, s'aggraveraient, au détriment de l'espèce humaine. On n'est vraiment libre qu'à Paris, dont l'exemple encourage les provinces, et dont les écrits véhéments en imposent aux fonctionnaires de tout l'empire. Paris est le Vatican de la raison ; ses foudres atteignent les pervers dans toute la circonférence du royaume. Les imprimeries suburbicaires ne rendraient que des oracles imposteurs, si le grand oracle de Paris ne faisait pas rouler ses presses indépendantes[71]. M. Adams a senti que la perfection

---

[71] Un seul entrepreneur typographique, un gentilhomme avide et sans pudeur, comme Panckoucke, s'emparerait de tous les journaux d'une petite ville. Ce Janus, démasqué par un écrivain patriote, exercerait une tyrannie muette, un *veto* despotique, en menaçant ses très humbles commis de les mettre à la porte, s'ils s'avisaient d'insérer dans un *Moniteur*, dans un *Mercure*, dans une *Gazette de France*, aucun article de l'écrivain qui aurait dénoncé les deux visages du libraire-accapareur. Je raconte ici ma propre histoire ; car le pauvre M. Marsilli a été menacé par l'insolent Panckoucke, d'être chassé du bureau de la *Gazette*, dite *Nationale*, s'il s'avisait d'accueillir quelque article d'Anacharsis Cloots dans le *Moniteur* ou *Monitoire*. Mon nom donne des crispations et de cuisants remords au manipulateur encyclopédique, au Briarée journaliste. Et voilà comme on étoufferait le civisme, voilà comme on obstruerait les canaux de l'opinion publique, sans recourir à l'or du pouvoir exécutif, si l'immensité de Paris ne s'opposait pas au privilège exclusif d'un Panckoucke exercerait immanquablement dans une capitale médiocre. Il n'y aurait pas même moyen de repousser les inculpations dont les patriotes seraient accablés par les mauvais citoyens. Aussi le *Moniteur* ne se fit-il pas scrupule de publier une méchanceté contre moi, à laquelle je fus obligé de répondre dans d'autres journaux ; car le papier Panckoucke mit ma réponse au rebut, contre le droit des gens. Je n'en

représentative serait une chimère funeste dans les États de l'Amérique fédérative. Et j'avoue que notre chambre unique, transportée à Bourges, se transformerait en une toile de Pénélope, en une boîte de Pandore ; la France deviendrait aussi anarchique et méprisable que jadis sous le règne du roi de Bourges. Les publicistes qui tombent de bonne foi dans l'erreur étudiée des Maury et des Malouet, sont dignes de porter les armoiries de Bourges. J'opposerai donc Paris aux anarchistes, aux biscaméristes, aux anglomanes, et je les réfuterai complètement. La beauté de notre chambre législative serait encore plus éclatante, si une cour royale, héréditairement inutile et nuisible, ne la forçait pas de s'immiscer prudemment, mais impolitiquement, dans les opérations du pouvoir exécutif.

Paris n'étant riche que de la richesse nationale, Paris n'étant grand que de la grandeur nationale, il est imminemment intéressé aux progrès de l'agriculture et du commerce, des arts et des sciences, de la population et des lumières, et par conséquent à la perpétuité d'une constitution qui renverse toutes les barrières féodales, qui brise toutes les entraves de la main-d'œuvre, qui encourage tous les ouvriers intelligents. Paris, sous l'ancien régime, était le réceptacle d'une valetaille insolente et stérile, d'une noblesse dévorante et banqueroutière. Paris, sous le nouveau régime, sera l'atelier de tous les talents supérieurs, l'entrepôt des marchandises les plus précieuses. Nos villageois, plus nombreux et plus riches, seront mieux logés, mieux meublés, mieux vêtus ; ils fourniront plus d'aliments à nos fabriques. L'or et les bras de la campagne abonderont avec les denrées et les matières premières, par une pente douce et

---

fais pas un crime à M. Marsilli, que je plains, ni même à son maitre, que je méprise. Il faut que tout le monde vive : et le ridicule *veto* du sot Panckoucke jette une nouvelle couche de noir sur son double masque. Le Grand Paris est le grand remède de ce grand mal. Notre Athènes a ses cloaques et ses Mallet-du-Pan. Ce dernier prend à bail les boues et les immondices de la librairie aristocratiques : aussi le nom du folliculaire mercuriel est-il inséparable de l'épithète d'*infâme*.

vivifiante, dans toutes nos villes ; et cette amélioration universelle sera surtout au profit du vaste rendez-vous des hommes industrieux, ingénieux, opulents et libres. J'ai prouvé avant la révolution, dans mes *Vœux d'un Gallophile*, qu'une nation dont la capitale est petite, est nécessairement une petite nation. Ce thermomètre est bien plus sûr depuis que la capitale du roi de France est devenue le chef-lieu des Français. Si Paris fut brillant nonobstant la misère du royaume, que ne sera-t-il donc pas avec l'embonpoint de la république ? L'agrandissement de Paris creusa le tombeau du despotisme, et créa le berceau de la liberté. Le vœu de tous les citoyens, de tous les sages sera unanime pour la prospérité d'une capitale qui sert de rempart contre la tyrannie et l'anarchie, et qui augmente la somme des richesses et des lumières, par une activité prodigieuse dont tous les cantons de l'empire éprouvent les influences bénignes. La politique, la sagesse d'un état, étant le résultat des intérêts épars et discordants, locaux et individuels, dans les nombreuses sections de l'empire, tous ces intérêts aboutissent directement à la capitale, comme les rayons d'un cercle aboutissent au centre par toutes les données de la circonférences. Si vous placez votre compas dans un des rayons, vous décrirez une ligne qui croisera, contrariera toutes les autres. Mais pour concilier tous les intérêts, fixez votre compas dans le point de contact universel. C'est à Paris qu'on découvre le vaste horizon de la France : un orateur de province éprouve une révolution salutaire dans ses aperçus politiques, en montant à la tribune lutécienne. Paris, situé au centre des climats, sera le laboratoire, le creuset de l'esprit humain. La gloire et les travaux de la ville du génie, et des arts, et des grâces, feront la gloire et le profit du citoyen qui cultive son patrimoine aux antipodes. La paix, la lumière et des chefs-d'œuvre seront le bénéfice habituel que les hommes tireront de la ville centrale des hommes : le superflu des richesses du monde y vivifiera toutes les industries. Ce superflu est l'apanage du grand dépôt national, du siège des plaisirs et des sciences, enfin d'une superbe métropole qui deviendra plus superbe encore par la liberté conquise. La pente naturelle qui mène les eaux du Pactole à Paris, devrait imposer silence aux amis de la liste civile, qui veulent persuader aux Parisiens que tout serait perdu sans le faste de la cour royale. Voici mon dilemme : ou ces vingt-cinq millions tournois épuisent les contribuables, ou cet impôt ne leur est pas onéreux. Dans les premier cas, la détresse de l'empire nuira nécessairement à l'opulence du chef-lieu ; et dans le cas opposé, le superflu de l'empire arrivera dans le chef-lieu par un canal plus direct, plus sûr que celui d'une cour divagante, capricieuse et corruptrice. Le superflu des Français appartiendra toujours à la VILLE des Français. Tous les hommes veulent jouir, et plus la France sera riche et polie, plus ses habitants seront attirés dans le centre universel des jouissances physiques et morales. La liste civile répand son or abominable, plutôt à l'extrême frontière qu'au milieu de l'empire, plutôt hors du royaume que dans le royaume. Les Bouillé, les Rohan, les Lambesc, en profitent plus que les Houdon et les David.

Paris est si heureusement situé, les circonstances topographiques et politiques l'environnent si favorablement, que ses portiques, ses colonnades, ses galeries, ses jardins, ses spectacles, ses embellissements seront des sources de richesses pour la nation libre et éclairée qui se glorifie de la magnificence de sa Jérusalem, de son Athènes, de sa Rome. Un million d'écus entre les mains des artistes Parisiens, rapporte à la nation un million de louis d'or. Un Louvre achevé, un lycée encouragé, un musée appuyé, un opéra bâti, des rues lavées par des ruisseaux d'un eau limpide, des passages ouverts aux gens de pied, des bornes ou des trottoirs opposés aux voitures ; ces dépenses productives, attractives, fixeraient parmi nous une foule d'étrangers, qui par goût ou par économie, par modestie ou par habitude, ne se soucient pas d'aller pompeusement en carrosse. Veut-on un exemple de l'utilité et de revenant-bon des travaux publics dans Paris ? Voyez comme le beau pont Louis XVI augmente la valeur des terrains environnants. Écoutez les estimateurs des biens nationaux, ils vous diront que l'abbaye Saint-Germain, qui termine la rue des Petits-Augustin, se vendrait un prix fou, ainsi que les couvents du voisinage, si un pont sur la Seine rapprochait cette rue d'un quart de lieue du Palais Royal, en droite ligne par la rue Fromanteau. Ceux qui concourront pour la médaille proposée par la municipalité, feront, j'espère, une longue énumération de ce genre. Heureuse la cité dont les plus somptueuses dépenses sont des placements lucratifs !

J'ai dit souvent, et je me plais à le répéter, que les hommes isolés son des bêtes, et les hommes réunis sont des dieux. Dix mille petites villes dispersées, sont presque nulles pour la philosophie et les sciences ; faites-en une seule cité, et vous serez stupéfait du résultat. Si la capitale des Français nous étonne par son génie, que ne sera-ce donc pas, lorsqu'elle deviendra le chef-lieu des humains ? Que chaque individu fixe ses regards sur les objets que je présente à l'examen des penseurs, et l'ardeur de mon impatience se communiquera rapidement. Le public des quatre parties du monde aura la même volonté qui me pousse vers la dernière période de notre révolution bienfaisante. La vérité déchirera tous les voiles et culbutera tous les bastions. L'époque approche où la France, jouissant de toute sa prépondérance, forcera les despotes voisins à respecter le zèle de nos voyageurs, qui chanteront notre sublime constitution. Un citoyen Français sera considéré aux extrémités de la terre, comme jadis un citoyen Romain. Malheur au tyran qui insultera un homme libre. Ce sera le signal de la vengeance des peuples. C'est alors que les citoyens Français deviendront citoyens du globe entier : c'est alors que l'Orateur du genre humain aura reconquis ses foyers et ses pénates.

Mon système est si clair, si simple, si beau, si analogue à la nature humaine, dont les passions ne ravageront plus le monde, lorsqu'elles seront contenues par une force majeure ; ce système nous est trop favorable pour ne pas rencontrer de vils contradicteurs dans les ennemis du repos et du bonheur de l'homme. *Je vois,* disait Voltaire, *qu'on a très-bien fait de supposer que la Trinité ne compose qu'un seul DIEU ; car si elle en avait trois, il se seraient coupé la gorge pour quelques querelles de bibus.* Voltaire n'eût pas manqué d'approuver mon apostolat. Étudiez l'histoire du cœur humain, et vous verrez que toutes les guerres, tous les désastres moraux proviennent de ce qu'on a méconnu le principe salutaire de l'unité souveraine du genre humain. Je suis assailli par les mêmes hommes et les mêmes sophismes que l'assemblée constituante rencontra surs ses pas dans la division du royaume, dans la régénération de la France : si cet assaut ne m'est pas agréable, il est au moins d'un bon augure. Examinez toutes les agitations, toutes les difficultés que nous éprouvons maintenant, et vous serez convaincus que la constitution française est incompatible avec le morcèlement du genre humain. La philanthropie réfutera l'aristocratie, en reculant les frontières nationales jusqu'aux limites invariables du monde.

J'aurai contre moi les gens en place et les aspirants aux places ; mais le peuple est plus puissant que les individus et les corps. Un souffle a fait disparaitre les corporations particulières ; un souffle fera disparaitre les corporations nationales. Et que deviendront les bureaux de la marine, de la guerre, des colonies, des affaires étrangères ? Il n'y a pas jusqu'au ministre des finances qu'il ne fallût congédier, avec la maudite NATION unique. Je l'avoue ; c'est là, sans doute, un malheur dont les contribuables se consoleront facilement. La trésorerie nationale ne donnera plus d'inquiétude au public ; personne n'y puisera impunément ; car les impôts seront à peu près nuls, et chaque département entretiendra ses chemins, ses hôpitaux, ses tribunaux, ses ateliers, de manière que la dépense commune se réduira au salaire du corps législatif, et du gouvernement suprême, et de l'administration générale. Ce gouvernement fraternel ne sera qu'un vaste bureau central de correspondance pour avertir officiellement les cosmopolites, de tous les évènements qu'il importe de savoir. Aucun ambitieux n'osera lever la tête devant cet argus vigilant : plus une nation est grande, plus les individus sont petits. L'unité nationale bannira toutes les calamités morales. Aucune section de ma république ne souffrira de l'inclémence des saisons ; car la communauté entière comblera le *déficit* local de la moisson ou de la vendange. Tous les citoyens seront armés, et leurs évolutions militaires ne seront jamais que des fêtes champêtres. L'âge d'or reviendra quand le souverain régnera, quand l'erreur et la tyrannie ne morcèleront plus les domaines du souverain universel.

Hommes de tous les climats, une vérité-mère doit vous être continuellement présente à l'esprit, c'est que la révolution de France est le commencement de la révolution du monde. Tant que nous aurons des voisins, et des armées, et des forteresses, notre existence sera précaire et incertaine, nous éprouverons de violents orages. Enfants généreux et braves de la nature libérale, songez que le but de notre association se réduit simplement à la conservation individuelle et commune de la liberté, de la propriété, de la sureté. Brisez donc les moules de la tyrannie, rendez au SOUVERAIN UNIQUE sa dignité première, et vous assurerez à jamais le bonheur de la France et de l'Univers.

DISCOURS

Qui allais être prononcé par Anacharsis Cloots au club des Jacobins, lorsque la nouvelle de l'arrestation du roi changea l'ordre du jour.

Nous ne sommes véritablement libres que depuis hier 21 juin. Le château du Louvre était un volcan dont la lave s'est écoulée hors du royaume, sans laisser d'autre trace que l'horreur & l'exécration publiques. Cette journée met en évidence toute la perfidie des Bourbons, et toute la magnanimité des Français. On vous menace, messieurs, de la guerre civile ; mais ils sont passés ces temps ténébreux où la folie des rois faisait délirer les peuples. J'ai douté du sort de la France depuis neuf heures du matin, que j'appris la désertion royale, jusqu'à dix heures inclusivement ; mais en parcourant la capitale, mais en admirant la sagesse de ses habitants, je n'ai plus hésité à me réjouir des hautes destinées de la république entière. J'ai vu, dans la même matinée, les ambassadeurs des puissances rivales se féliciter mutuellement au milieu du jardin des Tuileries : un cri d'indignation m'échappa ; ce cri fut prophétique, car, en effet, la soirée les trouva silencieux, moroses et tristes. Tout un peuple se conduire comme un seul sage, tout un peuple se montrer philosophe, depuis l'homme des faubourgs portant sa pique, jusqu'au président de l'assemblé nationale, promulguant des lois ! Ce phénomène est unique dans les annales du genre humain, ce phénomène va porter le désespoir dans le cœur des tyrans, il va ranimer les espérances des nations asservies.

Les rêves d'un homme de bien se réalisent, le principe de l'abbé de St. Pierre qui disait *que les hommes se conduisent par leurs lumières, plutôt que par leurs passions*, ce principe, rejeté par Rousseau comme une vaine théorie, est devenu une vérité pratique qui couvre de gloire la ville des Français, dont l'exemple sera suivi par le reste de la France. Peuple incomparable, n'écoutez pas les comparaisons sinistres et décourageantes dont des hommes malhabiles ou mal intentionnés voudraient vous étonner. Nous ne sommes pas des Hollandais travaillés par une constitution de sept souverains fédérés ; nous ne sommes pas des Belges également mal organisés et végétant sous le joug monacal ; nous ne sommes pas des Liégeois, dont la bravoure ne pouvait suppléer à la faiblesse nationale ; mais nous présentons sur un sol fertile de 27 mille lieues, une masse homogène de 25 millions d'hommes qui veulent vivre libres ou mourir. Le maréchal de Saxe demandait trois choses au roi pour faire la guerre : *de l'argent, de l'argent, de l'argent*. Je ne demande que trois choses à la nation pour faire la guerre : *l'union, l'union, l'union !* Notre Jacques est parti un an trop tard, car la satisfaisante émission de nos assignats réunit tous les citoyens autour de cette opération grande et salutaire.

Les conjonctures de l'Europe nous sont très favorables : l'empereur porte ses deux mains sur sa tête pour soutenir différentes couronnes chancelantes ; l'Espagne craint de perdre ses possessions lointaines par l'affaiblissement de sa bonne voisine et alliée ; la Prusse attise la feu de la discorde à Ratisbonne, pour profiter de l'imprudence des princes d'Allemagne et de leur chef impérial. Eh ! que toutes les armées de la tyrannie européenne circonviennent nos frontières, nous les déjouerons par la seule force d'inertie. Gardons-nous bien de livrer bataille, imitons Fabius et Washington ; une guerre de poste nous fera gagner du temps, et lorsqu'il s'agit de la liberté, il ne faut que du temps pour faire débander les satellites, que nos instructions, nos intelligences auront réveillés d'un long assoupissement. Le temps consolide les armées patriotiques, le temps anéantit les armées tyranniques. Des montagnes et des forteresses nous couvrent de toutes part, et nous avons la meilleure artillerie de l'Europe. Défions-nous de notre courage et de notre ardeur, présentons un front serein et fier aux jactances de l'ennemi, et je réponds d'un plein succès.

Il s'agit actuellement de guérir radicalement la nation de l'idolâtrie royale ; et sans rien changer à notre sublime constitution, je propose simplement de nommer chaque chose par son nom, et d'abolir le titre odieux de *roi*, en laissant au premier magistrat les fonctions et le nom de chef du pouvoir exécutif. Le mot de *monarchie* française est une dérision : on dit la république de Pologne, et pourquoi ne dirions-nous pas la république de France ? Il est important, Messieurs, de fixer les idées du peuple par la justesse des mots, car c'est souvent avec les mots qu'on obtient les choses ; et certainement le roi fugitif échouera plutôt contre une république, que contre un royaume. Les équivoques sont indignes de nous, elles sont nuisibles à la bonne cause. Abolissez aussi le nom de *régent*, dites le *chef provisoire* du pouvoir exécutif, jusqu'à ce que le fils de Louis-Jacques, parvenu à l'âge de raison, nous dise s'il veut non pas occuper le trône, s'il veut non pas se couvrir d'une couronne, s'il veut non pas tenir un sceptre ; mais s'il désire s'assoir dans le fauteuil du premier magistrat des Français, avec trois ou quatre millions d'appointements. Un jour viendra où ces conditions seront acceptées avec reconnaissance de la part d'une famille qui dédaigne maintenant les hommages et les largesses d'une nation libre, d'un peuple de frères : les tyrans se repentiront lamentablement, j'en atteste notre civisme éclairé, notre union éternelle[72].

---

[72] Ce discours doit être considéré comme un échelon pour arriver à un ordre de choses plus parfait. Certainement qu'avec de l'UNION, nous aurions triomphé de la rébellion royale ; mais il ne faut pas se dissimuler que nos ennemis auraient eu des chances favorables contre un peuple dont les deux tiers ne savent ni lire ni écrire, et dont les trois quarts vont à la messe. Un peuple qui se divise, se querelle, s'égorge pour des prêtres, comment resterait-il uni dans la haine des rois ? J'ai béni les sept comités, tout en blâmant leurs procédés mystérieux envers les Jacobins et le public. Le mystère ne vaut plus rien en France. Le triste évènement du 17 juillet serait non avenu, si les sept comités avaient été plus populaires pendant leurs délibérations, d'ailleurs très sages et très philosophiques. Il s'agissait de trouver le plus grand bien praticable, et non pas le plus grand bien praticable, et non pas le plus grand bien imaginable. C'est un mauvais canevas qu'un peuple couvert des plaies du despotisme expirant. La dette numérique pèse moins sur la bourse, que la dette monarchique et pontificale ne pèse sur l'entendement. Nous avons trois dettes énormes à

CHAPITRE DES CHAPEAUX

Nous n'aurons plus de chapeaux, les chapeliers de France seront ruinés, au profit des chapeliers d'Espagne ; car on détruit tous nos lièvres et nos lapins, me disaient, en 1789, des raisonneurs dont la logique est

liquider avant de songer à la pleine jouissance d'un patrimoine non aliéné, mais hypothéqué : quatorze siècles d'une double tyrannie nous ont rendus pauvres d'esprit et d'argent. Nous ne sommes pas assez brutes pour recevoir aveuglément des lois bonnes ou mauvaises, et nous ne sommes pas assez civilisés pour nous élever à la hauteur d'une constitution parfaite. Nos législateurs, forcés par nos préjugés, nos misères, nos circonstances intérieures et extérieures, ont mis à couvert le dépôt de la liberté nationale dans un édifice gothique dont la quantité dont la quantité d'issues nous donne des inquiétudes fatigantes. C'est à nous maintenant d'acquérir assez d'habileté et de richesses pour élever un palais plus solide, mieux clos, et d'un meilleur goût. C'est alors que notre dépôt sera vraiment en sûreté. François, achevez votre éducation, si vous voulez qu'on achève votre constitution. En attendant, ne souffrons pas que des téméraires, des factieux, des insolents mutins, des ignorants démagogues viennent arracher une seule pierre à un bâtiment qui s'écroulerait sur le peuple, si nous la démolissions tumultuairement ou prématurément. Notre code constitutionnel n'est pas une religion qu'il faille croire, mais un culte qu'il faut pratiquer. Les citoyens philosophes donneront l'exemple de la pratique, en préparant les esprits à une théorie meilleure. Leurs arguments seront également salutaires aux peuples ignares dont la raison se défrichera, et aux rois arrogants dont l'existence ne se prolongera que par pure courtoisie. Les trônes et les autels sont fondés sur l'ignorance et la superstition. Tant que ces fondements subsisteront, la boue qu'on jettera sur les couronnes et les mitres, se changera en or fin. Honni soit le publiciste de quatre jours dont la plate démagogie nous ramènerait dans les carrières de Syracuse ! Ces gens-là confondent sans cesse l'effet avec la cause ; les plus ridicules transpositions ne leur coutent rien ; ils raisonnent comme s'ils étaient payés : mais moi, qui sais les apprécier, je gage qu'ils ne sont pas payés. C'est à eux que j'adresse le chapitre suivant : j'y montre, comme partout ailleurs, que je ne tiens à aucune secte. Un membre du grand club de la nation du genre humain, n'a d'autre guide, d'autre *criterium*, que l'éternelle raison.

d'autant plus caduque, qu'ils prétendaient raisonner comme *tout le monde*. Moi, qui me défie beaucoup des raisonnements de *tout le monde*, je soutins, en 1789, que nous aurions dorénavant plus de gibier que jamais, et que nos chapeaux seraient aussi communs qu'auparavant[73]. Cette thèse sonna mal aux oreilles un peu sourdes. Il fallut donc recourir à l'expérience, langage dont l'homme clairvoyant n'a pas toujours besoin, mais dont le vulgaire de hommes ne saurait jamais se passer. La liste des paradoxes parait plus longue aux mauvaises têtes qu'aux bonnes têtes, aux aristocrates qu'aux démocrates. Comme les déclamations ne m'en imposent point et que la faiblesse d'un antagoniste ne diminue pas la force d'un argument, je pose des principes qu'on ne me contestera pas, sans manquer soi-même de principes. Quant aux chapeaux et aux lièvres, je prévis que la halle serait mieux pourvue en gibier sous le nouveau régime que sous l'ancien : car la liberté favorise naturellement la multiplication des denrées dont la consommation est agréable aux uns et profitable aux autres. Leçon, en passant, aux barbares qui contrarient le commerce des grains. Les lois rigoureuses de la chasse faisaient pulluler les bêtes fauves chez un petit nombre

---

[73] On sait les causes du renchérissement de nos marchandises et de l'activité prodigieuse de toutes nos manufactures. Ceux qui prétendent que les assignats perdent, devraient nous expliquer pourquoi cette perte ne fait pas renchérir la farine, base permanente des fluctuations monétaires. L'or, l'argent et l'assignat de cent sous gagnent, mais les gros assignats ne perdent pas plus que le florin d'argent ne perdait en Hollande, lorsque dans les derniers troubles, le ducat d'or valait six francs en sus de son prix ordinaire.

Les accaparements sont inséparables des révolutions. L'incertitude, la crainte, la défiance font resserrer et renchérir les métaux précieux, les pierres précieuses, ensuite les denrées et les étoffes les moins volumineuses et les plus durables, comme la cochenille, l'indigo, le sucre, le café, le drap, la toile, le cuir, la soie, la laine, le coton, etc. La dragonnade prussienne fit doubler à peu près le prix de l'or en Hollande, et le prix de la cochenille en Espagne. Les négociants hollandais donnèrent des ordres à Cadix, à Marseille, à Livourne, à Bordeaux, à Londres ; et une hausse subite se manifesta dans le nord et le midi. La dernière guerre perdit la Hollande ; la guerre prochaine sauvera la France. Notre situation exige le scalpel de Mars ; l'abcès qui nous incommode doit être percé à coups de baïonnettes : Bellone fera office d'Esculape.

de riches particuliers ; mais la foule des petits propriétaires craignait trop l'œil d'un garde et le nez d'un chien, pour élever du gibier dans ses enclos. Il était sévèrement défendu de nourrir des lièvres et des perdrix dans une basse-cour ; et les œufs de faisan ou de perdrix étant payés quinze à vingt sous par le seigneur-roi et par les seigneurs de son sang, on dépeuplait le reste du royaume, pour repeupler les garennes de Versailles et de Chantilly : et les deux tiers de ces œufs se gâtaient en route. Il y avait donc à parier que la révolution de 1789 serait aussi favorable à l'abondance des matières de la chapellerie, qu'à l'abondance des comestibles. Les évènements confirment mes pronostics. Consultez les marchands de peaux de lapins, ils mouraient de peur au commencement de la révolution, ils se croyaient perdus ; ils crient aujourd'hui avec nous : *Vive la nation !* Et, par contre-coup, les Espagnols, pour éviter le *mal français*, n'attirent plus nos ouvriers dans les manufactures naissantes de la Catalogne et des deux Castilles : perte incalculable pour l'Espagne, au profit de la France.

Que de choses à dire désormais à MM. Dupont, Bergasse et compagnie, relativement à nos assignats ! Je ne me rappelle pas sans hilarité les sornettes dont nombre de personnes, dites raisonnables, m'accueillirent dans le monde après la publication de mon discours prophétique, prononcé au club des Jacobins. Je promis au peuple français, comme Moïse au peuple d'Israël, la manne du désert, avant d'entrer dans la terre promise, la terre ecclésiastique. Vous aurez, me répondait-on sérieusement, des feuilles de chêne *gratis*, et du pain à un écu la livre ; nos artisans s'ameuteront en ne gagnant qu'un louis par jour ; la chaussure de l'humble fantassin coutera plus cher que le brillant cothurne des rois. Ferme dans mes principes, j'attendis le futur contingent avec une quiétude inébranlable. Il en sera de même, à peu près, des ravages que nous venons d'éprouver dans nos colonies, ravages qui auraient été infiniment plus étendus, si la rareté des femmes n'eût pas été une des premières pommes de discorde parmi les nègres, qui se haïssent d'ailleurs par la différence des pays, des langues, des mœurs et des cultes. La perte est réelle pour quelques individus, mais la compensation est immense pour la masse des colons, qui vendra deux ou trois récoltes plus avantageusement. Notre agriculture, perfectionnée par la constitution nouvelle, donnera de nouvelles branches à la prospérité de nos ports de mer ; et pour ne citer que le miel et la cire de nos ruches, le tabac de nos départements méridionaux, ces trois articles sont susceptibles d'un accroissement prodigieux, ainsi que nos laines et nos salaisons, par la suppression des gabelles : et je prouverai que l'indépendance de nos îles lointaines ne ferait aucune sensation en France, si l'insatiable St. James n'était pas aux aguets, pour s'en emparer de gré ou de force, en rompant la balance des mers, sans laquelle nous ne pourrions maintenir notre existence politique. Ceux qui proposent l'indépendance subite de nos colonies, sont aussi extravagants que ceux qui conseilleraient la banqueroute à une nation libre, qui ne se soutient que par sa bonne foi et par le crédit de son papier-monnaie. Les couronnes ne rougissent pas, mais les peuples rougissent. On a proposé, avec plus de raison, l'émancipation générale de toutes les colonies européennes ; mais cette mesure prématurée ruinerait les nations fainéantes, dont l'alliance nous est encore nécessaire. L'Anglais actif, riche et puissant, le Hollandais avide, économe et spéculateur, s'empareraient du commerce universel, au préjudice du Français engourdi par le défaut de capitaux disponibles, et arriéré par un gouvernement arbitraire dont il vient de renverser le monstrueux édifice. Attendez que les plaies du despotisme et les plaies de la révolution soient entièrement guéries : exhortons, préparons les esprits à étendre le concordat de St. Domingue sur les gens de couleur de tous les climats. La nature ne connait qu'un seule nation ; la nature a donné différentes nuances à la peau humaine ; mais ce sont les hommes qui ont colorié, défiguré, barriolé la mappe-monde. Cette bigarrure politico-géographique nuit infiniment à l'harmonie sociale, à la beauté morale.

C'est en dénombrant les erreurs et les sophismes, c'est en voyant les sectaires religieux et politiques se disputer la proie de tant de millions d'hommes qui ne savent ni lire, ni écrire, que je sens la nécessité d'ajourner le perfectionnement de notre constitution. Une insurrection est toujours au niveau du vulgaire ; mais une constitution vient souvent des siècles trop tôt. Courage, patriotes, ne désespérons de rien ; le vin est tiré, il faut le boire.

Les obstacles s'accumulent en raison de l'ignorance populaire et de l'astuce aristocratique. Éclairons le peuple, arrachons le bandeau papal qui l'abrutit depuis mille ans, et nous vaincrons tous les obstacles intérieurs et extérieurs. Obéissons à la loi ; soyons des satellites vigilants, fidèles, incorruptibles ; et surtout ne perdons pas de vue que notre code n'est imparfait que parce que les sots et les ignorants forment une majorité imposante. Les bons citoyens qui se plaignent de la royauté, prennent l'effet pour la cause. Remédions à la cause, apprenons l'A. B. C. aux trois quarts des Français ; car une nation sans alphabet n'est qu'un vil troupeau : or un troupeau sans berger, c'est la chose impossible. Les renards et les loups préfèrent la toison des brebis, au poil des lièvres. Et pour en revenir à nos moutons, je finis mon chapitre des chapeaux.

Nouvelles combinaisons de l'art social

Je connaissais trop l'idolâtrie royale, pour prêcher l'abolition de la royauté, avant l'évènement du 21 juin. La distraction de Louis XVI guérira la nation d'une maladie de quatorze siècles : nous sommes aujourd'hui à trente années du 20 juin 1791[74]. Il n'y aurait aucun inconvénient

---

[74] Si j'ai bien compris le décret nébuleux sur la presse, il n'est pas permis de critiquer la conduite privée des fonctionnaires publics : aussi me garderai-je bien de faire l'inventaire de leur ménage ; je dirai toujours que Louis XVI est époux ou père malheureux, car ce serait insulter, calomnier, et lui, et sa femme, et ses enfants. Ma censure mériterait la vengeance des lois, si elle s'ingérait méchamment ou puérilement dans les habitudes domestiques. Ces gentillesses conviennent à des auteurs, bas valets du despotisme, à un Boileau qui rampe aux pieds d'un Louis XIV. Il est des cas, à la vérité, et ces cas sont rares, où le salut du peuple nous oblige d'arracher le masque à un hypocrite ; mais hors de là, il est odieux d'affliger une famille entière par des sarcasmes virulents.

Cet écrit se ressent un peu de la vive indignation que m'inspira l'évasion du roi : j'y mettrais moins de chaleur aujourd'hui, mais non pas plus de logique. Sans doute que Louis XVI n'écoutera plus des conseillers perfides, et qu'il fera mentir le proverbe : *Qui a bu boira*. Je vais lui présenter de nouveaux motifs d'attachement et d'amour pour un peuple généreux et libre. Ces motifs sont à l'ordre du jour comme la raison.

J'avais renoncé à la publication de mes idées républicaines, lorsque les séances malheureuses des 5 et 6 octobre dernier me firent sentir tous les avantages de ma position indépendante. Nos nouveaux députés doivent être convaincus maintenant, qu'une assemblée nationale est subordonnée à l'opinion nationale, qu'un corps politique est soumis aux convenances politiques. Le philosophe, dans son cabinet, serait coupable de rien dissimuler ; le philosophe, dans les sénat, manquerait son but en ne dissimulant pas. C'est aux écrivains à remuer l'opinion, c'est aux législateurs à guetter l'opinion. Les jeunes députés de nos départements, de nos districts, sont plein d'ardeur et de patriotisme ; mais je leur recommande l'étude de Machiavel, s'ils veulent éviter les pièges des machiavélistes. Les peuples morcelés sont soumis à de méchantes lois : la *vertu* domestique et la *vertu* statistique ne marcheront constamment sur la même ligne, qu'après la manifestation du souverain universel. Je vais dire des vérités incontestables, elles germeront dans le public ; mais je serais le premier à les condamner sur les bancs de la législature. Il en est du *mal royal* comme du *mal religieux* ; ce ne sont pas les décrets prématurés qui extirperont les porte-dieu et les gobe-dieu. Le rituel dure plus longtemps que la foi, parce que les philosophes n'ont que l'initiative dans tous les pays du monde, et surtout dans les pays libres. Je ne craindrai pas le blâme de mes contemporains, en parlant le langage de la postérité.

Comme il y a deux idiômes en politique, celui du moment et celui de l'éternité, celui de l'homme public et celui de l'homme privé, je ne compromettrai ni l'état, ni les individus, en me renfermant dans mon cabinet avec mes principes ; et j'aurai carte blanche sur le choix des moyens restaurateurs. C'est faute de comprendre nos deux idiômes, que tant de tribuns mécontentent le peuple, en le tiraillant douloureusement. Demandez à ces *vertueux* agitateurs : *Qu'est-ce que le peuple ?* Vous apprendrez avec surprise qu'ils s'en font une idée partielle et locale. Ces myopes *incorruptible* feront secte dans une section ; mais ils ne seront jamais les législateurs du genre humain, qui met son *veto* sur toutes les vertus étrangères à l'intérêt général, au bonheur pratique, à la vertu réelle. Le véritable homme d'état ressemble à un pilote habile qui s'approche du port en louvoyant, pour éviter les écueils. Les marins novices frondent sa manœuvre, ils cabalent pour forcer le pilote d'arriver directement et à pleines voiles, sans calculer le danger des bas-fonds. Les cabaleurs disent que le vent est bon, et que c'est la faute du pilote, si nous ne l'avons pas en poupe. Heureusement la masse de l'équipage est composée de gens raisonnables, qui, sans imposer silence aux novices, approuvent les virements du pilote. L'homme d'état prend rarement la ligne droite, parce qu'il connait les écueils ; il évite même un passage direct et sûr, mais étroit, et que d'anciens préjugés font redouter au gros de l'équipage. Les ignorants frondeurs ne se doutent de rien, ils voient le port, ils prouvent que le vent et la marée sont favorables ; *ergo*, le pilote et son conseil, les matelots classés et les passagers instruits n'ont pas les sens commun. Il n'y a plus ni sûreté, ni liberté dans le navire : vite une insurrection, à bas les habits bleus, à bas les baïonnettes ! L'homme d'état qui prêterait l'oreille aux déclamations des démagogues, serait un homme de néant. Les bons citoyens doivent tendre à perfectionner une constitution qui jouit des avantages de la perfectibilité. J'indiquerai un chemin qui nous mènera au but, non pas révolutionnairement, mais constitutionnellement. Tout orateur qui invitera les Français à une seconde commotion intestine, sera un mauvais patriote ou un mauvais raisonneur. L'homme libre fait tout avec la paix et la lumière ; il n'y a que des esclaves ou des fauteurs de l'esclavage qui prennent une route ténébreuse et anarchique.

désormais à élire tous les cinq ans un chef du pouvoir exécutif, qu'on ferait assoir modestement dans un fauteuil, avec son

Je jure une haine immortelle à l'aristocratie et à la démagogie ; je déteste les factieux, les intrigants, qui, sous le masque de la philanthropie, ne cherchent qu'à pêcher en eau trouble. J'ai pitié de nos petits aboyeurs, instruments aveugles de ces grands fourbes ambitieux qui se tiennent studieusement à l'écart, et gardent un silence léonin. Français, Français, songez que le monde est divisé en deux classes d'hommes ; les égoïstes éclairés et les égoïstes inconsidérés. Mon égoïsme m'ordonne de calculer les moyens de placer mon individu à l'abri de tout mal. Plus je serai bon calculateur, et plus de maintiendrai le régime de la liberté publique ; car le joug salutaire de la loi me préserve du joug arbitraire de l'homme. Il est vrai que si je pouvais m'emparer de l'autorité suprême, je ne saurais résister aux efforts de la nature qui me pousse à l'indépendance absolue des lois et des légistes. Je n'aurai pas la bassesse d'élever un autre homme sur le pavois ; je ne veux que moi ou la loi. C'est à vous, mon cher prochain, de prendre vos précautions. Mettez des obstacles si solides à ma course naturelle, que l'idée même de régner n'entre jamais dans mon esprit. Sans cela, je suis autorisé à porter une main sacrilège dans le sanctuaire de la loi ; je suis forcé de vous subjuguer impitoyablement ; car autant vaut-il que ce soit moi qu'un autre : je combats à mon corps défendant ; il s'agit de tuer ou d'être tué. Ne comptez donc pas sur la vertu d'autrui ; comptez sur votre prudence, sur votre vigilance, sur l'efficacité de vos moyens réprimant. La vertu individuelle est un mot vague qui ne prend une acception positive que dans les tables de la sagesse constitutionnelle.

Ces réflexions justifieront Louis XVI des reproches amers que l'indignation me dicta contre lui. Sa conduite depuis l'acceptation de l'acte *divin-humain*, prouve que nous avons un roi plus judicieux qu'on ne le croyait. J'écrivis durant l'interrègne ; et Louis XVI, après avoir profité sagement du dénombrement patriotique de la France qui se fit au mois de juin dernier, aura le bon esprit de réfuter un homme libre, en continuant à régner par la loi. J'espère m'être trompé dans mes conjectures, et je livre aujourd'hui mes pensées antiroyalistes à la presse, avec d'autant plus de sécurité, que le roi y trouvera des motifs pressant pour faire son devoir, et un nouvel intérêt à coopérer avec nous au grand-œuvre de la NATION UNIQUE. Il n'y a rien de tel que de prouver à un fonctionnaire quelconque qu'il est possible de se passer de lui : on est mal servi par des domestiques qui se croient inamovibles. La raison et l'amour-propre prêcheront à Louis XVI la destruction des despotes qui se moquent toujours d'une couronne constitutionnelle. J'aurais jeté mes arguments dans le feu, sans l'espoir de rendre Louis XVI un apôtre zélé de la régénération de l'univers dont il sera le chef suprême. J'épargne une terrible tâche aux amis et aux ennemis de la constitution française. Respect aux lois telles qu'elles sont. J'attaquerai la royauté avec ma plume, et je la défendrai avec mon sabre.

chapeau sur la tête. Point de luxe, point d'éclat, point de morgue, point de pourpre. Les brigues, les cabales ne seront pas redoutables chez une nation homogène, où le chef de l'exécution ne sera (rigoureusement parlant) qu'un citoyen à dix-huit francs par jour, comme le chef de la législature. L'argent et les honneurs font tout le mal. Donnez au président de l'assemblée nationale un million tournois pour sa quinzaine, enivrez-le d'une pompe orientale, et vous verrez le beau tapage à chaque scrutin de la présidence. Quant au danger du protectorat et aux exemples de Rome et de la Pologne, il conste que le nivellement national, et la division départementale, et la liberté de la presse, ferment aux royalistes les fastes de l'histoire ; toutes les citations historiques viennent échouer devant la constitution française ; constitution fondamentalement républicaine, malgré les fictions anglicanes, dont le vulgaire se laisse bercer. C'est chez les nations qui ont méconnu le principe lumineux de la souveraineté du peuple ; c'est chez les nations qui placent la suprême puissance sur un autel ou sur un trône, dans un sénat ou dans une diète ; c'est chez les nations où la liberté s'arrête devant les secrets de l'état et de l'église, devant les entraves de la presse et de la religion ; ces nations aviliés ont à craindre les usurpations des Cromwell et des Gustave, des Munck et des Nassau. C'est là où un vaste territoire agrandit le champ des ambitieux ; c'est là où il est vrai de dire qu'une grande république ne saurait subsister longtemps, et qu'un roi héréditaire est une fléau indispensable. Mais en France, où la suprême puissance est entre les mains de la nation, plus ces mains se multiplieront, et plus notre liberté sera certaine. Rappelons-nous la discussion sur l'armement de la garde nationale ; des orateurs eurent l'astuce ou la démence de vouloir former un arsenal de tous nos fusils, et un parc d'artillerie de tous nos canons ; des hommes prudents firent voir le danger de cette mesure, et la nation sentit, heureusement, que nos fusils seraient mieux gardés par tous les individus, et nos canons par toutes les sections respectives. Rappelons-nous, dis-je, cette discussion importante ; car elle répond parfaitement aux sophismes qu'on allègue en faveur de l'hérédité du premier serviteur d'un véritable souverain. Le mode de l'élection du *prince* me semble à peu près indiqué par le décret sur l'élection d'un régent. Tout cela me dispense des longueurs ; je n'aime pas les détails ;

j'abandonne cette besogne aux *hommes de lettres*, qui ne sont pas *hommes d'idées*.

Louis XVI, en voulant franchir la Meuse, nous a fait passer le Rubicon. Poussons en avant comme César : le sort en est jeté ! Un souverain sera-t-il moins entreprenant qu'un usurpateur ? La nation s'exposera-t-elle à de nouvelles anxiétés, en donnant des trésors et des armes à son plus cruel ennemi, à un homme qui paralysera toutes les branches de l'administration, qui s'entendra avec tous les aristocrates du dedans et du dehors ? Louis XVI sera toujours le chef des mécontents, et jamais l'ami des Français. La race des Bourbons est noble et bénite, ce sera le rétablissement de la noblesse et du sacerdoce, que des rois nobles et sacrés auront en vue. La démocratie royale est un monstre, il ne faut plus se le dissimuler : le roi nous dévorera, ou nous dévorerons le roi. Et je ne conçois rien de plus pitoyable que les raisonnements des royalomanes, à côté du phénomène que nous offre la France, depuis l'évasion et l'arrestation d'une famille ingrate.

La loi tient lieu de tout chez un peuple-roi, chez un peuple délivré de la tyrannie des prêtres et des nobles, de la tribulation des parlements vénaux et des provinces privilégiées. On nous menace du désastreux système de petites républiques fédératives ; comme si nous serions moins forts et moins éclairés pour nous opposer à notre destruction, sans un roi qu'avec un roi, sans une magistrature détestable qu'avec une magistrature raisonnable. L'égalité civile et géographique, la distribution égale des hommes et des choses, de la puissance et de l'industrie, les communications de la poste et de la presse, l'ingénieux mécanisme de la base constitutionnelle ; tous ces avantages réunis, toutes les expériences journalières doivent rassurer les plus timides sur les effets de l'abolition de la royauté. La loi régnera paisiblement ; elle est gravée dans le cœur des citoyens. C'est une source pure et vivifiante, dont le monde surveille les abords ; et ce serait risquer d'en perdre la jouissance, que de l'enrichir d'un bassin d'argent et d'un robinet d'or qui exciteraient la cupidité des larrons. Laissez couler l'eau limpide par sa pente naturelle ; laissez agir la loi par le vœu du peuple, par l'instinct de l'ordre qui maitrise une société libre.

Évitons les commotions intestines ; tous les bons esprits se réuniront pour le maintien de la paix, sans laquelle point de salut. Discutons, disputons ; mais ne nous battons pas. La raison aura le dessus tôt ou tard ; en la brusquant, nous gâterions nos affaires. Que l'on rétablisse Louis XVI ou qu'on le détrône, je ne donne pas dix ans à la superfétation royale : l'intérêt, la sûreté, la dignité du peuple m'en sont garants. La lumière se propagera rapidement : le bandeau est déchiré depuis le voyage de Varennes. Quant au décret sur l'inculpabilité, il est aussi absurde aux yeux de la raison, que convenable aux yeux de la politique. La royauté, ou, pour mieux dire, la cour royale, étant une institution radicalement mauvaise, les conséquences en sont nécessairement mauvaises. L'assemblée nationale s'attache au principe décrété avant le 21 juin : c'est donc à la monarchie qu'il faut s'en prendre uniquement. Dès que le vœu national sera manifesté, le corps représentatif suivra de nouveaux errements. On proteste contre l'inviolabilité, on demande un roi-enfant pour remplacer un roi-faible. Ce serait compliquer la machine, ce serait augmenter nos maux, par un régent intrigant et par un conseil vendu à la cour. Dans ce conflit, je me suis écrié : *Soyons purement républicains, ou rendez-vous Louis-Soliveau*[75].

---

[75] Il est bon d'observer que ce sont les courtisans de Versailles qui donnèrent, avant la révolution, ce sobriquet à leur *maître*. Jamais le peuple, dans ses plus violents accès de colère, ne s'est permis la centième partie des sarcasmes dont les ci-devant nobles brocardèrent Louis XVI jusques dans ses propres appartements. Comme je suis très naïf, je fis rougir plus d'un cordon-bleu, et pâlir plus d'un cordon-rouge, dont l'ingratitude me révoltait. Ces gens-là n'étaient assidus à *l'œil de bœuf*, que pour traire la vache. Cette cupide assiduité m'inspira beaucoup de mépris pour la valetaille titrée, et beaucoup de pitié pour le *saint des saints*. Louis XVI était adoré comme un *veau d'or* qu'on voulait réduire en poudre, au profit des satrapes. Les plus modérés comparaient l'Oint de Reims à la poule aux œufs d'or. Comme le peuple esclave préférait un seul

Tant que vous conserverez une cour, une caste et une liste civile, vous ferez bien de n'avoir à surveiller qu'un seul *seigneur*. Ou brûlez le trône, ou ne détrônez personne : soyons conséquents. Si la pitié du peuple n'était pas aussi redoutable que sa colère, mon avis serait plus rigoureux ; mais la pitié est une puissance ; et l'homme d'état ne doit connaitre ni la vengeance ni l'amour : il est impassible. La mort de Charles d'Angleterre sauvera la vie à Louis de France. Je ne m'étendrai pas sur cette matière ardue, ceux qui ne sont pas familiarisés avec les combinaisons politiques, ne m'entendraient pas ; et ceux qui étudient la science de Machiavel, n'ont pas besoin de m'entendre.

Je n'ai point signé la pétition du champ de Mars, car elle contrarie, sinon la justice, au moins la politique. Le mandat de révision à la législature prochaine est une idée lumineuse que j'appuierais de toutes mes forces dans d'autres circonstances. En attendant, préparons les esprits à prendre la véritable assiette qui convient à un peuple libre. Le calme et le repos, la quiétude et le bonheur seront le prix du dernier degré de la perfection. On ne changera plus rien à la constitution, lorsqu'elle sera parfaite. Marchons vers ce but savamment et prudemment.

Et d'ailleurs, la constitution demeurait intacte ; car ce n'est pas abolir la monarchie que de supprimer la cour et la liste civile, de supprimer l'hérédité, le faste et l'orgueil d'un magistrat que vous appelez monarque. Je consens à son inviolabilité, il

---

despote à dix mille aristocrates, il importait à la cabale insatiable, de calomnier l'individu-roi à toute outrance. Les initiés de Versailles imitèrent la ruse des hiérophantes égyptiens, qui se donnèrent du relief, en ravalant leur dieu dans le corps du bœuf Apis. Plus un dieu parait bête, plus les prêtres paraissent sages. J'avais beau m'assurer par moi-même, que Louis XVI étudiait l'histoire et la cosmographie, qu'il lisait les livres et les papiers anglais : des extraits de sa main, des traductions de sa main, des cartes géographiques de sa main, me donnèrent de l'humeur contre les courtisans qui voulaient absolument que celui qu'ils appellent aujourd'hui *leur ami*, ne fût alors qu'un sot ignorant, un archi-imbécile.

nommera des ministres responsables à la nation, il pourra disposer d'un certain nombre de place civiles et militaires. Cette réforme salutaire, indispensable, n'attaque point les décrets constitutionnels : il sera toujours vrai de dire que le gouvernement de France est essentiellement *monarchique*. Mais il est absurde et dangereux d'entretenir à grands frais un foyer de corruption et de revêtir un fonctionnaire, un représentant, d'une armure qui serait redoutable même entre les mains d'un simple particulier. On suspecterait un citoyen qui aurait vingt millions de rente, et l'on en donne trente à un homme dont la position éminente exigerait, pour la sûreté de l'état, le vœu de pauvreté. Mais, dira-t-on, il faut rendre ce premier fonctionnaire assez opulent, assez heureux pour lui ôter l'envie de tramer avec les puissances étrangères, ou avec des traitres ragnicoles. Et moi, je soutiens qu'il faut rendre son poste assez peu important, assez peu lucratif, pour lui ôter le moyen de parvenir au terme de l'ambition, la suprême puissance. Un roi se croira malheureux, tant qu'il ne disposera pas arbitrairement de la vie et des biens du peuple ; tant qu'il ne substituera pas la souveraineté individuelle à la souveraineté nationale. Les amis de la liste civile feignent de ne pas connaitre le cœur humain, ils feignent, en nous citant César et Cromwell, de ne pas connaitre les éléments de la constitution française, les progrès de l'esprit public. Un roi héréditaire et millionnaire était nécessaire l'année passée, il est inutile aujourd'hui, il sera insupportable l'année prochaine. Notre tempérament robuste souffre impatiemment ce corps étranger, ce poison lent qui nous paralyse avant de nous tuer. Demandez aux ennemis de la liberté, aux aristocrates de toutes les couleurs, ce qu'ils pensent de la cour royale, ils vous diront que c'est sur cet atelier du despotisme qu'ils fondent leurs criminelles espérances. C'est là le point de ralliement de tous les factieux, de tous les contre-révolutionnaires. Et la nation ne reviendrait pas de son aveuglement, de sa stupide générosité ! On s'imagine que le roi sera cordialement populaire après l'acceptation de l'acte constitutionnel ; on espère qu'il ne fomentera plus de troubles, qu'il ne laissera plus languir l'administration, qu'il ne cabalera plus dans l'intérieur des appartements. Et comment espérer cette conversion de la part d'un parjure qui ne rougit pas de s'entourer d'aristocrates, à la barbe d'une garde citoyenne et vigilante ?

Quelle conduite le roi va-t-il tenir ? se demande-t-on, les uns tout haut, les autres tout bas. Quelle tactique adoptera-t-on au château des Tuileries ? Je présume que la tactique des Châtelains sera d'endormir la nation par un patriotisme affecté : ils tâcheront de faire oublier les trames du 21 juin, pour en ourdir d'autres qui réussiront mieux, par les lumières de l'expérience et par le raffinement de la scélératesse. Voici le moment où des plumes débonnaires ou vénales vont exalter jusqu'aux nues les faveurs de la royauté, et ravaler jusqu'aux enfers les horreurs du républicanisme. Les amis sots ou fripons du roi ameuteront le peuple crédule contre les vrais amis de la cité. Et je ne vois de salut pour la France que dans le courage des Républicains, dont les arguments et les menaces en imposeront à une cour nécessairement corrompue et corruptrice. Le jour approche où le peuple sera tellement convaincu des inconvénients d'un trône inutile et absurde, d'un couronnement sans goût ni proportion, qui pèse sur l'édifice de la constitution pour l'écraser au lieu de le consolider, que ce sera uniquement le caractère personnel du roi, la popularité franche et sincère de l'individu privilégié, qui pourra prolonger, je ne dis pas son règne, car nous vivons sous le règne de la loi, mais on existence politique. Malheureusement pour Louis XVI et pour nous, ses entours ont un intérêt opposé au sien ; et les gens faibles ne voient leur intérêt qu'à travers un prisme d'emprunt. La femme de Louis XVI mènera le roi, et les femmes d'Antoinette mèneront la reine. Le cercle du pavillon de Flore ne sera pas composé de familles citoyennes ; les hommes du peuple seront évincés de la cour par les hommes de la ci-devant noblesse. Et pour combler la mesure aristocratique, les ambassadeurs des tyrans, les espions des rois inconstitutionnels, auront l'oreille de notre roi constitutionnel.

On pourrait, il est vrai, remédier à ce dernier inconvénient, en remplaçant tous nos ministres dans les cours étrangères par des consuls éclairés : les despotes ne tarderaient pas à suivre notre exemple. En attendant, soyons froids et fiers en présence de ces prétendus ambassadeurs que les nations asservies désavouent tacitement aujourd'hui, et qu'elles désavoueront formellement demain. Le corps diplomatique forme dans Paris un arsenal d'intrigues et de cabales, un foyer de corruption dont les rayons pestilentiels traversent toute l'Europe, et aboutissent au cabinet des Tuileries. Cela joint aux ravages de la liste civile, donne des inquiétudes fondées à une nation libre et magnanime. Louis XVI serait un Dieu, s'il résistait à tant de séduction ; et Louis XVI est le plus mou des mortels. Les millions que la France prodigue impolitiquement dans les affaires étrangères, serviraient économiquement à l'amélioration de nos affaire intérieures. Chaque terrain défriché, chaque marais desséché, chaque nouvel hameau, chaque nouvelle branche de commerce en imposeraient davantage à nos voisins jaloux, que tous les dîners, tous les équipages de nos ambassadeurs fainéants. La nation française est trop grande pour établir dans les cours étrangères des bureaux d'espionnage, des académies de jeux, des coupe-gorges pires que les tripots du *Pharaon* et de la *Belle*. N'avons-nous pas vu des ministres réclamer dans leurs hôtels la franchise des jeux prohibés ? Ah ! comme je ferais rougir certains importants, certains misérables décorés de cordons, et accrédités par des diplômes ! Mais le mépris m'impose silence. Je conclus au rappel de tous nos fastueux négociateurs, et à l'envoi d'ancien négociants dont les vastes spéculations commerciales se sont étendues de bonne heure sur toute la circonférence du globe. Ces consuls modestes ne tiendront pas table ouverte pour les voyageurs de la première volée ; mais ils protégeront indistinctement tous leurs compatriotes, en insistant sur l'inviolabilité du droit des gens, et sur le maintien des traités de commerce, traités solides qui désormais remplaceront, pour la France, les transactions éphémères du machiavélisme diplomatique.

Jamais la loi ne fut plus respectée et mieux observée que depuis la suspension des pouvoirs du *mangeur d'hommes*. Le peuple Français se montre digne de l'émancipation ; ce n'est plus un fantôme, un épouvantail bizarre qui captera son obéissance. Le seul mot de LOI est plus efficace que la signature d'un roi corrupteur, d'un Magistrat titré qu'on ne saurait aimer sans danger et qu'on ne saurait haïr sans fureur ; d'un magistrat héréditaire, dont la fastueuse prépondérance rend tous les autres magistrat méprisables ou suspects aux yeux d'un peuple idolâtre ou soupçonneux. J'aimerai mieux être municipe du dernier village du France, que Maire de Paris, à côté d'un *Roi-potose*, à côté d'un trésorier qui me livre au courroux des idolâtres, si je ne sacrifie pas sur son autel ; qui m'expose aux soupçons de la multitude, si je méprise ses offres ; et qui me rend traître à la patrie, si j'accepte ses présents. On ne crie tant *vive le roi ! vive la reine !* que parce qu'on aime les richesses ; car très certainement la tête du moindre officier municipal a une valeur intrinsèque plus réelle, plus reconnue que la tête de Louis XVI. La nation est au-dessus du roi ; mais des individus en guenilles oublient leur portion de souveraineté, pour ramasser les miettes et les mépris d'un homme comme un autre, mais plus riche que les autres. La cour royale est une belle invention pour avilir la cour nationale ; et c'est pour relever la majesté du souverain qu'on alloue 25 ou 30 millions à un mandataire de naissance, et non pas de mérite, qui éclipse, égare, enivre, ravale et alarme le peuple et les élus du peuple. Si cet ordre de choses, ce désordre honteux dure encore longtemps, la liberté ne vieillira pas en France. Ayez de la confiance, nous dit-on ; vos soupçons nuisent à la constitution. Mais comment avoir confiance dans un fonctionnaire dont le déplacement de quelques lieues peut bouleverser toute une nation ? Comment se coucher tranquillement, lorsqu'il est présumable que le lendemain on viendra nous dire : le roi est parti cette nuit pour, Dieu sait où, et Dieu sait comment. Aux armes ! aux armes ! Le *chant du coq* de la cour nous endormira, et le tocsin de la ville nous réveillera. Cette perplexité habituelle, ces inquiétudes quotidiennes prolongeront les embarras de nos finances, la cherté du numéraire, et les machinations de nos ennemis intérieurs et extérieurs. Nous habitons une maison dont la toiture pesante menace nos jours ; et l'on voudrait nous tranquilliser sur l'ineptie des architectes ! Jamais on ne nous persuadera que le voisinage d'un tigre, quelque bien enchaîné qu'il soit, que le voisinage d'un magasin à poudre, quelque bien gardé qu'il soit, puisse nous tranquilliser autant que le voisinage d'un chien fidèle, ou d'un moulin à farine.

On prétend que le corps législatif corromprait un *roi* pauvre. C'est comme si l'on disait que la nation corrompra ses délégués, ses représentants. Sous des prétextes aussi frivoles, il faudrait donner une ample liste civile aux commandants des places frontières et au général en chef d'une armée de ligne ; car des appointements médiocres les mettraient à même de se vendre à l'ennemi. Ne voit-on pas que la liste civile est un couteau à deux tranchants, et que le plus sûr parti c'est de proportionner le salaire au service, et les honneurs au mérite personnel, sans aucune supposition gratuite ?

La séparation des pouvoirs, sans laquelle point de constitution, devient illusoire par l'influence d'une cour de corruptrice ; les liaisons du *roi de la liste* avec des législateurs pauvres, seront nécessairement des *liaisons dangereuses*. Si nous évaluons les places qui sont à la disposition de la cour, de combien de numéraires ne grossirons nous pas les sommes exorbitantes que la trésorerie nationale verse dans la caisse royale ? Et si nous calculons le nombre prodigieux d'âmes viles qui postulent les faveurs de la cour, quelle triste perspective, quelle horrible discordance, quelle pomme de discorde la liste civile ne jettera-t-elle pas dans l'empire ? L'espérance des mécontents, des ci-devant nobles, des ci-devant prélats, des ci-devant nobles, des ci-devant prélats, des ci-devant publicains, sera nourrie par les caresses d'un magistrat-roi-noble-sacré-pécunieux. Des pièges multipliés partout au-dedans et au-dehors, seront tendus à la bonne foi nationale, à la confiance populaire ; les complots enfanteront les complots. Non, cet ordre de choses ne saurait subsister ; il faut que la liberté expire, ou que la cour périsse. Notre roi constitutionnel est un hors-d'œuvre aussi absurde que nos évêques constitutionnels : il faudrait croire au roman de la bible, pour encenser pareilles idoles. La LOI perd de sa majesté à côté d'un homme soi-disant majestueux. C'est vouloir éclipser la loi que de l'environner de la splendeur d'une cour anti-nationale. Un monarque despote est au moins ennemi de la loi qu'un monarque du nouveau régime ; et les partisans de la chambre haute ont parfaitement raison de dire qu'un roi de notre façon sera tout ou rien, tyran ou prisonnier, sans un sénat aristocratique. Est-ce dans cette chambre ardente que les adeptes, les coalisés veulent nous mener ? Le remède serait pire que le mal : Dieu nous préserve de l'un et de l'autre ! Et puisque l'unité exécutive, la monarchie n'a essentiellement rien de commun avec l'or, l'argent et l'orgueil, il suffira de placer tout uniment dans un bon fauteuil un brave homme de soixante ans qui aura bien mérité de la patrie dans différentes fonctions administratives et législatives. L'élection à cette magistrature modeste se ferait avec moins de bruit que celle d'un pape, d'un doge, d'un gonfalonier, ou d'un maire de Paris. Notre premier fonctionnaire n'était tenu à aucune inspection, à aucune course, à aucune représentation individuelle, serait salarié très médiocrement. La nation se chargerait de payer directement les ameublements, les réparations, les solennités du Louvres, du palais national, l'asile des lois, des sciences et des arts.

Le *veto* suspensif que j'accorde à mon vénérable magistrat ne sera pas un instrument nuisible ; et c'est à cause du *veto* que je le fais siéger un lustre entier. Ma république-monarchique est bâtie sur les notions du bon sens, sur le maintien de la liberté ; au lieu que la monarchie-république actuelle est un monstre auquel nous ne saurions trop nous préparer à couper les vivres. Les théologiens ont alambiqué leur système théocratique d'une métaphysique moins déplorable, que les royalistes en établissant leur système politique. Les subtilités de l'école ont trouvé un accès funeste dans le comité de constitution. Je sais qu'il a fallu sacrifier aux erreurs du moment ; il a fallu se charger des frais d'un culte et du poids d'une cour, pour amener imperceptiblement les esprits aux conseils de la sagesse, à l'invulnérable raison. Ne perdons pas courage : la philosophie naturelle fera justice de la philosophie artificielle ; la théorie des mots insignifiants cessera enfin de s'opposer à la pratique des choses raisonnables.

Tant que la plupart des Français assisteront aux sorcelleries de la messe, tant qu'ils croiront que trois font un, et que la partie est plus grande que le tout, et qu'un corps existe en plusieurs lieux à la fois, et qu'un homme efface les péchés d'un homme, il sera difficile de les guérir de la duperie du fantôme royal. La royauté est une espèce de prêtrise non moins absurde que tout autre sacerdoce. Les rois et les prêtres sont nos ennemis, par cela même qu'ils prévoient que nous ne les garderons pas longtemps. Les habitants d'un état libre ne seront pas toujours stupides. Nous parviendrons à notre but sans convulsion, sans secousse ; car nous combattrons la royauté comme nous combattons le papisme ou le jansénisme, c'est-à-dire avec les armes de la raison, et en obéissant à la loi qui ordonne de payer un étrange roi et un culte étranger. Le principe de la soumission à la loi, au vœu de la majorité, nous préservera de la guerre civile ; car chacun se reposera sur la bonté de sa cause, et on attendra tout du bénéfice de la presse sans entraves. Cette réflexion est de la plus grande importance pour le crédit public et la prospérité nationale et la tranquillité des citoyens timides, qui craindraient une explosion désastreuse entre les royalistes et les républicains. Nous avons notre boussole dans une mer pacifique ; et l'amour du mieux ne nous fera jamais briser la règle qui rallie tous les individus autour de la volonté générale. Le despotisme de la loi ne provoque pas l'insurrection, il se plie tôt ou tard sous le despotisme de la raison. La France libre se lèvera un jour, pour jeter un cri éclatant et unanime : *Point de roi, point de prêtres.*

Aujourd'hui les Français sont des enfants que la peur des revenants fait aller à la messe, et que la peur des revenants fait entretenir une cour. Si vous touchez à la constitution, disent les *civilistes*, les amis de la liste civile ; attendez-vous à une seconde révolution aussi longue, aussi orageuse que la première. Et le vulgaire de trembler devant des fantômes, des farfadets, des revenants. Comme s'il y aurait une Bastille à prendre, un *déficit* à combler, un gouvernement à renverser, un gouvernement à fonder, des assignats à brûler, des charges à rembourser, une aristocratie sacerdotale, monacale, nobiliaire, magistrale, financière, provinciale et aulique, militaire et politique, à combattre, à détruire ? La menace d'une seconde révolution est aussi ridicule que si l'on avait dit, que pour changer les tours de Saint Sulpice, il eût fallu abattre le portail de Servandoni. Les nouvelles tours sont plus belles que les anciennes, sans que la basilique en ait éprouvé la moindre commotion. Il en sera de même lorsque nous corrigerons l'acte constitutionnel. On trouvera moyen d'améliorer le pavillon de Flore, sans ébranler la colonnade du Louvre. Le bouleversement de l'état proviendrait-il de l'élection d'un magistrat sexagénaire ? les hyperboles des courtisans me font autant de pitié, que si j'entendais à Pékin un rhéteur chinois déclamer contre la formation de six mille assemblées primaires et de 83 corps électoraux, pour le choix de 745 membres du corps législatif, et de plusieurs milliers de juges et autres fonctionnaires publics. Quel canevas pour détourner les Chinois ignorants du projet de se constituer en gouvernement électif ! La rhétorique orientale l'emporterait sur la logique occidentale ; car la théorie paraîtrait aussi alarmante que la pratique serait facile. Les bons Chinois pâliraient à la voix du rhéteur qui développerait dans la tribune les inconvénients probables d'un régime qui semblerait devoir tout ensanglanter, tout incendier, tout bouleverser. Il y aurait là de quoi faire un tableau chinois plus hideux que toutes les horreurs du despotisme. Et les Français libres renonceront-ils toujours à l'élection du prince, du chef, du *primus inter pares*, sur la foi d'un comité de constitution, sur la parole de quelques intrus qui font semblant de craindre les intrigants ?

Un des grands moyens des royalistes, c'est de nous menacer du régime incohérent des républiques fédératives. Cette menace cause une terreur si générale dans nos six mille cantons, que j'en conclus l'impossibilité de la dissolution de l'empire, ou du *Royaume*, pour me servir de la belle expression du patriote Domergue. La crainte de se désunir prouve l'intérêt qu'on a de rester unis : et cet intérêt est plus fort que tous les rois et tous les sophistes. J'ajoute que l'épargne d'une trentaine de millions et la suppression d'une cour qui sème la zizanie, seront de nouveaux motifs pour attacher les Français à la patrie commune. Et c'est cependant la peur des républiques fédératives qui influe le plus puissamment sur le maintien du Gargantus couronné ; tant il est vrai que la peur est mauvaise logicienne ! Le département de Finistère veut un roi au Louvre, crainte que le département du Nord ne se constitue en république souveraine, et le département du Nord s'imagine qu'un roi au Louvre empêche le Finistère de se constituer en république souveraine. Parcourez tous les départements, et vous verrez la même terreur, le même cercle vicieux concourir au système le plus erroné, le plus dangereux.

Eh ! Citoyens, la dislocation de la France homogène, nivelée, est impossible. Son unité, sa souveraineté se fonde sur l'intérêt de tous. Je défie qu'on me montre un seul district, un seul canton qui voulût se soustraire à la souveraineté nationale : il ne le pourrait pas quand même il le voudrait ; le tout est plus fort que la partie. Et plus nos départements seront nombreux, plus ils seront subordonnés à la loi, à la volonté générale. Cette subordination si facile à calculer d'avance, servira de réponse aux amateurs d'un roi et aux adversaires d'une grande république. La ville de Genève est plus agitée que la ville de Paris ; les petites passions jouent un grand rôle dans les petites républiques. La force nationale augmente en raison de la multiplication des citoyens, et la force individuelle diminue, sous le régime de la liberté, en raison de l'accroissement de la masse commune. Par conséquent, plus la république sera vaste et peuplée, et moins on aura besoin d'un roi, si toutefois ce besoin ait jamais été réel nulle part.

L'exemple des Américains devrait préserver les Français de toutes les craintes dont les royalistes circonviennent notre judiciaire. Les treize états de l'Amérique ont tellement senti les inconvénients de leur agrégation fédérative et de l'inégalité des sections et du morcellement de la souveraineté, qu'ils ont constamment travaillé, depuis la paix, à donner au congrès les principales facultés de l'autorité suprême. La convention de New York fit un grand pas vers l'unité souveraine, et tous les bons esprits de l'Amérique se proposent d'imiter notre division départementale, à la première convention qui aura lieu sur le continent du Mississipi. Les riverains de la Delaware et du Connecticut seront aussi sages, aussi prévoyants que nos ci-devant Dauphinois et nos ci-devant Bretons. Le petit état de Rhode-Island ne sera plus influencé par le grand état de Pennsylvanie : tous les intérêts partiels seront jetés dans la masse de l'intérêt commun. La concorde, la sécurité et la puissance seront le résultat de la sagesse française. Déjà le congrès a tracé sur la carte les cases qu'occuperont les états futurs de l'Ohio et des Appalaches ; et à mesure que les déserts, divisés en portions égales, se peupleront, on sentira la nécessité et la facilité d'introduire en Amérique la géométrie sublime d'Emmanuel

Sieyès. Il serait bien singulier que nos départements agissent en sens contraire des états de l'Amérique, et que nous ne pussions rester unis sans un roi gothique, un anneau de verre, pendant que les Américains perfectionnent de jour en jour leur union, sans autre véhicule que le bon sens et l'intérêt public. Sont-ils des dieux, ou sommes-nous des brutes ? Ceux qui substituent la majesté royale à la majesté nationale, prétendent que cet éclat individuel en impose aux régnicoles et aux étrangers. Mais le peuple romain, avec ses modestes consuls, fit trembler tous les rois fastueux de l'Orient. Plus un état serait étendu, et moins les citoyens s'y apercevraient de l'existence d'une cour ; car les yeux de l'homme ne découvrent qu'un horizon très borné. Comment les riverains du Var et de la Gironde seraient-ils frappés de la splendeur d'un trône que la plupart des riverains de la Seine ne voient jamais ? Qu'est-ce qu'une cour qu'on méprise de près, et qu'on ne voit pas de loin ? Non, la majesté d'un grand peuple ne se calque pas sur le visage d'un petit homme : elle se manifeste dans le salaire et les honoraires des hommes utiles, dans l'agriculture, les manufactures, le commerce, les sciences et les arts ; dans des villages nombreux et riches, des villes florissantes, une capitale magnifique. Trente millions mangés par des chevaux et des chiens, par des valets et des parasites, serviraient annuellement à augmenter la majesté du peuple, en fertilisant les champs, en desséchant les marais, en arrosant les landes, en coupant les montagnes, en brisant les rochers, en guidant les torrents, en multipliant les canaux, en accordant des primes à la pêche du hareng, de la morue, de la baleine. Avouons que la majesté factice nuit beaucoup à la majesté réelle : les emprunts sont ordinairement ruineux et scandaleux. Si j'étais roi des roi Français, je me moquerais, moi le premier, de la royauté constitutionnelle, et cette franchise me vaudrait au moins une bonne pension de retraite. Le peuple, délivré d'un lourd, et ridicule, et dangereux fardeau, me bénirait à jamais. Tant qu'un roi jouera la comédie sérieusement, gare que le spectacle ne finisse par une tragédie : ce monarque a une mauvaise tête, ou un mauvais cœur. Il est dupe ou fripon : or un roi alimente les fripons, un roi fripon dépouille les dupes. Ce régime est déplorable. Il serait plus facile d'apprivoiser dix panthères que de trouver un roi-citoyen. La nature des choses s'y oppose, et

Louis XVI, restaurateur, bon gré, malgré lui, est justifié complètement. Serait-il de bonne foi ? se demande-t-on au *Forum* : cette question n'est ni philosophique ni aulique. Étudiez le cœur humain, et vous embrasserez l'homme Louis XVI, en détestant le roi Louis XVI. Les coupables sont ceux qui induisent un faible mortel en tentation. Tu es un sire majestueux, un dieu impeccable ; nous t'enivrons d'encens, de nectar et d'ambroisie ; nous ceignons la tête sacrée d'un diadème superbe ; nous t'élevons mystérieusement sur un trône héréditaire, sans que les vagissements de ton enfance et les défaillances de ta décrépitude nous arrêtent ; nous te couvrons d'honneurs et t'environnons de magnificence : tu disposes d'une grande partie des richesses et des forces nationales, et nous mettons le sceau à notre superstitieuse démence, en exigeant que, nonobstant cette apothéose impie, cette ivresse mystique, cette déviation lunatique, tu sois sincèrement et en vérité un roi-citoyen, un dieu-homme. Méprise-nous à ton aise : nous aurons la sottise de payer tes sifflets et tes étrivières. Français, réveillez-vous, votre sort est encore dans vos mains.

Un *hors-d'œuvre* royal, loin de fortifier la constitution, y porte la rouille ; car il est intéressé à fomenter les troubles, à souffler la discorde, à augmenter la corruption, à exalter le fanatisme des ignorants contre l'autorité légale, qui sonne toujours mal aux oreilles des rois, ces illustres bâtards de la crédulité populaire.

La constitution républicaine des Français, combinée avec son gouvernement monarchique, sera le chef-d'œuvre de l'esprit humain, lorsque nos monarques ne seront plus ni rois, ni héréditaires. Un cour fastueuse et une hérédité orgueilleuse gâteraient les meilleures institutions : essayez cette double extravagance sur la mairie de Paris ou de Vaugirard, et vous ne tarderez pas à vous en repentir. Quoi qu'il en soit, ne changeons rien à l'organisation actuelle par des moyens violents et illégaux ; laissons mûrir les esprits dans les serres chaudes de la typographie. En attendant, la liberté de la presse et une surveillance extraordinaire préserveront, j'espère, la France des embûches d'une cour qui, loin de se niveler avec la nation, cherchera toujours à se niveler avec la nation, cherchera toujours à se niveler avec les cours étrangères. Le peuple est ignorant et libre ; nous n'avons pas le droit de lui ôter ni son dieu, ni son roi ; mais nous profiterons de sa liberté pour extirper son ignorance. Le roi sera dangereux tant que nous serons superstitieux : il comptera sur notre stupidité, en se jetant dans les bras d'une armée ennemie rassemblée vers nos frontières. Il compterait sans son hôte, si ce second voyage achevait de nous tirer d'une torpeur funeste. Cette dernière commotion tiendrait lieu, peut-être d'une longue éducation philosophique : le laconisme naquit un jour dans l'école de la nécessité. Conseillons au roi des Français de favoriser la propagation de nos principes constitutionnels dans le reste de l'Europe ; car nos soupçons démocratiques et nos inquiétudes civiques se dissiperaient avec les cohortes du despotisme et de l'aristocratie qui circonviennent les barrières de la France. Il n'y aura plus de mécontents, ni d'émigrants lorsque le bonnet des affranchis couvrira la tête du Germain et de l'Ibère. Un roi des Européens ne causera aucune alarme aux vrais amis de la constitution. Que Louis XVI fasse donc en sorte d'être en horreur à tous les sultans, à tous les vizirs, et l'amour de la nation, la vénération du genre humain ornera sa tête auguste de vingt couronnes florissantes. Le véritable moyen de rendre la royauté supportable, c'est de prouver à tout le monde qu'elle est un hors d'œuvre. Le plus fort argument en sa faveur, c'est l'erreur du peuple, qui s'imagine que la monarchie ne saurait exister sans un monarque *royal, féodal, héréditaire et millionnaire*. Honneur et gloire aux écrivains indépendants qui travaillent à évincer une erreur dont les conséquences sont plus effrayantes que la conspiration des poudres. L'erreur n'est jamais criminelle ; mais elle enfante ordinairement une foule de crimes et de calamités.

Rallions-nous autour de la constitution ; jetons nos opinions particulières dans le creuset du bonheur public. Quoiqu'on rencontre quelques pierres d'achoppement sur la grande route des Français, elle est certainement la plus large, la plus droite, la plus unie, la meilleure qui existe ; d'autant plus qu'elle n'est pas imperfectible comme celle des Anglais. Prenons garde qu'en combattant un mal éloigné ou présumé, nous ne tombions dans les bourbiers de la démagogie et de l'aristocratie, qui bordent notre chemin. Marchons droit, et nous éviterons la fange des vils Marat et des infames Mallet du Pan. Le soleil de la loi desséchera un jour ces marais infects, et les insectes puants seront extirpés par des jardiniers habiles. Mes objections contre la royauté perdront beaucoup de leur force, si la cour veut les prendre en considération. Les Français, délivrés de l'inquiétude des tyrans extérieurs, ne songeront jamais à congédier la dynastie constitutionnelle, si cette dynastie songe toujours à ne pas mériter son congé. Le ministère s'améliorera nécessairement, et la liste civile diminuera en raison de l'augmentation du numéraire, du territoire, de la population, de l'opulence nationale. Nous serons trop riches, lorsque nous vivrons sans dettes, sans culte salarié, sans département de la guerre, et de la marine, et des affaires étrangères. Ceux qui argumenteront alors contre la couronne, prouveront facilement son inutilité, et difficilement sa perniciosité. Aucun fonctionnaire ne sera dangereux dans un pays qui n'aura ni patriciens ni plébéiens, ni maitres, ni esclaves, ni dominateurs ni sujets, ni protecteurs ni protégés, ni voisins ni alliés, ni armées ni forteresses, ni métropole, ni colonies. Un César trouvait dans Rome tous les matériaux de la tyrannie, parce que Rome conquérante régnait en tyran sur la terre conquise ; parce que Rome n'était pas homogène ; parce que la république romaine se concentrait aristocratiquement dans les murs de Rome. Un citoyen romain était un homme privilégié : et la foule des externes s'attachait naturellement à la fortune d'un Jules, d'un Auguste, d'un Tibère. Nous nous étonnons de l'avilissement des romains sous les empereurs, et nous ne voyons pas que la majorité des esclaves et des étrangers fut l'ivraie qui étouffa le peuple-roi. Que de comparaisons insignifiantes on s'épargnerait en France, si les yeux de l'entendement étaient moins rares ! Les Romains et les Grecs, avec leur système hétérogène et tyrannique, devaient périr en s'agrandissant ; les Français, avec leur nivellement admirable, s'assureront une durée éternelle, en s'agrandissant. Les Français ont fondé l'empire de la nature humaine : la république des hommes s'étendra et prospérera partout où il y aura des hommes.

L'âge de la paix remplacera l'âge de la guerre. Les millions d'écus d'or, absorbés par l'établissement des armée permanentes, seront employés à l'avancement des arts utiles et agréables. Les combats de l'esprit et du génie succéderont aux combats féroces et ruineux. Une sage émulation fondée sur l'estime et la gloire, sur la fortune et la concorde, effacera les prodiges des jeux olympiques et les triomphes du capitole. Les heureuses rivalités d'Oxford et de Cambridge s'épureront et s'étendront partout avec la liberté et l'union du genre humain. On demande pourquoi les Anglais n'ont pas été aussi loin que les Grecs dans les encouragements des beaux-arts ? C'est que la guerre des modernes est plus dispendieuse que celle des anciens. Nos troupes soldées et nos flottes permanentes engloutissent des revenus immenses : notre artillerie est plus couteuse que les armées d'Alexandre et de Marius. Et comme nous ne désarmons jamais, nous portons perpétuellement le poids de la guerre. Que de richesses perdues pour l'académie et le théâtre, pour le gymnase et le muséum, pour nos Phidias, nos Appelle, nos Vitruve, nos Homère, nos Hérodote, nos Sophocle, nos Térence, nos Platon, nos Aristote ! L'architecture lourde et triste de nos forteresse exige plus de dépense que les vastes colysées, les élégantes colonnades, les superbes portiques de la Grèce et de l'Ausonie. Et voilà comme tous les arts qui embellissent la vie, et tous les arguments de la logique viennent à l'appui de mon système divin et naturel !

Je ne répéterai pas ici les preuves géographiques, politiques, commerciales, économiques, philanthropiques, avec lesquelles j'ai repoussé ailleurs les assertions de ceux qui nous annoncent autant de souverains que de sections. Pour moi, je leur annonce la manifestation prochaine d'un souverain unique, universel. Il n'en sera pas de cette universalité, comme de celle de l'église *catholique* qui n'en porte que le nom ; mais les progrès de cette secte déraisonnable nous sont un garant des progrès de ma doctrine raisonnable. Le mensonge a fait le tour du monde sous les auspices de la barbarie ; la vérité fera le tour du monde sous les auspices de la philosophie. La constitution française est une religion universelle qui rangera tous les hommes dans l'unité représentative, dans la communion du saint siège de Paris. Un intérêt commun, une LOI commune ! une raison, une NATION !

HARANGUE CONTRE LES ÉMIGRANTS[76]

Permettez, messieurs, à un émigrant de dire un mot sur les émigrations. Je ne saurai mieux vous montrer ma façon d'envisager cette matière, qu'en commençant par citer ce que je publiai du vivant même de Frédéric le philosophe. Si ma diction reste loin derrière celle de M. Mirabeau, elle aura du moins le mérite de la priorité. Voici les propres termes consignés dans mes *Vœux d'un Gallophile*[77], « Un édit contre les émigrations tend directement à la misère et à la dépopulation. Il fait pulluler les pauvres, sans augmenter la subsistance ; il diminue le commerce d'exportation ; il empêche les étrangers de venir s'établir avec leur industrie et leurs richesses, dans un pays dont les habitants sont, pour ainsi dire, attachés à la glèbe ; il éteint tout esprit d'émulation et de patriotisme ; il fait trouver aux citoyens aisés des moyens secrets et imprévus pour s'expatrier à jamais ; il met obstacle au retour de ceux qui se sont enrichis ailleurs. Les terres diminuent de valeur, les capitaux passent chez l'étranger ; les négociants et les rentiers disparaissent ; l'état languit ; le particulier souffre ; et l'opulence fait place à la détresse. La France serait frustrée d'une

---

[76] Je fis cette *Harangue* pour réfuter Mirabeau, qui venait de monter à la tribune de l'assemblée nationale, avec sa fameuse lettre au roi de Prusse, Frédéric-Guillaume l'illuminé. J'étais inscrit pour combattre le *monstre* face à face dans la tribune des Jacobins, lorsque la discussion fut interrompue par des intrigues qui nous coutent cher. Je prévis que mon *Discours*, enseveli dans mon portefeuille, serait malheureusement longtemps à l'ordre du jour. Rien n'est plus économique que la vérité. Les sophismes nous appauvrissent ; les arguments nous enrichissent. Le moindre sophisme est plus onéreux dans un ménage, que la gabelle, et les aides, et le trop bu.

[77] Volume de 300 pages, même format que la *Certitude des preuves du mahométisme* ; chez Barrois, libraire, quai des Augustins. Mes autres ouvrages se trouvent chez Desenne, libraire, au Palais Royal.

recette lucrative, si les Auvergnats n'allaient plus en Espagne, ni les Lorrains en Hollande. Les plus riches fondations que l'on admire en Auvergne, sont dues à des émigrants qui ont fait fortune à Madrid et à Cadix. L'édit récent de l'empereur à cet égard est aussi odieux qu'impolitique ; il ne fait pas moins de tort à la gloire et aux véritables intérêts de ce prince, que son entreprise sur l'Escaut. On s'imagine vulgairement que les émigrations nuisent à la population ; et au lieu d'en rechercher la cause pour y remédier efficacement, l'on tire un cordon inutile et dispendieux sur les frontières ; on confisque les biens ; on vexe les parents ; et la frayeur augmente le nombre des fuyards. »

Vous voyez, Messieurs, que ma page est aussi probante que la page de notre Démosthène ; et néanmoins je suis d'un avis diamétralement opposé au sien, dans les conjonctures actuelles de la France. C'est à regret sans doute ; mais tâchons, en nautoniers habiles et avec nos fins voiliers, d'arriver au port, en rendant hommage à la prodigieuse statue du colosse de Rhodes. La question qui nous occupe depuis quinze jours, et dont on aurait dû s'occuper plus tôt, se réduit à savoir si un malade doit suivre le régime d'un homme bien portant. Nous sommes dans une crise violente, et cette crise n'est rien moins que le passage de la servitude à la liberté, de la révolution à la constitution. La minorité des grands propriétaires l'emportera-t-elle sur la majorité des hommes industrieux ? La minorité des aristocrates l'emportera-t-elle sur la majorité des citoyens ? Une funeste contagion ravage la république, la plus affreuse misère désole nos 83 départements ; chaque émigrant riche nous laisse sur les bras des milliers de pauvres, des milliers de mécontents. On nous assiège de toute part, et nous n'aurions pas la prévoyance des assiégés ! La peste est dans nos murs, et nous laisserons les portes ouvertes aux fuyards ! Blâmerons-nous les Marseillais libres et sages, de ne pas imiter la nonchalance, la stupidité des Turcs esclaves ? Les lazarets sont-ils des bastilles ? La quarantaine n'est pas une vexation. Livrerons-nous la cité aux voleurs adroits qui, en se préservant d'une maladie mortelle, dissémineront la contagion d'un bout du royaume à l'autre ? Le règlement provisoire qu'on vous propose est fondé sur les notions premières de la conservation de soi-même, sur l'horreur de la calamité nationale. Et si vous maintenez la traite en Afrique, si vous renouvelez votre pacte avec l'Espagne inquisitoriale. C'est que la liberté de la France marche avant toute autre spéculation philanthropique. Nous sommes en temps de guerre, c'est à qui tuera le plus d'ennemis, et les meilleures armes sont les plus meurtrières. Quel conseil donneriez-vous à l'équipage d'un navire qui, battu par une longue tempête, se trouve contraint à opter entre l'inanition de tous et l'holocauste d'un seul ?

L'histoire de toutes les nations nous prouve la *praticabilité* d'une loi contre les émigrations brusques, combinées, hostiles ; et l'on voudrait nous faire accroire que rien ne saurait arrêter les déserteurs de la constitution française ! Les exceptions ne militent pas plus ici, que la fraude ne milite contre l'assiette des impôts. Examinez toutes les révolutions, depuis celles de l'Égypte jusqu'à celles de la Hollande, depuis les Chinois jusqu'aux Américains, depuis les anciens Guèbres jusqu'à vos modernes Acadiens, et vous verrez partout le souverain, ou celui qui en tient lieu, profiter immensément de la dépouille des émigrants et des exilés. Cette question importante a beaucoup de rapports avec celle des assignats : vous savez, Messieurs, tout ce que le génie du sophisme accumula d'obstacles contre cette opération salutaire. La France allait succomber sous les nombreuses arguties de *l'impraticabilité*, sans l'audace civique et les lumières abondantes qui émanèrent de cette tribune si chère à la patrie, et si odieuse à la tyrannie. Pourquoi la victoire fut-elle longtemps indécise ? c'est que l'assignat considéré en lui-même est mauvais ; c'est un remède passager, et non pas un aliment habituel. Et le citoyen ne se réjouirait pas tant du brûlement hebdomadaire de ce papier-signe, si les suppositions sophistiques étaient réellement entrées dans notre plan-sauveur. Vos biens nationaux, Messieurs, se vendent à merveille ; votre papier disparaîtra incessamment ; mais vous ne reverrez point les espèces sonnantes, en ne prévenant pas sur l'heure le complot des grands propriétaires. Le change avec l'étranger devient de jour en jour plus déplorable ; votre numéraire s'écoule à grands flots ; et la conspiration des poudres n'était pas plus redoutable que la conspiration de vos émigrants. Il s'agit de conserver la liberté conquise, et l'on vous dira que la loi proposée est impraticable !

Mourons donc, car nous avons juré de vivre libres. Eh ! Messieurs, rassurez-vous ; les despotes aveugles ont réussi à faire le mal pour leur conservation, et une nation vigilante ne réussira-t-elle pas à faire le bien pour sa conservation ? Vingt millions de sentinelles volontaires seront-elles moins habiles qu'une poignée de satellites d'un gouvernement arbitraire ? Et s'il faut sortir de la crise actuelle par une guerre ouverte, il vaut mieux l'entreprendre sur le champ. Attendrons-nous la falsification et le discrédit de notre papier-monnaie ? Ouvrirons-nous la campagne, lorsque, faute d'un numéraire quelconque, nos forces militaires seront engourdies, paralysées, frappées de mort ? Une paix pareille est un pis-aller ruineux. Notre pénurie croissante compromettra notre liberté naissante, si nous ne nous hâtons pas de culbuter tous les tyrans, à l'aide de tous les peuples, à l'aide de toutes les fractions du souverain universel. Les armées des tyrans sont des rassemblements liberticides. Les rois inconstitutionnels encouragent tous les forfaits contre la France : ils protègent les falsificateurs qui travaillent nuit et jour à renverser notre nouveau système de finances, dont l'écroulement nous plongerait dans les horreurs de l'anarchie et du despotisme. J'entrerai dans le sénat des Français, dans le sénat des Hommes, non pas avec des figues de Carthage dans mon manteau, mais avec une liasse de faux assignats à la main : et je serai non moins éloquent et plus vertueux que Catori, en m'écriant *Delenda est Carthago !*

On tend un piège à notre bonne foi ; n'en soyons pas la dupe ; ce piège serait le trébuchet de la constitution. Votre indulgence crédule augmentera l'insolence criminelle des émigrants français et des tyrans étrangers.

Rappelons-nous le dénuement de cette reine d'Angleterre, veuve de Charles I, qui, retirée en France avec l'élite des lords temporels et spirituels, était forcée de garder le lit, faute d'une falourde pour se chauffer. Et cette cour de Saint Germain entretenue magnifiquement par Louis XIV ? Cependant Jacques II avait possédé trois royaumes, et le moindre de ses co-émigrants avait possédé d'immenses richesses. Le tableau de vos pensions est encore grevé de la loi que promulguèrent les Anglais et les

Hollandais ; et vous auriez l'incurie d'augmenter la misère des bons Français, en laissant consommer vos millions d'or et d'argent à la cour d'un d'Artois, à la cour d'un Condé, à la cour de Mesdames[78] ! Votre générosité coupable mettrait la nation à la besace. Hélas ! de la pauvreté et du désespoir, il n'y a qu'un pas à la guerre civile et à l'esclavage. Au reste, Messieurs, quelque parti que prenne le corps législatif, je donnerai l'exemple de la résignation ; mais songez que le peuple murmurera de votre mollesse, et que l'aristocratie se relèvera sur vos trophées. L'espérance, cette espérance fondée sur votre vertu et votre bonheur, abandonnera nos drapeaux, pour se fixer dans le camp ennemi, dans un camp approvisionné par vous, salarié par vous, recruté par vous. Levez la tête, Maury et Cazalès, le despotisme va renaitre de ses cendres, les vaincus feront la loi aux vainqueurs.

---

[78] MONSIEUR se montrait alors bon patriote au palais du Luxembourg, à l'instar de son frère aîné au palais des Tuileries. On se préparait à marcher sur nos cadavres. Cela réchauffe le patriotisme que de se rafraichir la mémoire de ces époques abominables ! J'ai acquis le droit de choisir librement mes épithètes, mes apostrophes contre les grands de la terre ; car l'orateur du genre humain, le défenseur officieux des souverains opprimés eût été une des premières victimes de la rage de nos perfides oppresseurs.

À MON ONCLE CORNEILLE PAUW,

Chanoine en Allemagne, et auteur des Recherches philosophiques sur les Américains, sur les Chinois, sur les Grecs, etc.

Paris, Athènes, janvier 1790[79]

Vous aurez sans doute reçu dans le temps la lettre que je vous écrivis de Marseille. La prudence et l'incertitude m'empêchèrent de vous donner mon adresse pour aucune ville des Espagnes. Je vous félicite du succès prodigieux de vos *Grecs*. Cet ouvrage profond et lumineux fera époque dans la république des lettres. Nonobstant le grand nombre de vos admirateurs, la voix glapissante de trois ou quatre critiques s'est fait entendre. Mais si le plus célèbre des Grecs a trouvé un Zoïle, n'est-il pas naturel que l'auteur des *Recherches sur les Grecs* ait rencontré des Fréron ? C'est le sort inévitable des plus illustres écrivains, d'être loués par les uns et blâmés par les autres. De cette lutte des opinions naît la célébrité, comme du bruit des dissonances naît l'harmonie. Un ouvrage qui est lu et dont on parle, ne doit jamais chagriner son auteur. C'est lorsqu'un livre ne fait aucune sensation, que son malheureux père

---

[79] Je publie cette missive, parce qu'elle contient beaucoup d'aperçus utiles à la propagation de la *République Universelle*. Toutes les séries de pensées d'un auteur qui tendent au même but philosophique, doivent être regardées, n'importe leur forme ou leur étiquette, comme autant de paragraphes, et de sections, et de chapitres d'un seul et unique ouvrage. J'approuve la méthode du penseur *Montaigne*.

doit gémir, semblable à un fondeur qui aurait sué sang et eau pour couler une cloche insonore.

Vous avez la sagesse de suivre le précepte d'Horace, vous remettez votre travail neuf fois sur le métier : vous vous dépêchez lentement. Avec de l'esprit, du génie, du jugement et de l'érudition, on est sûr d'aller à la postérité en travaillant difficilement. Racine apprit ce secret de Boileau ; et Bossuet, Cicéron, Isocrate, Démosthène trempèrent leurs chefs-d'œuvre dans l'huile de leurs lampes. J'entends quelquefois des ignorants endoctrineurs, dire aux gobe-mouches qui les écoutent, que les meilleurs orateurs de Rome et d'Athènes improvisaient dans la tribune. Cependant Cicéron nous apprend que ses oraisons lui coutaient des études longues et opiniâtres. Démosthène se refusait à toutes les instances du peuple, lorsqu'il n'était pas préparé. Isocrate pâlit dix ans sur le fameux *Panégyrique* qui lui assure l'immortalité. Les harangues des anciens étaient de longues dissertations où l'on citait le texte des lois, l'autorité des historiens et des poètes, des dieux et des prêtres. Un greffier assis à côté de l'orateur, lisait, confrontait, vérifiait publiquement les citations. L'art oratoire se déployait dans l'exorde et la péroraison. Et ces beaux mouvement étaient tellement étudiés, que nous avons encore un volume entier de Démosthène, qui ne contient que des exordes et des péroraisons, dont il aurait fait usage en temps et lieu, s'il avait vécu plus longtemps. Les ignorants parleurs, qui fatiguent de leur babil, de leur logodiarrhée, les habitués d'un café borgne, se croient de sublimes improvisateurs, ils poussent la sottise jusqu'à répéter sérieusement qu'il suffit de prendre une plume et du papier, pour être un *écrivain*. On aurait beau leur dire qu'il y a fagot et fagot, et qu'il suffit d'avoir une langue de commère pour improviser des sottises, ils élèveront insolemment le verbe, en demandant si vous les prenez *pour des ânes* ? Et voilà comme ces petits importants font eux-mêmes la demande et la réponse. C'est arracher à une truie ses cochons de lait, que de faire entendre la raison et la vérité à un vieux sot qui veut en imposer à des jeunes gens qu'il croit aussi mal instruits, et mal appris, et mal organisés que lui. Qu'est-ce que l'éloquence ? C'est la logique bien vêtue : or la tête de Monsieur un tel n'est nullement logicienne ; donc…

amen, amen. J'ai vu à Rome un peintre du bon Dieu, qui prétendait surpasser Raphaël, parce qu'il faisait dix croûtes plus vite que Raphaël ne fit le tableau de la transfiguration. Et comme tous les maitres de l'art se servent du crayon avant d'employer le pinceau, mon barbouilleur qui dédaignait le crayon, s'imaginait être le dieu de la peinture. Assurément celui-là aurait trouvé détestable la superbe *Adresse* de Mirabeau au roi, parce qu'elle n'est pas improvisée. Je dirai aux peintres, faites de bons tableaux, peu nous importe que ce soit avec la main droite ou la main gauche. Je dirai aux orateurs, faites de bons discours qui gagnent à être lus ; car un auditoire de deux mille personnes n'est pas le public de la France, de l'Europe et de la postérité : songez plus à l'immense, et sonore, et durable tribune typographique, qu'à la tribune sourde et fugitive d'une petite rotonde. Vous savez l'exclamation plaintive d'un fameux client de l'orateur romain : Ah ! Cicéron, si la première édition de l'oraison *pro Milone* t'avait couté autant d'huile que la seconde, je ne mangerais pas des figues à Marseille.

Je suis de retour à Paris depuis l'année dernière. Les évènements merveilleux et rapides dont nous sommes témoins, ébranlent l'imagination de l'observateur le plus froid : jugez de ma situation avec mon sang bouillant. Je n'ai pas cessé de penser à vous, mon cher oncle : mais quand vous saurez que le torrent des conjonctures m'entraine, quand vous apprendrez que j'ai été un des plus ardents *brochuriers* que la révolution fait pulluler dans le royaume, ou, pour mieux dire, dans la république ; mon silence épistolaire trouvera grâce auprès de vous, auprès d'un philosophe dont les écrits ont contribué à la destruction de toutes les aristocraties sacrées et profanes. Les Français placent votre nom sur la liste des grands ouvriers de la liberté civile et religieuse. Voltaire, Rousseau, Pauw, etc., sont nos véritables libérateurs. Il serait à souhaiter que tous les écrivains de l'Europe adoptassent la langue française, comme vous et Leibnitz et Frédéric, etc. Leurs productions seraient plus répandues, et la philosophie doublerait le pas. Le monde lettré fut latiniste autrefois. J'espère qu'il sera galliciste désormais. Nous possédions parfaitement une langue morte ; pourquoi ne posséderions-nous pas aussi bien une langue vivante ? Ceci me rappelle les propos ridicules de certains Français qui n'ont jamais perdu de vue la grille de Chaillot ou la barrière de Charenton : ils prétendent qu'un étranger est incapable de saisir les finesses de leur idiome. Un homme de lettres, dont la morgue s'est heureusement démocratisée depuis la révolution, lisait une traduction de Sophocle, lorsque de jeunes Polonais entrèrent dans le salon ; il ne voulut pas continuer sa lecture devant des étrangers, incapables, disait-il, d'entendre les finesses de sa langue. Nos Polonais, très instruits et très spirituels, lui demandèrent en très bon style, comme il avait mis sa main gauloise sur les beautés du grec, d'une langue morte, si les étrangers ne peuvent pas même comprendre les finesses d'une langue presque universellement vivante.

Vous devez être bien content, mon oncle, de tout ce qui se passe ici. Quelle sensation cela produit-il dans vos contrées ? Notre exemple influera sur l'Europe. Le despotisme n'en deviendra que plus intolérant, plus chancelant. Déjà, en Espagne et en Portugal, les liens qui unissent l'inquisition ministérielle à l'inquisition monacale, ont été resserrés. Cette coalition satanique a vomi tout récemment un édit qui achèvera la ruine de l'Espagne. Tous les gouvernements arbitraires se précautionnent contre ce qu'ils appellent le mal *français :* ils n'y réussiront point. Aggravez le joug, allégez le joug, les peuples iront en avant, jusqu'à ce qu'ils soient représentés constitutionnellement, jusqu'à ce que les princes reconnaissant formellement la souveraineté du peuple, en signant l'acte éternel, imprescriptible du genre humain. Aucune force humaine n'empêchera les Avignonnais, les Savoisiens, les Brabançons, les Liégeois, les Hollandais, de se réunir un jour à la France, et le jour de cette agrégation gauloise n'est pas fort éloigné ; car tout ce qui réside en deçà du Rhin est nécessairement Gaulois. Il est juste que nous soyons maîtres chez nous, et nous ne souffrirons pas qu'aucun membre de la république gauloise soit opprimé par des Cimbres ou des Teutons[80].

L'empire des Francs s'est écroulé avec la Bastille, et la nation aurait repris son ancien nom avec son ancienne liberté, si

---

[80] Aujourd'hui, après deux ans de méditations, je dirai à ceux qui appellent cela faire des conquêtes, que nous ne devons pas même souffrir qu'aucun membre de la famille humaine gémisse sous le sceptre d'un oppresseur. Délivrer les peuples et les recevoir hospitalièrement, *départementalement*, dans notre sein, c'est leur accorder ce que l'intérêt mutuel demande à la saine politique. Dans ce nouvel ordre des choses, le plus faible fait la conquête du plus fort ; c'est Carpentras et Bastia qui s'enrichissent de la puissance et de l'indépendance d'une immense communauté heureuse : la France libre ne s'empare pas de la dépouille des Corses et des Comtadins. La Hollande, et en général les Pays-Bas, situés à l'embouchure des principaux fleuves de l'Allemagne et des Gaules, verraient leur industrie, leur commerce s'accroitre prodigieusement, et les frais énormes du gouvernement diminuer promptement, en ne formant qu'une nation avec la droite et la gauche du Rhin, dont les rives sont obstruées maintenant par mille péages féodaux, épiscopaux, régaliens, impériaux, vandales et ostrogoths. J'ai développé ailleurs les avantages innombrables que les Hollandais et tous nos voisins auraient en faisant notre conquête. Et pour nous conquérir, il suffit d'envoyer des représentants démocrates à Paris, au lieu de recevoir les étrivières des représentants aristocrates siégeant à la Haye et à Berne ; au lieu de payer un tribut onéreux et honteux à des valets du Danube et du Pô, siégeant à Bruxelles, à Liège, à Chambéry, etc. Il n'en est pas du domaine de la liberté comme du domaine des tyrans : ceux-ci s'agrandissent pour le malheur des hommes ; celle-là s'agrandit pour le bonheur des hommes. Reprocher à la France de rallier à sa constitution tous les peuples morcelés, c'est reprocher au soleil d'étendre ses rayons jusqu'aux extrémités de la sphère planétaire. Une guerre est allumée en Europe depuis le 19 juin 1790 ; c'est la guerre des roturiers contre les nobles. La honte d'un sobriquet avilissant sera effacée par la destruction d'un blason orgueilleux. L'homme est naturellement vain ; et la vanité naturelle du grand nombre l'emportera sur la vanité tyrannique du petit nombre. L'exemple de la France soulèvera le monde entier contre la noblesse européenne : les efforts ridicules des roturiers ne tendront plus à devenir nobles ; mais leurs efforts généreux détruiront une caste exécrable, dont l'existence dégrade et déshonore le genre humain. Ceux-là sont adroits qui voudraient nous donner une chambre haute ; ce serait le vrai moyen d'arrêter les progrès universels de notre régénération ; mais je romprai en visière à ces conseillers perfides, en m'écriant, au nom de l'univers : *Ni deux chambres, ni deux nations !*

elle avait su que le mot *franc* est synonyme du mot allemand *vranck, féroce*. Mais les vaincus le rendirent synonyme du mot *libre,* par les privilèges attachés au nom des vainqueurs, des *vrancks*.

Et que dirons-nous de la religion catholique, apostolique et romaine ? Elle est à l'agonie. Les principes du théisme triomphent sur nos théâtres, et dans nos maisons, et dans nos carrefours. Le peuple ne veut plus écouter les sermons des prêtres. Nous avons chassé de Paris le fameux prédicateur Beauregard, âme damnée de notre archevêque fugitif. Ce jésuite atrabilaire s'est avisé dernièrement d'exhaler son fanatisme à Rouen : mais l'hôtel-de-ville l'a tancé et sermonné à son tour. J'ai vu ici à Paris, la veille du jour de l'an, un prédicant papiste et contre-révolutionnaire, forcé d'abandonner la chaire et trainé à la mairie, au milieu des huées. J'ai été témoin d'une scène pareille en Bretagne. Le peuple ne veut écouter que les ecclésiastiques philosophes. On apprend de Marseille ou d'Aix, que l'abbé Raynal n'a pu se refuser à l'empressement du public. Il est monté en chaire, et cet apôtre éloquent fait gagner plus de terrain à la raison, que jadis l'apôtre Pierre ne lui en fit perdre[81].

---

[81] On s'est trompé ; il s'agit ici de l'abbé Rives. Quant à Raynal, ce renégat de la philosophie se coalise avec une foule d'aristocrates hypocrites, pour rallumer les tisons du fanatisme expirant. J'ai tort de l'appeler *renégat* ; car il n'a jamais été philosophe. Ce plagiaire n'eut jamais un cachet à lui ; et les dix ou douze styles de son ouvrage d'autrui en font foi. Il était dans la littérature ce que les aventuriers, chargés de cordons et de plaques et de diplômes, sont dans la chevalerie. Ce mendiant littéraire poursuivait les bons auteurs, comme le geai poursuit le paon. On fut tout étonné de voir ce Raynal, dont le style de l'âge mûr n'avait ni couleur ni timbre, ni du nombre ni du mordant, acquérir soudain dans sa vieillesse une touche large, une trempe énergique. Je conçois qu'on écrit infiniment mieux à trente ans qu'à vingt ans, et que notre *faire* s'améliore, va *crescendo* jusqu'à l'âge de quarante ans ; mais un sexagénaire, dont le sperme produit des enfants robustes, après avoir fait de l'eau claire ou trouble dans sa jeunesse, cela me parut très suspect, avant mes renseignements positifs sur la fabrication de *l'Histoire des deux Indes*. Les faux auteurs, les faux braves, les faux monnayeurs sont trois espèces méprisables. Il y a moins de honte à

Il y a plus, et cela ne vous paraitra pas moins étonnant, nous montons en chaire, nous laïques, et nos sermons sont suivis avec empressement. L'indépendance civile et religieuse, revêtue d'une morale intacte, fait l'objet de nos oraisons. Il est curieux de voir des prédicateurs en uniformes, des officiers, des soldats, des grenadiers de la garde nationale, prêcher jusques sur les marches de l'autel. À l'issue d'un sermon philosophique, l'assistance aurait voulu changer les confessionnaux en guérites. Les poissardes prêchent la doctrine de Voltaire à la halle. Une de ces dames, en expliquant les mystères du mouton et du pigeon, disait à un nombreux auditoire, qu'il fallait mettre ces animaux à la broche, et n'adorer que le bon Dieu. Il n'y a pas jusqu'aux paysans dans le fond des provinces, qui ne fassent la leçon à leurs pasteurs. Un curé du Dauphiné, membre de l'assemblée nationale, ayant imité la défection de l'ex-président Mounier, fut reçu très froidement dans son village. Les paroissiens assistèrent à sa messe avec leurs habits à l'envers et le dos tourné à l'autel : ils regardaient fixement la porte de l'église. Cette scène muette décontenança M. le curé de Saint-Pérez, qui en saisit parfaitement l'esprit. Après l'office, il remonte sur sa bourrique ou sa mule, et s'en revient lestement à Paris. Le clergé est au désespoir : nous en voyons chaque jour des symptômes funestes. Tantôt c'est un bénéficier qui se précipite du haut des tours de Notre-Dame : tantôt ce sont des poignards aiguisés par des mains bénites, ou du poison préparé pour nos grands citoyens. La nation montre un bon sens, une énergie, un dévouement qui fait

---

demander l'aumône, qu'à recevoir une seule phrase d'autrui. La nécessité me fait mendier mon pain, mais la nécessité ne m'oblige pas de prendre la plume au lieu de l'alène. Si le ciel ne t'a pas doué du talent d'écrire, s'il ne t'a pas donné une marque caractéristique, la terre ne refuse à personne l'art de faire des scandales. Je serai *moi*, et j'aurai mon cachet à *moi*, jusqu'à la mort ou la décrépitude. Et en défendant toute ma vie la bonne cause, je ne craindrai pas le sort des scribes aristocrates, dont la mémoire sera flétrie dans la postérité libre, comme celle de Judas Iscariote parmi les sectateurs de Jésus. C'est dommage que le règne de la raison n'admette point de livre apocalyptique ; car nous aurions un bon nombre de feuilliste hebdomadaires et éphémères à placer au rang de la bête cabalistique et cabaleuse.

infiniment d'honneur à la France. J'ai été témoin de mille évènements, dont l'observateur saisit les caractères et les nuances avec la plus vive satisfaction. Nos démophages succombent de toutes parts : leurs complots sont aussitôt éventés que formés. Dernièrement un marquis de Favras avait choisi des quidams qui devaient mettre le feu aux hôtels garnis ; et dans la confusion d'un incendie général, des cohortes aristocratiques auraient enlevé le roi et massacré M. de la Fayette, M. Bailly et M. Necker. Catilina et la princesse d'Anhalt, son épouse, énoncent, du fond de leur cachot, des révélations qui feront trembler certains princes dans le fond de leurs palais.

Le roi parait fort tranquille : il se promène aux Tuileries, à la face d'Israël ; son embonpoint n'a pas souffert la moindre altération. Quant à la reine, son visage allongé, ses yeux battus indiquent beaucoup d'agitation dans son âme. Les révolutions de France et du Brabant lui causent de cruelles insomnies. J'apprends de bonne part que la princesse d'Orange n'est pas moins inquiète que notre Marie de Lorraine.

Je suis curieux de savoir votre avis, mon cher oncle, sur la révolution qui absorbe toute mon attention, et à laquelle je m'intéresse vivement. Nos aristocrates désespérés ont fait encore, le 12 de ce mois, une tentative diabolique. On fit soulever la populace de Versailles : on fomenta des troubles dans le faubourg Saint-Antoine ; on essaya de forcer les prisons : on corrompit trois ou quatre cents hommes de la garde soldée, qui se rassemblèrent spontanément aux Champs-Élysées. On distribua de l'argent, des armes et des uniformes à des gens sans aveu. Notre brave commandant fit battre la générale, et trente mille légionnaires veillèrent à la sûreté du roi et des comices. Je vis défiler le long du quai des Tuileries une colonne de notre armée qui se rendait au Cours-la-Reine, pendant que d'autres colonnes s'approchaient du faubourg de la Conférence par la rue Saint-Honoré et la place Louis XV. La cohorte séditieuse fut enveloppée, dépouillée, garrotée et conduite à Saint-Denis. Deux ou trois rebelles se jetèrent dans la Seine qui les engloutit. Cette victoire a rétabli le calme, et M. de la Fayette a reçu une députation de la commune pour le féliciter et le remercier.

L'arrivée du parlement de Rennes avait échauffé les esprits : sa punissable obstination entrait pour quelque chose dans le complot, et le moment paraissait favorable aux aristocrates. Ce dernier évènement raffermit, consolide la révolution, et tous les bons citoyens se réjouissent de la journée du 12 janvier. Monsieur, frère du roi, est violemment soupçonné : mais soupçon n'est pas preuve. On ne le perd pas de vue dans son palais du Luxembourg, non plus que le monarque qu'on voudrait nous enlever, pour plonger la France dans les horreurs des guerres civiles. Le petit Dauphin n'est pas moins bien gardé que son papa. Nous le voyons tous les jours à la promenade, entouré de quatre hommes de la garde nationale. Il est joli comme les amours, et nous l'entendons s'écrier en montrant sa cocarde tricolore : *Je ne suis pas aristocrate, je ne suis pas aristocrate.* On nous objecte que le roi n'est pas libre : mais nous répondons qu'aucun homme attaché aux fonctions publiques ne saurait être absolument libre, sans en excepter les membres de nos auguste assemblée. À plus forte raison le premier magistrat doit-il subir cette loi immuable, puisque sa liberté compromettrait essentiellement la liberté nationale. Le pouvoir exécutif ne doit pas s'éloigner du pouvoir législatif[82].

---

[82] La lettre suivante, en date du 26 juin de l'an trois, fera un rapprochement piquant.

Anacharsis Cloots à Corneille Pauw,

Salut :

Nous sommes toujours vainqueurs, et nous serons toujours vainqueurs. Jamais Paris ne fut plus beau que du 21 au 25 juin, jamais la nation ne mérita plus d'éloges. On se rappelle maintenant avec gratitude ma motion, où, en insistant sur la station provisoire du roi, en demandant un décret contre le commandement royal des armées de terre et de mer, je disais : *Français, gardez votre tête sur vos épaules.* Cette motion étalée dans la boutique du libraire Desenne, au Palais Royal, paraissait incendiaire à de paisible citoyens qui ne lisent pas dans l'avenir. On m'assura que mon opinion très motivée serait mal accueillie, même aux Jacobins. La chronique de Paris ne voulut pas l'annoncer, et j'avais beau m'expliquer et me défendre, on m'évinça, en disant que chacun se coiffe de sa chimère. L'abbé Cournand ne rêve qu'au mariage des prêtres, et vous ne rêvez qu'aux prétendus dangers de la fuite du roi. Où voulez-vous qu'il aille ? Où peut-on être mieux que sur le trône, dans le sein de la capitale ? Et d'ailleurs Metz est une ville de France, tout comme Paris et Perpignan. Cette légèreté de l'ancien régime me fit faire du mauvais sang : un patriote moins décidé que moi, et dont le caractère eût été moins robuste, serait devenu tiède en se voyant rebuté aussi lestement. Je dois rendre justice au zèle de M. d'Aiguillon, qui goûta parfaitement mes idées. *Très certainement*, me dit-il en décembre 1789, *vous avez raison, le départ du roi provoquerait la guerre civile ; et de la manière qu'on le garde, il s'en ira quand bon lui semblera.* M. l'abbé Sieyes avec qui je causais des affaires du temps, huit ou dix jours avant l'*hégire* de Louis XVI, me dit en propres termes, sous les marronniers qui bordent le parterre des Tuileries : *Les habitants de ce palais s'échapperont quelque jour, pour nous mettre dans l'embarras.* Je remercie Louis XVI de la peine qu'il s'est donné de me faire rendre la justice qui m'était due : son escapade manquée est la pierre de touche de la révolution. Cet évènement pourra guérir les derniers symptômes de l'idolâtrie royale : cela montre toute la turpitude des princes et toute la sagesse du peuple. Les folliculaires les plus antinationaux ont été mis, durant la crise, sous la sauvegarde des citoyens armés. J'ai vu, mardi 21 juin, une garde de sûreté devant la porte de plusieurs périodistes, gagés par des libraires éhontés, et soudoyés par nos lâches ennemis. Le peuple connait trop sa dignité souveraine, pour exterminer des scribes en habit de livrée : et les honnêtes gens qui ont le malheur de porter le même nom que ces hommes infames, en rougissent, y renoncent, et s'en tiennent à un prénom baptismal ou philosophique. On n'a pas versé une goutte de sang, à la nouvelle d'une conspiration qui livrait les meilleurs patriotes au glaive du bourreau. La liste des proscrits était assez longue pour que je pusse prétendre aux honneurs de l'échafaud. Malgré cela, nous agîmes avec beaucoup de sang froid et de générosité. Je plaidai moi-même, sur le quai Voltaire, en faveur de Cazalès, qu'on menaçait de la fatale lanterne, au milieu d'un peloton d'hommes armés de piques et de haches. Enfin Paris et la France entière ne manifestent qu'une âme et qu'un cœur. C'est ici le culte des sentiments civiques. Je ne vous rendrai pas tout ce que j'éprouvai en apprenant l'évasion, en calculant la commotion, en apprenant l'arrestation. On n'est plus le même homme, on a d'autres passions, d'autres mouvements. Je m'élevais en raison de la grandeur du danger et de la multitude d'effets qui devaient résulter d'une seule cause. Je me proposais d'entretenir douze fusiliers sur la frontière, pendant que ma plume s'évertuerait à Paris. Et en cas de malheur, je me serais avancé avec l'arrière-ban, à dix ou quinze lieues de la capitale, pour vaincre ou mourir sur le champ de bataille.

Les tyrans accoutumés à faire la guerre aux tyrans, ignorent ce que c'est de lutter contre une grande nation libre. L'amour de la liberté est la première passion de l'homme ; cette passion inspire le sacrifice de tout ce qu'on a de plus cher au monde. Une nation qui combat pour ses lois, dirige tous ses bras et tous ses biens contre les Tarquin et les Porsenna. Les créanciers et les fonctionnaires de la république vont recevoir leurs rentes et leur salaire sur le champ de bataille. La pauvreté et la richesse éprouvent un nivellement heureux durant toute la guerre : il n'y a plus ni maîtres ni valets ; tout est soldat. La mort est l'unique besoin d'un homme qui cesse d'être libre. Ma mère me conseille de fuir en Amérique : comme si l'Amérique conserverait son indépendance après la catastrophe des Français : comme si le mot enchanteur de *liberté* ne serait pas effacé de tous les vocabulaires par le despotisme universel. Hélas ! répétez à votre sœur, que j'ai trop vécu pour ne savoir pas mourir. Et d'ailleurs, la vie me serait à charge, si la monarchie universelle d'un Charles-Quint, d'un Octave, d'un Alexandre, faisait évanouir mes justes espérances pour la République Universelle des *droits de l'homme*. Tant de gens obscurs se défont du fardeau de la vie par désœuvrement, que je saurais bien m'en débarrasser par raisonnement. Un tyran désespéré dit : *Après moi le déluge !* Un citoyen désespéré dit : *Après moi la contre-révolution !*

Heureusement nous tenons le roi. Qu'en ferons-nous ? se demande-t-on de toutes part. J'insiste sur la réponse de *Porus*. Vous connaissez trop les prestiges de la pitié pour tenir le langage de *Cromwell*. En consultant mon cœur sensible, lorsque ma vivacité me donne des torts, j'éprouve bientôt les cuissons du remords et de la pitié. Mais un ami m'a-t-il offensé, est-ce lui qui rompt avec moi, sous de frivoles prétextes : je suis fort de ma conscience et de mes souvenirs, je me console en comparant mon âme avec la sienne. Suis-je l'offenseur ? je m'abaisse, je souffre. Suis-je l'offensé ? je m'élève, je suis content de moi. Un peuple éprouve les sensations d'un individu. S'il maltraitait aujourd'hui le roi dans sa colère, il l'adorerait demain par commisération ; d'autant plus qu'on est naturellement disposé à regretter le passé et à redouter l'avenir. Nous éviterons l'ivresse de la pitié, en évitant les écarts de la colère. Soyons prudents, songeons à conserver notre souveraineté *provisoire*, jusqu'à ce que tous les membres du SOUVERAIN UNIQUE lève la tête et foulent le joug des tyrans. La pitié populaire augmente en raison des progrès de la civilisation. Les sauvages, les brutes et les despotes sont impitoyables. Les Caraïbes et autres peuplades maltraitent horriblement leurs femmes et leurs prisonniers. Les indigènes du Brésil vont à la chasse aux hommes ; et j'ai vu dans les forêts de la Hongrie et de la Carniole, les chasseurs d'un despote tendre des pièges, faire feu et courir sus aux hommes qui fuyaient la conscription militaire. Si du sauvage et du courtisan, vous descendez ou montez parmi d'autres espèces d'animaux, vous trouverez toujours la pitié morale subordonnée à la force

Le délire des ennemis de la régénération est poussé au comble : ils sont aussi absurdes que méchants. On reproche au parti populaire, à la nation d'avoir coupé une vingtaine de têtes coupables ; mais si le parti anti-national avait eu le dessus, nous verrions d'innombrables victimes innocentes immolées à sa rage. Les monstres invoquent le despotisme ; ils regrettent la bastille et l'inquisition. Et pourquoi ces enragés font-ils des vœux impies et des machinations infernales ? C'est que M. un tel perd une

brutale. Chez nous, le mâle dicte sa loi aux femelles, parce que l'homme est plus fort que la femme, et que deux sexes ne peuvent pas régner ensemble dans la société domestique et publique. Chez les abeilles, la femelle, armée d'un dard, égorge impitoyablement son père et son époux ; les mâles n'ont ni dard ni pique, ni aucune arme offensive. Ces messieurs ont la permission de vivre trois mois ; et leurs mères, leurs sœurs, leurs filles, leurs veuves, vivent paisiblement vingt années et plus. Il est vrai que les mâles sont des paresseux qui ne s'amusent qu'à féconder et à couver ; ils ne travaillent ni à la construction d'une ruche, ni à la fabrication du miel et de la cité. Le massacre économique commence immédiatement après la couvée. Une brillante jeunesse promet à ces Danaïdes d'autres époux frais et vigoureux. Le beau sexe abeille, si cruel, si infidèle, si féroce, conserve une tendresse inconcevable pour son roi. La maladie et la mort du monarque font la maladie et la mort de l'essaim ; et l'émigration du roi fait émigrer toute la nation. Nos émigrants français sont aussi barbares et plus bêtes que les abeilles : les ferons-nous rentrer en France au bruit du chaudron ou du canon ? Nous serons dignes d'être libres, en ne ressemblant ni aux sauvages, ni aux sultans, ni aux abeilles. Les hommes de la constitution sonderont l'abîme des passions : les lumières de la raison corrigeront les erreurs de l'instinct. J'ai calculé tous les inconvénients de la royauté ; mais je calcule aussi toute les bizarreries d'un peuple novice. Et en attendant la maturité des esprits, soyons aussi véhéments contre la liste civile, contre l'*or antique* que Cicéron le fut contre l'émission superstitieuse de l'*or judaïque*. La véritable cause de tout mal social gît dans le morcellement des peuples, dans l'absurde pluralité souveraine. Ce morcellement est d'autant plus honteux et funeste, que la nature nous a doués de la parole et de l'invention des arts et des sciences, de l'imprimerie, et de la poste et de la navigation, pour ne former qu'une seule famille raisonnable sur notre petit globe. Je pardonne aux signes de Sumatra de n'avoir aucune parenté avec les singes du Paraguay ; mais l'homme des Indes occidentales, qui ne fraternise pas avec l'homme des grandes Indes, est doublement inepte, doublement coupable et doublement puni. Ses relations incohérentes deviennent criminelles : il en résultera des guerres, des fratricides, tant que tous les intérêts particuliers ne seront pas en harmonie avec une force commune, avec une loi universelle.

pension non méritée ; M. l'abbé est restreint à un seul bénéfice : madame la marquise perd le fruit honteux de ses criminelles intrigues : celui-ci ne s'engraisse plus des sueurs du citoyen ; celui-là est contraint de respecter la majesté du peuple. L'orgueil et l'avarice sont les démons familiers de nos déraisonnables aristocrates. Et que gagnent-ils par leurs calomnies, par leur impuissante astuce ? Nous les plaindrions cordialement, s'ils se résignaient modestement, s'ils confondaient leurs petits intérêts privés dans la masse du grand intérêt public. Nous leur accorderions volontiers de la commisération, s'ils n'étaient que malheureux ; mais ces traitres ne respirent que sang et vengeance. Chaque effort les abaisse davantage, et leurs raisonnements et leurs conspirations sont également avantageuses à la bonne cause. Nos orateurs, nos écrivains, nos milices se seraient reposées peut-être dans une sécurité funeste, sans les poignards et les sophismes de nos maladroits adversaires, misérables qui veillent sans cesse, parce qu'ils ne sauraient dormir. Abaissés, méprisés, ils boivent dans la coupe amère des regrets, des remords et du désespoir : punition trop légère ! Le doux sommeil fuit de leurs paupières, et la triste et hideuse et mortelle insomnie rode nuit et jour dans leurs alcôves sépulcrales. Je tâche d'en convertir quelques-uns ; mais inutilement. Leurs haines puériles, leurs noires jalousies, leurs prédictions insensées les rendent aussi malades de corps que d'esprit. Ils gouteraient des jouissances délectables ; ils partageraient notre bonheur, en abjurant leur hérésie politique ; les hommes nouvelles qui causent notre alégresse, rétabliraient leur santé physique et morale. Eh bien, ces énergumènes préfèrent les souffrances de l'enfer aux jubilations du paradis. Ils sont damnés dans ce monde, en n'embrassant point notre consolante doctrine ; et ce n'est pas là une damnation chimérique. Voyez-les, écoutez-les, et vous direz que ce sont de véritables réprouvés. Envieux du genre humain, ils ressemblent aux mauvais anges par leurs forfaits, par leur chute, par leurs tourments, par leurs hostilités et leurs conjurations.

Je présume que la chaleur qui m'anime, se communique à vous, mon oncle ; car vous êtes philosophe. Nos antagonistes sont si convaincus de l'influence victorieuse de la philosophie, qu'ils font l'impossible pour allumer une guerre de religion. Des prêtres et des gentilshommes hypocrites, qui ne croient ni en dieu ni au diable, avaient déjà fait prendre la croix au lieu de la cocarde à quelques centaines d'iconolâtres en Alsace et en Languedoc. Cet exemple n'a pas été contagieux, et nos brochures ont arrêté promptement ce désordre naissant. Les provinciaux connaissaient mieux leurs intérêts que ces stupides Brabançons qui se jettent aveuglément dans les filets du clergé et de la noblesse, et qui ne se doutent pas que le prétexte de religion, dans la bouche de certaines gens est un signe certain d'aristocratie. Avez-vous rien vu de plus fanatique, de plus absurde que le *Manifeste* des États Belgiques ? Je ne serais pas surpris de voir régner l'inquisition incessamment chez eux. Les regrets amèneront un jour nos décrets dans ces pays fertiles : notre exemple permanent l'emportera sur leur délire passager. Le temps approche où la raison fera une croisade générale contre tous les oppresseurs sacrés et profanes. On a fait tant de mal au nom de l'église universelle ! nous ferons tant de bien au nom de la constitution universelle ! Et au lieu d'invoquer un *Dieu-homme*, nous apporterons les *Droits de l'Homme*. Nous n'aurons la paix qu'à ce prix-là. Notre *Manifeste* contre les usurpateurs ne contiendra qu'un seul grief : le crime de tyrannie, de lèse-nation, de lèse-humanité. Nous arborerons nos drapeaux invincibles, non pas sur le sépulcre fabuleux de Golgotha, mais sur le tombeau des dictateurs soi-disant souverains du monde. Une paix sincère et durable est impossible entre le souverain légitime et les ravisseurs de la souveraineté. Nos principes opposés sont, de part et d'autre, une bruyante déclaration de guerre. J'entends à ma gauche le cri infernal : *Périssent les peuples !* J'entends à ma droite le cri céleste : *Périssent les tyrans !* Il est heureux pour nous que les puissances de l'enfer se ruinent actuellement par leurs brouilleries mutuelles. Encore 18 mois ; et nous serons à même de faire face aux machinations impériales et royales : et nous aurons, j'espère, la prudence de ne pas donner le temps à la coalition tyrannique de réparer ses pertes, en nous laissant leurrer par des alliance insidieuses, par une pacification désastreuse. Nous profiterons de l'épuisement momentané de toutes les cours, pour réclamer la charte éternelle de tous les hommes.

Nos mécontents ne dissimulent pas que, s'ils reprenaient le dessus, on ne se contenterait pas de relever la Bastille, mais on ouvrirait dans toutes les villes du royaume les gouffres du St. Office. En effet, les maximes de ce tribunal s'accordent parfaitement avec celles de la démophagie. La bravoure de nos citoyens, leur zèle infatigable en impose efficacement aux malveillants. Lorsque notre armée se mit en marche le 12 du courant, M. de Parseval, fermier général et chef de bataillon, harangua ses troupes avec une éloquence digne des beaux jours de Rome, de Sparte et d'Athènes. « Camarades, dit-il, nos préparatifs menaçants annoncent une affaire sérieuse. Je me sens tout le courage du patriotisme, mais comme c'est pour la première fois que je le mets à l'épreuve, je vous demande une grâce : c'est que, si vous me voyez mollir dans l'action, si la faiblesse du corps s'oppose à la force de l'âme, brûlez-moi la cervelle. Et comme plusieurs d'entre nous sont aussi novices que moi, promettons-nous mutuellement le même service que j'attends de vous. » Voilà-t-il des Romains ? Douterons-nous des hautes destinées de la France avec des hommes de cette trempe ? Et c'est du sein des voluptés, du luxe, de l'égoïsme que sortent tous ces géants patriotiques, ces légions invincibles ! La philosophie s'étonne de son propre ouvrage ; elle contemple l'exécution de sa théorie. *O vitae philosophia dux, virtutis indagatrix expultrixque vitiorum !* Je me trompe fort, mon oncle, ou vous êtes des nôtres, à moins que nos fugitifs, qui remplissent les pays étrangers de clameurs calomnieuses, ne vous eussent donné des aperçus inexacts concernant la plus belle révolution des annales du monde. Je sais qu'en qualité de chanoine papiste, vous n'êtes pas payé pour faire notre apologie ; mais un chanoine philosophe n'a rien de commun avec des abbés Maury et d'autres églisiers pareils. L'inconséquent Maury ne rougit pas d'avouer dans la tribune aux harangues qu'il possède huit cents fermes. Oui, mon oncle, huit cents fermes nourrissent la luxure de ce mauvais citoyen, de ce prêtre odieux, pendant que huit cent mille honnêtes gens manquent du nécessaire. Le même Maury fait une motion insidieuse, sous prétexte du soulagement des pauvres. Un humble curé se lève pour en montrer le venin, et il propose de réduire les gros bénéficiers à mille écus d'appointements. La sagesse du curé fit pâlir l'homme aux huit cents fermes. Vous apprécierez la commisération des aristocrates, quand vous saurez que ce sont eux qui prolongent la stagnation du commerce et la rareté du numéraire, par leurs sourdes menées, par leurs manœuvres secrètes, par les faux bruits qu'ils répandent, par les contre-révolutions dont ils alarment la crédulité populaire. Paris est ruiné ; l'herbe croitra dans ses rues, disent-ils aux conquérants de la liberté. Ces mots insignifiants sont suivis d'un déluge d'imprécations contre la révolution, et d'expressions touchantes en faveur de l'ancien régime. Les âmes faibles se laissent ébranler ; elles pleurent d'avance sur les ruines de Babylone. Ces bonnes gens ne voient donc pas que le siège du roi et de l'assemblée nationale, et les magnifiques destinées que la révolution promet au royaume, donneront un nouveau lustre à la capitale des Français ? Même, dans ce moment-ci, malgré la foule des transfuges, malgré l'économie des riches, malgré la malice des uns et la misère des autres, malgré la contribution du quart des revenus, il y a plus de monde à Paris qu'avant la mémorable époque. Le tableau des comestibles en fait foi. Quant à mes observations particulières, je vois beaucoup plus d'activité dans cette délicieuse cité. Les Tuileries, naguère désertes, sont devenues le centre d'un mouvement perpétuel. C'est la statue de Pygmalion animée par un rayon céleste. Tout a pris une face plus riante. Le brillant des uniformes, le bruit du tambour, la musique militaire, l'appareil guerrier, forment un contraste agréable avec les amours du Palais-Royal, avec les fêtes des boulevards, avec les représentations théâtrales. Jamais Paris n'a été peuplé d'autant de beaux hommes et de belles femmes ; grâce aux préceptes de l'auteur d'Émile. Il semble en vérité que la philosophie embellit, agrandit les corps et les âmes. Lisez ce que disait Sterne du physique et du moral des Parisiens, et voyez la génération actuelle. Cette différence saute aux yeux de tous les observateurs. Le sang est plus beau, le goût plus épuré, les esprits plus éclairés, les cœurs plus élevés, la raison plus cultivée, le corps plus exercé, plus robuste, l'âme plus forte, plus énergique ; et les mœurs sont moins relâchées, depuis que nos citoyens, moins polis et plus honnêtes, montent la garde et s'alignent avec le fusil sur l'épaule. Le maniement des armes écarte l'oisiveté, et l'amour de la liberté n'est pas moins funeste au libertinage qu'au despotisme.

Une constitution politique telle que la notre influera nécessairement sur la constitution physique et morale de l'espèce humaine. Je lis dans l'avenir comme si je le tenais dans la main. Et c'est en scrutant des causes puissantes et fécondes, que j'aperçois une série d'évènements heureux, un déroulement d'effets inévitables. Je m'érigerai en prophète de la régénération universelle, sans altérer la plus sévère logique. L'assemblée nationale de France est à mes yeux le noyau de l'assemblée vraiment œcuménique ; et les décrets de ce concile futur, présidé par le sens commun, feront évanouir à jamais tous les canons des conciliabules soi-disant universels. Croyez à mes prophéties ; car ce n'est pas le ciel qui m'inspire ; ma vaticination ne descend point du Vatican ténébreux, mais elle jaillit abondamment de la nature des choses.

Quoique la subversion des anciens principes fasse un nombre de mécontents, quoi que les gazetiers soudoyés vous racontent, ne pensez pas que notre position soit très effrayante. La majeure partie du clergé gagne à la révolution, ainsi que tous les non-catholiques, tous les créanciers de l'état toute l'armée dont la solde est augmentée, tous les cadets de famille, tous ceux et celles enfin qui gémissaient sous les lois tyranniques de la primogéniture et de la masculinité. Quels antagonistes la nation a-t-elle donc à redouter ? Est-ce une poignée de prélats, de seigneurs, de parlementaires, de pensionnaires, de maltôtiers, dont la voix impuissante et les pamphlets virulents doivent alarmer la république ? Quelques petits poètes, quelques faibles artistes éblouis des merveilles du règne de Louis XIV, s'imaginent que les beaux arts vont s'éclipser avec la splendeur du trône. Comme si les Grecs n'avaient pas fait fleurir les arts sous les auspices de la liberté ; comme si les Romains n'avaient pas été aussi habiles avant Auguste que sous Auguste ; et d'ailleurs Rome n'apprit la perte de sa liberté qu'à l'avènement de Tibère à la dictature perpétuelle. Les arts et les sciences fleurissent quelquefois sous le fardeau du despotisme ; mais c'est par secousses, par soubresauts. *Tel est notre bon plaisir*, dit le despote amateur des arts ; et, à son tour, le despote ennemi des arts dit : *tel est notre bon plaisir*. Ces intermittences nuisent essentiellement aux progrès des arts. Le mauvais goût, les caprices du monarque et des satrapes déshonorent, dégradent les talents des meilleurs artistes, des plus grands génies. Ce n'est plus la nature qui dicte ses lois dans les écoles ; ce sont de bas valets, des sots courtisans ; c'est un roi mal élevé, mal entouré : et personne n'ignore la contagion des manières émanées de la cour. Le comble du malheur, c'est quand le prince ou le vizir a des prétentions aux arts et aux lettres. La gloriole de Denis, de Néron, d'Adrien, précipita les bons poètes et les vrais philosophes dans l'exil, dans les carrières, dans des bains de sang. Il fallait trouver beaux des vers détestables, sous peine de disgrâce : il n'y avait de récompenses que pour la bassesse et la médiocrité. Il n'en est pas de même dans une république dont l'administration invariable donne le sceau de l'immortalité, de l'inamovibilité à tous les établissements publics. Les arts, toujours encouragés, toujours libres, jamais forcés, ni gâtés, ni interrompus, vont par conséquent briller de tout leur éclat à l'abri de notre constitution bienfaisante et pacifique. Les gens de lettres qui regrettent l'ancien régime, devraient se rappeler qu'un homme de mérite était le très humble serviteur d'un homme de naissance ; et que désormais le ci-devant privilégié sera trop heureux d'obtenir une place subalterne chez l'homme de mérite. L'ambassadeur en titre brillait dans les cours étrangères, et l'ambassadeur effectif recevait les commandements de son excellence ignorantissime[83].

[8383] Les lois subséquentes contre la noblesse achèveraient la ligne de démarcation entre la raison et les préjugés féodaux, si le blason croisé du temple de Jérusalem ne choquait pas nos yeux démocratiques dans le sein de la France. Le décret qui supprime les ordres de chevalerie ne semble pas beaucoup inquiéter les moines corsaires du rocher de Malte. Ces bons chrétiens espèrent en imposer à la nation ; ils comptent nous effrayer par des considérations politiques qui ont un grand poids dans les auberges de la religion, mais dont les hommes d'état se moquent en Europe. Nous ne serons plus citoyens français, disent-ils ; mais nous jouirons en France de nos bénéfices, en qualité de gentilshommes sujets d'une puissance étrangère. En admettant le principe des Maltais, il faudrait rendre au pape tout ce que nous lui avons ôté ; et si malheureusement un Empereur bigot, un émule de Charles-Quint, avait rendu indépendant le chef-lieu de chaque corporation religieuse, monastique, hospitalière, il faudrait maintenir ici toutes les bigarrures monacales, tous les votants imbéciles, tous les frères convers et frères lais. Vous verrez que la logique maltaise déterminera les Anglais à rendre au pontife du Vatican le denier de St. Pierre. La cour de Berlin s'empressera de prier l'ordre teutonique de récupérer au plus vite la Prusse orientale. Si l'assemblée nationale me consultait sur le chapitre des hospitaliers de Jérusalem, je lui prouverais qu'elle doit, en conscience, réintégrer le pape, les évêques, les chanoines, les moines dans leurs anciennes possessions, ou qu'elle doit, en conscience, tout ôter à la religion de Malte, sauf le *maximum* des titulaires actuels.

Je ne sais si l'on fait vœu d'ignorance à Malte ; mais les menaces des célibataires maltais n'en imposeront qu'aux patriotes ignorants. Écoutons-les patiemment : si vous prenez *nos biens*, si vous les déclarez nationaux, si vous prétendez que la noblesse réunie à Malte n'aura plus la collation des bénéfices de France, si vous ne voulez pas que les étrangers nobles, ou les nobles soi-disant étrangers, se nourrissent de vos récoltes, exhibent leurs parchemins, leurs armoiries, nous punirons votre audace, nous accepterons les offres de la Russie ou de l'Angleterre. – O Messieurs les religieux, la punition serait terrible ! *tant de fiel entre-t-il dans l'âme des dévots ?* Il n'y a qu'un petit inconvénient, c'est que l'Espagne, dont les intérêts sont communs avec les nôtres dans la Méditerranée comme dans les mers du Mexique et du Pérou, donnerait une correction paternelle à votre Grand Maître, qui la recevrait en toute humilité, à l'instar du roi des Deux-Siciles, qui s'avisa de prêter l'oreille aux propositions de Joseph II et de Catherine II. La cour de Madrid fit trembler celle de Naples, sans que la France daignât se mêler des intrigues d'une reine autrichienne et d'un ministre anti-gallican. Or la puissance sicilienne est quelque chose, et la puissance maltaise n'est rien. L'Espagne ne souffrira jamais que le port Mahon se transporte à Malte. Et depuis que la France possède l'île de Corse, et depuis que tous les ports de la Méditerranée sont ouverts aux Français, et depuis que le Musulman est notre frère comme le Chrétien et l'Hébreu, il nous serait fort indifférent qu'un rocher de plus ou de moins servît de relâche à nos vaisseaux. Périsse donc une association gothique et fanatique qui fomente une guerre éternelle entre la Croix et le Croissant. Et si le Divan de Constantinople s'imagine, selon le dire de M. Malouet, que Malte appartient à la France ; empressons-nous d'annoncer à la sublime Porte, que les Français n'ont plus rien de commun avec une caste sainte qui nous aliénait le cœur des braves Ottomans, nos fidèles alliés. Joignez à cette démarche les conseils de Peyssonnel, relativement à nos liaisons avec l'artificieux cabinet de Vienne, liaisons qui nous rendent suspects aux Turcs, et vous augmenterez votre prépondérance, et

M. Bitaubé, de Berlin, qui demeure actuellement à Paris, me parle souvent de vous, mon oncle, avec les plus justes éloges. Votre stoïcisme à la cour de Frédéric le Grand nous fournit des anecdotes qui augmentent la vénération des Français pour votre

vous doublerez votre commerce du Levant. La vente de nos starosties, soi-disant maltaise, produira plus de millions que la vente des starosties en Pologne.

La justice, la politique, la philosophie proscrivent unanimement la chevalerie religieuse. Et à la veille du conflit des peuples contre les rois, des opprimés contre les oppresseurs, des hommes contre les couronnes, des bons frères contre les grands cousins, il y aurait ineptie et contradiction de compter sur l'amitié d'une *puissance* monacale qui n'existe que par nous et à notre détriment. Il est juste que les biens ecclésiastiques ou nationaux, et les biens des émigrants rebelles concourent à la délivrance du monde. Les ressources des peuples sont inépuisables, et les moyens des tyrans sont bientôt épuisés. La fraternité sera plus puissante que le cousinage. Les frères sont trop vexés et trop nombreux pour ne pas mettre un petit nombre de mauvais cousins à la portion congrue.

Nous allons entreprendre une guerre qui aura tous les avantages de la guerre défensive, sans en avoir les inconvénients. Nous porterons nos armées au dehors, sans sortir de chez nous ; partout on nous recevra hospitalièrement. La famille s'étendra sans se transplanter. Les cohortes disciplinées du despotisme ne nous forceront jamais à livrer bataille ; car l'amitié des habitants nous laissera prendre nos positions et nos arrangements à notre fantaisie. La situation et la fermentation des états morcelés qui nous avoisinent sont très favorables à des plans de campagne défensifs. La France est une cité bloquée par les despotes. On nous ruinerait à la longue ; on couperait toute communication entre les frères du dedans et les frères du dehors, entre les hommes libres et les hommes que nous voulons délivrer, si des sorties brusques et formidables ne déjouaient pas soudain la tactique de nos ennemis astucieux. La France n'ayant plus ni provinces, ni généralités, ni seigneurs, ni vassaux, ni bourgeois, ni paysans, ni villes, ni villages [il est aussi inconstitutionnel de dire *la ville* de Paris, *la ville* de Bordeaux, *le village* d'Arcueil, *le village* de Clichy, que de dire *la province* de Bretagne, *la province* de Bourgogne, *le marquis* de Montesquiou, *le comte* de Beauharnais] ; la France nivelée en paisibles communes est devenu une cité fraternelle, la cité de *Philadelphie*, dont l'enceinte embrassera nécessairement tout l'univers, toute la famille antropique. L'unité nationale et souveraine sera exprimée par un seul mot : *Philadelphie*. Toutes les villes et les cours disparaitront à l'aspect imposant et consolant de *Philadelphie*. L'Europe, et l'Afrique, et l'Asie, et l'Amérique se donneront la main dans la cité vaste et heureuse de PHILADELPHIE. J'ai démontré géographiquement, politiquement, physiquement, moralement, que la commune de Paris sera le point de réunion, le fanal central de la communauté universelle.

personne. Je soupe tous les samedis avec M. de la Lande dans une maison où l'on s'occupe beaucoup de vous. Agréez les hommages de cette société choisie, et recevez mes vœux relativement au renouvellement de l'année ; car c'est avec les sentiments à vous connus que j'ai l'honneur d'être votre très dévoué neveu,

Anacharsis Cloots

… La République Universelle du Genre Humain

CHAPITRE DERNIER

Après avoir pesé les vérités fécondes dont le tableau rapide et frappant vient de fixer l'attention et de provoquer la médiation de mes lecteurs, on fera un retour sur soi-même ; on se dira : j'avais un dieu, faute de réflexion[84] ; je payais tribut au pape et au roi, faute de réflexion ;

---

[84] Le Dieu du peuple est costumé en soutane ou en froc : c'est un prêtre-roi ou un moine-roi. Les tyrans de la terre doivent leur couronne à ce dieu-démon. Faites disparaître la divinité de l'imagination des hommes, et vous détruirez, d'un seul coup, l'oppression sacerdotale et royale. Substituez le *Cosmos* incréé, au *Théos* créateur, et vous soulagerez votre entendement et votre patrie d'un double fardeau. La nature vivifiante est si aimable ; tout ce qu'elle renferme est éternel, impérissable comme elle. La nature ne gagne rien et ne perd rien. Le grand *tout* est parfait, malgré les défauts apparents ou relatifs de ses modifications. Nous ne mourrons jamais ; nous transmigrerons éternellement dans la reproduction infinie de tous les êtres qui se réchauffent dans le sein de la nature, et qui se nourrissent du lait de ses innombrables mamelles. Cette doctrine est plus gaie que celle du père de satan. Les dames s'en accommoderont comme nous. Cependant une femme célèbre qui rassemble chez elle l'élite des hommes d'esprit qui habitent Paris et visitent Paris ; une femme que Poniatowski regrette sur son trône sarmate, et que Henri regrette dans sa retraite triomphale, et que Gonzague préfère à sa principauté d'Italie ; cette dixième muse dont les banquets ressemblent à ceux des sages de la Grèce et à ceux des Romains Lélius et Atticus ; cette femme, comme on en trouve encore cinq ou six dans Paris, eut quelque peine à se défaire d'un triste fantôme. Avide de grandes choses, elle voulait garder à la fois et le *Théos* et le *Cosmos*. Il lui sembla d'abord que je ne mettais pas son immortalité à l'abri du néant, et que le monde serait *orphelin sans un dieu*. Mais je lui prouvai que sous un dieu la nature est esclave ; et ma mission s'étend sur la délivrance de tous les *souverains opprimés*. Un cosmopolite ne connait pas d'autre divinité que la souveraineté : les attributs de celle-là appartiennent à celle-ci. J'invite nos Milton à composer un poème sur la *nature reconquise :* ce sujet est plus riche et plus attrayant que les exploits des héros du *Paradis perdu*. Les tyrans encouragent les apologistes de l'oppression divine et humaine ; ils se mettent à la tête de leurs journalistes bien payés, parce qu'ils craignent de se mettre à la tête de leurs armées mal payées. Les *Boyer* de Mirepoix sont remplacés par les

et je suis convaincu, par la logique bien ou mal vêtue d'Anacharsis Cloots, que la pluralité nationale et souveraine est une hérésie politique d'où naissent mille calamités morales.

Les préjugés jettent de si profondes racines, que personne ne s'était pas même avisé de demander : *Pourquoi y a-t-il plus d'une nation ?* J'ai eu la hardiesse de présenter et de résoudre le problème, en accusant l'ignorance barbare de nos pères. La nature abhorre ce morcèlement dont nous sommes punis avec rigueur ; elle semble n'avoir donné à l'homme l'esprit de prosélytisme que pour rompre les barrières qui nous séparent. Un instinct aveugle dirige le bras ensanglanté des conquérants et la langue perfide des prêtres vers le but où la constitution française, la raison décrétée et sanctionnée nous mènera paisiblement, commodément, infailliblement. Il était réservé à notre siècle de naviguer dans l'atmosphère et de nous assurer du niveau des mers, et du nivellement de la *nation*, du *souverain*, du *genre humain*.

Cette dernière découverte, dont l'universalité est aussi indubitable que l'ascension universelle de la montgolfière, renversera plus d'erreurs en douze ans, que les pères de famille n'en accumulent sur la tête de leurs enfants depuis mille lustres. Il n'y a pas d'impôt plus lourd qu'une mauvaise éducation : présent funeste de l'avarice paternelle sous l'ancien régime, où les charges vénales des tribunaux et les charges serviles de la cour exigeaient une jeunesse insolemment rampante, et dont la morgue ridicule était assise sur des sacs d'écus souvent amassés usurairement. Les concussionnaires, les prêteurs à la petite semaine devenait *Messires* dans le secrétariat du *Sire* ; ils achetaient les *lettres royaux* pour MM. leurs nobles hoirs qui

---

Boyer de Nîmes. Un évêque de Danube force les Montesquieu de l'Autriche, s'il y en a, de cartonner leurs meilleurs ouvrages, leurs *lettres persanes*. N'importe avec le seul mot *Cosmos*, nous pulvériserons la théocratie ; et le moindre villageois réfutera cent volumes aristocratiques, avec une salière sur sa table ou une tabatière dans sa poche.

retrouvaient plus que leurs épices dans l'oubli de la justice, et dans les orgueilleuses jouissances d'un fat parvenu. Je compte beaucoup sur les fils ingrats ; leurs ingratitude fera de bons patriotes, de bons maris, de bons pères ; et ils n'auront jamais la bassesse de sacrifier un bon ami à un mauvais prétexte, un beau sentiment à de vilains calculs. Leur patriotisme ne sera pas aussi versatile que les évènements ; et la crainte puérile de partager le sort d'un patriote courageux, ne leur fera pas trahir lâchement, dans les moments difficiles, l'amitié la plus franche, la plus loyale, la plus généreuse. Droiture et probité, candeur et cordialité, seront les fruits d'une éducation influencée par un système qui n'admet pas d'autre noblesse, pas d'autre décoration que la vertu, toute puissante et toute charmante dans un état libre. Les âmes abjectes se trainent honteusement à la suite des préjugés ; les grandes âmes marchent honorablement au devant de la vérité. Soyons vrais, et nous ne craindrons ni la calomnie des méchants ni la prévention des sots. Le despotisme inquisitorial n'a jamais pu flétrir la mémoire des Coligni, des Galilée, des Bayle, des Rousseau, nonobstant une légion d'abbés Caveirac, et malgré l'apologie de l'inquisition par un autre stipendiaire *infame* que ma plume refuse de nommer pour la troisième fois. La vérité ne saurait être étouffée par le mensonge ; l'expérience de vingt siècles d'oppression en est la preuve. Et dans le cours de notre révolution, les hommes et les villes qui ont été le plus exposés aux noirceurs des aristocrates, sont précisément ceux qui ont le mieux mérité de la patrie. Un nouveau venu qui serait condamné à lire toutes les inepties des suppôts de la contre révolution, pourrait, sans autre donnée, graduer très exactement une liste patriotique : Paris et Mirabeau seraient à la tête de cette liste glorieuse. Les patriotes doivent s'honorer de la haine de nos *Torquemada* feuillistes.

Éclairons nos concitoyens, répandons la lumière à grands flots sur leur entendement ; mais n'allons pas jeter le manteau de la philosophie sur ces hommes faibles et méprisables qui regrettent le bonnet carré des parlements et des cathédrales, qui convoitent un baudrier au Louvre ou une place dans la garde-robe du roi. Ces petits hommes nouveaux et vils sont vieillis et courbés par le redressement de tous les abus qui rajeunissent une nation tyrannicide. Cette grande nation évitera, j'espère, les pièges qu'on lui tend de toute part, elle déjouera les manœuvres sourdes par les avertissements de ceux qui ne sont ni sourds, ni muets, ni aveugles.

Une question épineuse et alarmante réveillera souvent nos inquiétudes : *Que ferons-nous si le roi veut partir ?* La réponse des aristocrates et des démagogues est encore la même. *Donnez-lui un passeport : bon voyage !* L'ignorance démagogique et la politique aristocratique nous offrent toujours le même résultat. L'ambition stupide et l'ambition astucieuse font ménage ensemble. Les bons esprits, les vrais citoyens concevront qu'il est impossible que le roi veuille partir spontanément. Les suites de son départ se présentent d'une manière effrayante aux observateurs qui calculent l'idiotisme formidable, la superstition religieuse et royale d'une majorité de sots grossie par un nombre de fripons. Le roi est trop humain pour vouloir se baigner sans le sang d'un peuple idolâtre. Mais le roi pourrait être *enlevé*, et c'est sur l'hypothèse de son *enlèvement* que nous devons poser l'état de la question.

Une longue conspiration nous environne ; le lacet qu'on jette aux patriotes se resserre chaque jour. Nous serons étranglés, si la corde fatale n'est pas coupée ou dénouée au plus tôt. Mais comment la couper ? Je me garderai bien de le dire. Il ne m'est permis, grâce aux préjugés et aux convenances, que de chercher à défaire le nœud coulant. On remarque une altération sensible sur le visage du roi et de la reine ; il y a des mouvements et des chuchoteries à la cour et à la ville, qui indiquent des évènements sinistres. Louis XVI n'est plus le même homme, ou, pour mieux dire, il est toujours le même homme. Le serment du 14 janvier est désespérant pour tous les factieux de la France et de l'Europe, pour toute la famille royale européenne : il console tous les peuples, il désole tous les rois. Ce serment seul ferait écrouler les murailles féodales dans la guerre nécessaire que nous allons entreprendre, soit avec le canon, soit avec nos missions. Les apôtres d'un Essénien se vantaient de la folie de la croix ; eh bien, nous prêcherons la folie de la constitution ; et notre propagande sera plus rapide que celle des Nazaréens. La chaleur patriotique fondra les couronnes d'or et les sceptres de fer jusques sur les glaçons de la mer Hyperboréenne. Mais soyons prudents et vigilants ; car les révolutions ne tiennent qu'à un fil. Le machiavélisme est la providence des oppresseurs et des opprimés : nous la congédierons lorsque tous les membres du souverain seront libres. Notre sort peut dépendre d'un voyage de quinze heures. Des intrigants et des courriers s'introduisent dans l'arrière-cabinet des Tuileries, pendant qu'on excite la tourbe au pillage des magasins, à l'incendie des prisons. Courage, prince infortuné, roi impuissant d'une république puissante ; partez, venez avec nous, il y va de votre vie et de votre honneur. Sauvez-vous, et vous sauverez les trônes et les autels, vous serez le bienfaiteur des peuples abusés. Les abîmes de la démocratie universelle nous engloutiront, si vous ne prolongez pas votre promenade à cheval jusqu'à l'extrême frontière. Craignez-vous les malencontreux de Varennes ? Voici un autre moyen. Les parisiens sont ameutés ; la cherté des marchandises avilit à leurs yeux le prix de la liberté. Vos jours sont en danger, partez ventre à terre pour l'armée dont vous êtes le chef suprême : des chevaux de relais et des nobles de rechange sont postés dans les bois. La reine et le dauphin attendront votre retour en pleurant beaucoup. Ils ne courront aucun risque ; car les *cordeliers* font accroire au peuple que l'absence du roi serait un grand bien. L'idolâtrie du soldat sera exaltée par votre présence, par votre popularité, par votre civisme, par vos largesses, et par des pamphlets et des bruits calomnieux contre les faubourgs de la capitale et contre les Calvinistes du royaume. Les fruits salutaires de cette équipée chevaleresque sont inappréciables. Il y a cent à parier contre un, que la bonne cause, la cause des rois et des reines, des nobles et des prélats, des traitants et des traités, triompherait de l'insolence des souverains en sabots. Peu s'en est fallu que de légers changements dans la discipline ecclésiastique n'aient renversé la constitution ; jugez combien la superstition royale agirait efficacement sur l'esprit des Français éloignés de Paris par les distances locales et mentales. La guerre extérieure, l'embrasement de l'Europe serait impossible, et la guerre civile ne serait pas longue. Le congrès, les proscriptions, les assassins et le bourreau achèveraient la besogne. Vous retournerez à Versailles en maître absolu, soit que vous commandiez tout seul, soit qu'une chambre haute à l'anglaise vous rende l'arbitre perpétuel des destinées d'un peuple subjugué. C'est alors que le voisinage de la France ne sera plus un objet d'inquiétude pour les trônes despotiques et les sénats aristocratiques. Courage, Sire, un déplacement combinée avec sagesse, sauvera la pourpre des rois et l'hermine des magistrats, le blason des chevaliers et la mitre des pontifes. Profitez du délire des démagogues, dont les raisonnements et les menées vont droit au devant de nos projets. Égarés par de fausses lueurs dans les détours d'une politique trop savante pour des novices, leur parti est en horreur ; d'autant plus que des aristocrates peureux ont pris leur attache dès le commencement de la révolution, pour éviter le pillage et d'autres accidents. Le masque de la démagogie couvre le visage de plusieurs financiers, et robins, et gentilshommes. Il est hors de doute que la conduite absurde des *bis-révolutionnaire* ne disposât les esprits à préférer un général Munck à un général Mazanielli, une chambre des pairs à une chambre des *cordeliers*. Les meilleurs citoyens se verraient dans la nécessité de suivre le torrent de l'idolâtrie royale. Sire, partez promptement, et vous reviendrez heureusement. Votre majesté profitera de la bonhomie des uns, de la suffisance des autres, de la pénurie de ceux-ci, de l'avarice de ceux-là, de l'impolitique de tous. Sortez des Tuileries, et partout où vous résiderez, là sera un temple où l'or et les pèlerins abonderont par millions. Vous avez dans vos mains deux armes qui ne s'émousseront pas de sitôt : la pitié populaire et la piété populaire. Vainement la faction dominante voudrait-elle prouver aux Français que vous n'êtes plus leur maitre ; le sentiment naturel, un noble instinct leur dit qu'ils sont vos sujets.

Il est probable qu'on tient journellement de pareils discours au roi dans les boudoirs du château : il est certain que les démagogues, en souhaitant un bon voyage au roi, donnent prise sur nous. La plupart des mécontents ont la sottise de croire que notre révolution est un bal masqué ; mais le peuple ne se masque point dans une affaire sérieuse, dans une transaction régénératrice. Nos démagogues s'imaginent qu'en se cachant derrière une cocarde, comme les autruches derrière un arbre, ils ne seront pas reconnus. Des loups déguisés en agneaux s'introduisent dans la bergerie, des ennemis implacables de la liberté s'introduisent dans la société des amis de la constitution : chaque scrutin épuratoire en expulse quelques-uns de notre sein. Voyez-vous celui qui se démène avec tant de chaleur ? C'est un agent de Coblentz ; les émigrants de son département ont dépensé cent mille livres pour le faire nommer député à la législature ; mais les électeurs eurent de meilleurs renseignements que nos jacobins. Il y aurait de quoi faire une galerie très plaisante de tous les visages masqués qui se glissent, qui furètent parmi les francs patriotes. Il n'y a pas jusqu'à de petits êtres obscurs et nuls qui ne jouent leur petit rôle dans leur sphère étroite. Je ne dirai pas voyez un tel, car il est imperceptible ; car les ténèbres couvrent l'ignominie de ce digne fils d'Harpagon, de ce puant reptile sans cœur et sans caractère : ce petit *Monsieur* bourdonne contre toutes les autorités établies ; ce bon patriote déteste les hommes et les choses du nouveau régime ; il méprise les juges élus parce qu'il regrette les juges vénaux ; il s'acharne contre le roi de la nation, parce qu'il regrette le roi des privilégiés. Ce pauvre hère prétend ne pas être *aristocrate* ; car il avait déchiré la robe d'une cour subalterne, pour se revêtir, *au milieu de la révolution*, d'une robe parlementaire. Tous ceux qui auront vu de près ces plats personnages, ces vils déclamateurs, mépriseront avec moi les démagogues et la démagogie. Un vrai citoyen indique des moyens constitutionnels et raisonnables pour perfectionner la constitution. Un faux citoyen réclame l'anarchie, en indiquant des moyens compliqués, contradictoire, impraticables, sous le voile du bien public. Je scrute et dénonce des cœurs doubles et gangrenés ; mais que ceux-là, dont la conscience n'est pas nette, et qui tremblent d'être nommés ici se rassurent. Je sais garder le secret des imprudents : je ne trahirai pas même les *demi-confidences* des traitres. C'est au peuple à se préserver du venin de l'hypocrisie, de la duplicité des fourbes. Une clef ébauchée suffit au signalement des amis intimes de Coblentz, amis apparents du peuple.

Deux factions circonviennent le roi ; on a la méchanceté de lui conseiller aussi de se faire arrêter tout exprès aux portes de son palais, pour donner lieu à des propos inciviques, pour éloigner la paix intérieure, pour nous tenir dans une fermentation ruineuse, dans une désorganisation morbifique. Est-il surprenant après cela que Louis XVI, mal entouré et mal éclairé, fasse des réflexions noires ? Il ne faut pas tenter Dieu ! un voyage très innocent de quinze heures ébranlerait ou renverserait la constitution. Mais qu'on y prenne garde, tout est permis dans un bouleversement universel. Le gros bon sens de quelque rustre patriote pourrait arrêter la course royale, l'*enlèvement* du roi : et le quidam vit encore, qui cria : *Vous êtes un traitre, M. Flesselles.*

Apprenons aux citoyens candides qui ne sentiraient pas l'importance de ce voyage, que la maxime, *faites le contraire de ce que l'ennemi désire*, est pleinement applicable ici. En effet, j'aimerai autant qu'on me lut ma sentence de mort, que d'apprendre demain au matin ou au soir, que le roi est parti, n'importe pour où et comment. J'admire l'incurie de l'assemblée nationale, qui ne s'aperçoit pas qu'elle a la corde au cou, et que les deux bouts en sont tirés par les aristocrates et les démagogues. Le sénat romain qui laissait dormir les lois dans les instants de crise, pour revêtir un seul homme de l'autorité dictatoriale ; ce sénat ne se fût pas contenté du rétablissement des passeports, il aurait donné à notre roi une garde citoyenne pour veiller nuit et jour à ce qu'aucun détriment n'arrivât à sa personne sacrée.

Tant que la France sera couronnée et avoisinée, nous éprouverons des intermittences fiévreuses. On a dit que la machine marcherait régulièrement dès que le ministère le voudrait : erreur. La confiance ne saurait exister dans aucune section de l'empire, tant que l'épouvantail de la dynastie royale et de la liste civile fera suspecter et abhorrer les commissaires, les subdélégués, les agents du pouvoir exécutif. Toutes les autorités publiques, toutes les réputations individuelles seront soupçonnées et compromises par une inquiétude générale. Les derniers troubles de Caen, au sujet de l'installation d'un tribunal, font répéter aux ministériels qu'il faut hisser plus haut la pondérance du roi. Comme si de nouveaux motifs de méfiance dissiperaient les alarmes du peuple ! Les ministériels ressemblent aux inquisiteurs d'Espagne, qui, pour étouffer les querelles religieuses, augmentent le foyer des bûchers, au lieu d'augmenter le foyer des lumières. Le pouvoir exécutif sera flottant entre l'assemblée nationale et les communes, jusqu'à ce que nous ayons dissipé les erreurs populaires. Ces erreurs appuient le trône des Capets et le tabernacle des christocoles. Ce n'est pas, je le répète, ni le roi, ni ses entours qui sont la cause première de nos tiraillements, c'est l'erreur. On peut appliquer au prestige royal ce que Voltaire dit des prêtres : *Notre crédulité fait toute leur science.* Dissipons l'erreur, et les causes secondaires de nos maux politiques fléchiront sous la vigueur de nos décrets philosophiques. La raison détruira la religion. Un citoyen élu remplacera un roi héréditaire. C'est alors que le pouvoir exécutif ira tout seul. L'aristocratie et la démagogie mourront d'inanition. Nos contempteurs ne croiront plus qu'il est avec la France des *accommodements*, comme avec le ciel. En attendant, veillons, multiplions la classe des êtres pensants ; et que l'exemple de notre sagesse grossisse le nombre de nos adhérents chez les peuples asservis. Un peuple dans l'ignorance est un peuple dans l'enfance : or les enfants sont esclaves et méchants, et indignes de la liberté. La cruauté des enfants est aussi active que celle des sauvages et des brutes. S'il n'y avait pas d'hommes faits, les enfant s'entremangeraient le blanc des yeux ; ils exerceraient les plus horribles mutilations les uns sur les autres. L'âge de l'innocence ou de la sagesse ne fut jamais l'âge de l'ignorance et des illusions. Moins la raison est développée, plus les passions sont déchainées. En améliorant l'éducation, nous améliorerons la nation. C'est après ces préliminaires indispensables que nous saurons apprécier un jour à leur juste valeur, et les prêtres qui prêchent la royauté, et les rois qui protègent le sacerdoce. Il faut nous résoudre à des ajournements dispendieux, tant que le manant ne pourra voir le monde qu'à travers l'optique de son curé. Philosophes, vous m'entendez, redoublons de zèle ; nous avons pour nous la nature, le bon sens, le bonheur, la vérité. Soyons plus adroits que nos ennemis, et nous vaincrons toutes les difficultés. Profitons de la maladresse d'un Calonne qui fait dire aux princes émigrés, dans un manifeste répandu avec profusion, que leur cause est celle du pape et de l'église ; que c'est pour la prospérité du papisme et de ses horreurs qu'ils prennent les armes contre la nation française. Ce manifeste intense lie notre cause à celle de tous les religionnaires et de tous les philosophes de l'univers ; il rappelle aux nombreux protestants et au hébreux opulents, les boucheries du seizième siècle ; il nous promet des succès plus rapides et plus étendus que ceux de la réformation luthérienne et calvinienne. Hommes libres ! n'épargnons pas l'élévation des fanaux ; menons notre barque prudemment, et nous ne craindrons ni la barque de St. Pierre, ni les flottes et les armées d'une *prétendue* ligue offensive ; *prétendue*, dis-je, en supposant que Louis XVI restât à Paris.

Le *manifeste* capucinal dicté par des hypocrites avérés, confirme que la religion sert toujours de voile aux voleurs publics et domestiques. Combien de larcins privés se font journellement sous le déguisement de la religion ! C'est bien mériter de la patrie que d'attaquer les dieux et les rois. Un bon ouvrage contre ces deux fléaux ne saurait être payé trop cher par la reconnaissance des citoyens. Et les évêques Fauchet se couvrent de honte, en servant la cause de Coblentz, avec la bouche de Judas derrière l'image de la *Vera Icon*. Si ce prêtre évangilomane est de bonne foi, qu'il réponde à nos objections, avant de condamner ou de brûler nos livres. J'espère que sous peu d'années on mettra les fondements de la religion à l'ordre du jour dans l'assemblée nationale. Une mûre délibération, après plusieurs rapports de différents comités, désabusera solennellement le peuple de la duperie religieuse. Il ne faudrait pas deux mois pour familiariser le public avec une matière beaucoup moins abstraite que celle des assignats, ou de toute autre proposition constitutionnelle. Les débats sur cette mystification ruineuse mettraient bien vite hors de combat les Fauchet et les Maury. Le peuple prendrait un intérêt d'autant plus vif à cette discussion, qu'il est vilainement la dupe du tripotage sacerdotal. Les banques de l'académie sont des coupe-gorges plus honnêtes que les banques scandaleuses de la fourberie ecclésiastique. On ne trouve pas toujours des dés pipés au tripot ; mais il est sûr que tous les dés sont pipés à l'église. Que Maury et Calonne nous les offrent, c'est une ruse de guerre ; mais des patriotes, des amis de la cité ! Cabire Fauchet, j'ignore si tu recommandes ton âme à Dieu ; mais certainement tu ne la recommandes pas à la raison et à la postérité. Voulez-vous déchristianiser la nation ? Continuez à prêcher l'évangile. Voulez-vous perdre la France ? Continuez à vous ravaler au niveau de ces méprisables roquets qui aboient journellement contre les hommes d'état, et dont les plates calomnies accoutument le peuple à ne plus écouter les inculpations sérieuses contre tel ou tel ministre prévaricateur, et à ne plus aimer le ministre probe que la cour voudrait perdre dans l'opinion publique. Fauchet, élevez-vous à la hauteur de vos talents ; méritez la haine des fangeux démagogues et des monstrueux aristocrates. Votre cœur souhaite à tous les hommes la *bonne jouissance* et la *suffisante vie*. Abjurez donc les erreurs de votre esprit ; renoncez donc à des systèmes antipolitiques qui révoltent tous les propriétaires, et qui, en désorganisant la France, nourrissent l'espoir de nos ennemis. La propriété est la base de tout régime social ; quiconque y porte atteinte aura contre lui tous ceux qui possèdent ; et la majorité de ceux qui ne possèdent pas. Étudiez le mécanisme des sociétés, et vous verrez que la multitude n'a ni la volonté, ni la force de partager l'héritage des familles. Les rêveries agro-anarchiques ne font pas d'autre mal que d'alarmer la nombreuse famille des sots. Cela nuit à la cause du genre humain, en donnant un large canevas aux exagérations démophagiques ; exagération suffisamment réfutées par l'histoire de notre révolution, où nous avons vu dans les crises majeures, le pauvre, avec sa pique, monter la garde et faire la patrouille pour préserver les riches de l'incendie et du brigandage. Le malheur du jour, c'est cette nuée d'écrivailleurs nés d'hier à la science profonde des publicistes : ces animaux ressemblent aux sauterelles d'Égypte, qui, le lendemain de leur naissance, dévorent les moissons, et qui, le lendemain de leur mort, empestent le rivage. Ces scribes immondes noircissent toujours du papier, et n'éclaircissent jamais une question. Leur style lâche et diffus, incolore et monotone, sans sel et sans fin, leur ritournelle insignifiante et perpétuelle, ferait croire qu'ils sont le ver solitaire dans la tête. Fauchet, votre génie vous appelle à d'autres destinées : vous avez des talents rares ; mais la science statistique vous manque. Dix années d'études profondes suffisent à peine pour saisir les nombreuses ramifications et le vaste ensemble de la statistique. Qu'est-ce qu'un démagogue ? C'est, ou un aristocrate popularisé, ou un champion maladroit et faible de la liberté.

Pour en revenir au *manifeste* de Coblentz, les errans d'outre-Rhin nous menacent de saccager nos habitations, de violer nos femmes, d'exterminer tout le monde. Et remarquez qu'ils comptent sur la discipline des armées allemandes. Or une armée pillarde qui se gorge de vin et de viande, qui s'énerve dans la crapule, qui se débande pour se charger de butin et pour conserver son butin ; cette troupe ne connait plus ni discipline, ni tactique. Nous en aurions d'autant meilleur marché, que la vengeance doublerait notre vigueur et nos combattants. L'ennemi nous rendrait par là un grand service ; car la perfidie des bons procédés pourrait séduire les simples, au lieu que les atrocités d'un général Bourgoyne font tomber les meilleures armées de ligne sous les fourches caudines d'une milice levée à la hâte. Et comme nous ferons une guerre de position en combattant pour le genre humain, il est probable que le phénomène prévu ou redouté par Frédéric le Grand ne s'effectuât dans cette guerre des affranchis contre les oppresseurs. Frédéric, consterné de la bonne intelligence qui régnait souvent entre les troupes légères des parties belligérantes, témoin lui-même d'un festin nocturne que se donnait mutuellement, dans une forêt, nombre de soldats prussiens et autrichiens, qui, pendant une canonnade très vive, étaient convenus entre eux de se rendre prisonniers au parti vainqueur ; le monarque philosophe dit à son aide-de-camp : *Ah ! mon ami, que deviendraient les rois si cette manie amicale prenait à toute une armée royale ou impériale ?* Je demanderai donc à Léopold et à Frédéric-Guillaume, si une innombrable armée nationale manquera de sagesse et de moyens pour fraterniser avec leurs tristes satellites à cinq sous et à cinquante coups de bâtons par jour[85].

---

[85] La propagande du genre humain emploiera utilement les vivandiers et les fripiers, dont les hordes indépendantes et nomades entretiennent l'abondance dans les camps, et dont la correspondance avec tous les partis répandra la vérité avec la liberté, sous les tentes des soldats-gladiateurs. Les vivandiers anobliront leur état, en apprenant aux paysans enrégimentés par la force, qu'il s'agit ici de

Nos travailleurs contre-révolutionnaires prétendent avoir les meilleures intentions du monde ; car, disent-ils, une nation ne saurait être heureuse sans une noblesse. Le bonheur de la France est inséparable du rétablissement de la caste nobiliaire et de tout ce qui s'ensuit. Ces messieurs nous feraient grâce de la contre-révolution, si nous pouvions citer dans l'histoire l'exemple d'une monarchie sans noblesse. Je ne jouerai pas sur le mot *monarchie*, je ne passerai pas en revue les gouvernements anciens et modernes, pour réfuter complètement les *gens de livrée*. La Pologne nous offre aujourd'hui, sous une dénomination différente, une nation homogène, ou du moins qui s'achemine vers l'homogénéité. Les citoyens actifs y sont appelés *nobles* ; il y a des citoyens momentanément non actifs, comme chez nous ; et des *Ilotes*, comme chez les Spartiates et chez les Français des Antilles. Les conditions pour devenir *citoyen actif* ou *noble polonais*, sont si faciles, si multipliées, que nous différons avec eux plutôt par les circonstances que par les principes, plutôt par les gradations provisoires que par les bases constitutionnelles.

---

la lutte des roturiers contre les nobles, du peuple contre les tyrans, du souverain contre les rebelles.

Nous trouverons encore de puissants auxiliaires, de fervents apôtres dans les tribus judaïque, qui regardent la France comme une seconde Palestine. Nos concitoyens circoncis nous bénissent dans toutes les synagogues de la captivité. Le juif avili dans le reste du monde, est devenu citoyen français, citoyen du monde, par nos décrets philosophiques. Cette fraternisation alarme beaucoup les princes allemands ; d'autant plus que la guerre ne saurait ni commencer ni durer en Allemagne, sans l'activité, l'intelligence, l'économie et le numéraire des juifs. Les magasins, les munitions de toute espèce sont fournis par les capitalistes hébreux, et tous les agents subalternes de l'approvisionnement militaire sont de la même nation. Il ne faudra que s'entendre avec nos frères les rabbins, pour produire des effets étonnants, miraculeux. J'ai reçu à cet égard des réponses infiniment satisfaisantes de mes commettants du Nord. La cause des tyrans est tellement désespérée, que les aliments les plus sains se changent pour eux en poison subtil. On accusa les juifs, dans les siècles de ténèbres, d'empoisonner les sources ou les puits ; et voici que dans notre siècle lumineux, les juifs, en fournissant des viandes pures, aideront l'humanité à exterminer la tyrannie. Nous détruirons les oppresseurs, en faisant avaler aux hommes le poison de la vérité.

L'ignorance de la multitude et la malveillance de la minorité chez les deux peuples, forcent le législateur à poser des pierres d'attente. Nos mécontents seraient-ils satisfaits si nous désignions les citoyens actifs de France par le mot avili de *noblesse française* ? Serait-ce pour une vaine dénomination que les conspirateurs voudraient ensanglanter vingt-sept mille lieues d'un pays fertile et riche ? Non, Français les scélérats veulent s'approprier le prix de nos sueurs, la dîme de vos moissons et de vos vendanges ; ils convoitent le revenant bon de la fiscalité, de la vénalité, de la féodalité. Ces hommes incapables de mériter le salaire d'une nation, seront dignes des prodigalités d'un despote. La France et la Pologne arriveront par des routes opposées au terme invariable où tendront incessamment toutes les fractions de l'espèce humaine. J'ai dit aux Polonais : *Vous avez élevé le peule au rang de la noblesse ; et nous avons élevé la noblesse à la dignité du peuple.* Cette heureuse tendance des hommes de tout climat, pour trouver, par des moyens différents, le niveau commun de la nature, nous annonce l'approche du nivellement final : la souveraineté universelle, la nation unique, le PEUPLE HUMAIN.

ERRATA

Quant aux fautes non matérielles, je prie mes lecteurs spirituels et judicieux d'en faire la plus scrupuleuse perquisition. S'il fallait juger de la bonté d'un système par les mauvaises raisons, par les brusqueries aristocratiques et académiques qu'il éprouverait, je devrais être assuré de la bonté du mien, dont les premiers développements se trouvent dans ma *Dépêche à Hertzberg*. Je sens que mon *Utopie* est autant au-dessus du verbiage de la défunte académie française, que les élans du génie sont au-dessus des bassesses d'un courtisan, et que les pensées sublimes sont au-dessus qui regrettent plus leur argent perdu par la révolution, que leur talent perdu par la vieillesse ou la débauche. Et tel poète ou prosateur que l'on croirait modeste, parce qu'il avoue ne pas connaitre l'*univers*, est tellement ignorant en politique, que la France, sous ses rapports externes, lui est aussi inconnue que les terres australes ou le jardin d'Eden. Savez-vous en quoi un pygmée académicien diffère d'un pygmée naturel ? C'est que celui-ci prend tous les hommes pour des patagons, et que celui-là se croit un géant dans l'île de Liliput. Ces folles prétentions étaient patentés sous l'ancien régime, elles sont timbrées sous le nouveau. Le tribunal de la raison n'existait pas. Malheur au philosophe, qui, fort de sa logique, aurait dédaigné les sophisme et bravé l'insolence d'un protégé. L'intrigue et le charlatanisme élevaient un nain sur le piédestal d'Hercule et de Plutus ; l'impudence tenait lieu de vrai mérite. Et comme l'habitude est une seconde nature, il est comique de se rencontrer en société avec ces importants qui se disent voués à la constitution, tout en se lamentant de leur chute, et en gardant le mauvais ton, la morgue hautaine qui les faisait haïr autrefois et honnir aujourd'hui. Adresserai-je mes pensées, mes conceptions philosophiques aux lecteurs de cette espèce ? Non, j'invoque le jugement des penseurs qui aiment leur prochain au moins autant que leur cassette ; des penseurs qui chargeront toutes les marges de mon livre de notes ingénieuses. Il n'y a pas une seule de mes pages que je n'eusse pu décupler si j'écrivais pour des lecteurs irréfléchis, superficiels. C'est au lecteur à faire de gros volumes ; un auteur doit en fournir la matière.

C'est en lisant dans le passé qu'on lit dans l'avenir. Si la géographie et la chronologie sont les yeux de l'histoire, la philosophie en est l'âme, et la politique en est le produit. Se disputer avec des ignorants ou avec des historiens non philosophes, c'est repousser et pourfendre les escadrons du poème épique des Anglais : la chimère taillée en pièces revient à la charge, saine et sauve. J'appuie mes arguments sur des faits et sur le cœur humain. Les sophistes qui, confondant une insurrection avec une constitution, prétendent que tel ou tel peuple n'est pas assez éclairé ou assez vexé pour secouer le joug, je leur citerai deux exemples, dont le contraste est décisif. La nouvelle Angleterre n'était pas malheureuse, et une taxe légère sur le thé, sur une plante exotique de pur agrément, lui fit hasarder une guerre longue et ruineuse. L'Amérique française vient d'être dévastée par une multitude excessivement misérable et stupide. Répondez, critiques ; voilà des faits récents. Nierez-vous les étonnantes jacqueries de la France, de l'Allemagne, de la Pologne, de la Moscovie, de la Hongrie, de l'Italie ?

Les révolutions de Naples, de la Sicile, du Portugal, de la Catalogne, des Pays-Bas et des Pays-Hauts, que vous appellerez des révoltes, des brigandages, des rebellions, n'en feront pas moins trembler les tyrans ; car les mots et les épithètes ne changent pas la nature des choses. Nos voisins opprimés savent que la France est libre, et que nos lumières achèveront ce que leurs bras auront commencé. L'homme est le plus fier des animaux ; et partout où il y a un insolent qui traite les hommes de ses *sujets*, vous pouvez compter qu'il y aura tôt ou tard une insurrection.

Ni les flots du Pactole, ni la corne d'abondance, ni la roue d'Ixion, ni la caverne de Poliphème ne préserveront les usurpateurs du sort funeste qui les attend. Selon eux, *un roi sans sujets* est une cheville en vers et en prose, qui ne rimera jamais à rien de raisonnable. Et que nous importe, pourvu que cette cheville ne prenne pas racine sous les fondements de la constitution, et que le miracle du bâton blanc de *la vie des saints* n'endommage pas nos murailles et n'étouffe pas la liberté sous l'arbre de la mort, sous le mancenillier royal ?

Plus on approfondira mon système, plus on en trouvera les bases solides et les proportions harmonieuses. Les examinateurs équitables qui manqueraient de justesse d'esprit ou d'étendue dans les idées, conviendraient néanmoins que j'ai enrichi le monde idéal d'un arbre qui portera des fruits restaurants : ils diront qu'au défaut de la pierre philosophale, j'ai, chemin faisant, fait quelque bonne découverte. Mais les pédants de collège, qui circonscrivent l'*univers* dans les limites d'une *universalité*, et dont l'esprit de corps franchit à peine le cercle de quarante éplucheurs de mots, ces gens-là, nonobstant la destruction récente des corps monastiques, des corps héraldiques, des corps de métiers, des corps parlementaires, des corps provinciaux, ne croiront jamais à la destruction de la plus nuisible des corporations, les corps nationaux. Ils n'auraient pas cru à la rotation de la terre, s'ils avaient vécu du temps de Copernic. Ces hommes arriérés, qui ne connaissent pas l'*univers*, ressemblent aux Romains dégénérés, qui n'apprirent l'existence des nations barbares qu'au moment où un démembrement universel noya Rome dans le sang du genre humain. À les entendre, ne dirait-on pas que les peuples qui déchirent le globe sont étrangers entre eux, comme les centaures de la fable et les acéphales du menteur St. Augustin ? Montrez-moi un peuple qui n'a pas les mêmes organes que vous et je m'avoue vaincu. La ligne de démarcation serait irrévocablement tracée par la nature, si l'Africain disgracié n'avait que quatre sens, et que les Asiatiques fortunés en eussent sept, pendant que les Américains en auraient deux. Je m'avouerais vaincu, si les plages lointaines cessaient d'être rapprochées par la navigation, faute de vent pour enfler les voiles, ou faute de bois qui flottât sur les eaux. Ce n'est qu'en suspendant les lois éternelles, c'est en faisant écrouler la nature, qu'on disposera les dix mille députés d'un milliard de compatriotes. L'assemblée imposante de 400 mille votants aux comices de Rome, aurait saisi mon système avec enthousiasme ; et l'amour de la gloire, la passion de l'agrandissement eût dirigé ses armées victorieuses, non pas pour l'asservissement, mais pour la délivrance du monde. Tous les hommes aiment la gloire, tous veulent être heureux, et le moins connu des mortels hasarde sa vie, parce qu'il attache sur tout un grand prix à l'opinion de sa chambrée. L'amour-propre inspire l'esprit de corps ; et c'est en fondant toutes les corporations politiques dans une seule, c'est en étendant l'esprit de corps sur toute la circonférence de notre planète, que la discorde perpétuelle fera place à la concorde inaltérable. Le temple de la paix aura les mêmes dimensions et la même durée que le monde.

Bons esprits, hommes de mon siècle, et vous tous que voulez devenir mes contemporains, lisez attentivement ; et si, après une première lecture, vous n'êtes pas convaincus, relisez-moi une seconde fois. Citoyens, j'en suis encore à chercher une seule objection spécieuse contre la *République universelle.*

ANACHARSIS CLOOTS

Au chef-lieu du Globe, février de l'an quatre

BASES CONSTITUTIONNELLES DE LA RÉPUBLIQUE DU GENRE HUMAIN

Par Anacharsis Cloots, membre de la Convention nationale

1793, l'an II de la République une et indivisible

Page 28, paragraphe XLIII ; Réflexions politiques sur les circonstances présentes ; par J. P. Rabaut (Saint-Étienne).

« Il a paru en France un de ces hommes qui savent s'élancer du présent dans l'avenir : il annonce que le temps viendrait où tous les peuples n'en feraient plus qu'un, et où les haines nationales finiraient ; il a prédit la république des hommes et la nation unique ; il s'est fièrement appelé l'orateur du genre humain, et a dit que tous les peuples de la terre étaient ses commettants ; il a prévu que la déclaration des droits, passée d'Amérique en France, serait un jour la théologie sociale des hommes et la morale des familles humaines, vulgairement appelées nations. Il était Prussien et noble, et il s'est fait homme. Quelques-uns lui ont dit qu'il était un visionnaire ; il a répondu par ces paroles d'un écrivain philosophe : *On ferait un volume de fausses maximes accréditées dans le monde ; on y vit sur un petit fonds de principes dont fort peu de gens se sont avisés de reculer les bornes. Quelqu'un ose-t-il prendre l'essor et voir au-delà ; il effraie, c'est un esprit dangereux ; c'en est tout au moins un bizarre.* »

AVANT-PROPOS

J'élèverai un monument impérissable dont les inscriptions seront des hiéroglyphes pour les barbares. La *sans-culotterie* me comprendra parfaitement ; la *culotterie* ne voudra pas me comprendre. Quoique la convention nationale ne soit pas à la hauteur de sa mission, néanmoins un grand nombre de mes collègues embrassent ma doctrine : or il ne faut que douze apôtres pour aller fort loin dans ce monde. J'ai le malheur de ne pas être de mon siècle ; je suis un fou à côté de nos prétendus sages. Emmanuel Sieyes, avec son *tiers-état*, n'aurait pas joué un plus sot rôle dans un *lit-de-justice* à Versailles, que moi avec mon *genre humain* parmi nos *hommes d'état*. Au moins à la cour de Versailles n'était-on pas inconséquent ; on ne s'y piquait pas de professer la vérité, d'établir la liberté et l'égalité sur les *droits de l'homme* ; on n'y reconnaissait que le *droit français*. Et moi qui fonde ma constitution sur la *déclaration des droits universels*, je rencontre des Français d'autrefois, des Huns et des Goths, des *grands enfants* dans le sein d'une assemblée qui invoque les *droits de l'homme*.

Certes, si tous les *Français*, étaient à Coblence ou en Guyane, la brave *sans-culotterie* de nos quatre-vingt-six ou sept départements mettrait à bas tous les tyrans de l'Europe. La tyrannie n'a pas d'auxiliaire plus robuste que le mensonge ; et sans la sagesse du peuple, on ne se contenterait pas de me rire au nez comme à Copernic, mais on me persécuterait corporellement comme Galilée et Jean Jacques. Je me venge avec mon franc-parler, et je me moque des moqueurs. *Le système d'Anacharsis Cloots est la meilleure apologie de la révolution française*, a dit qu'un penseur Anglais : et des Français *non émigrés* me jettent la pierre ! Je nargue les mêmes puissances qui voulurent empêcher l'assemblée constituante de faire la *déclaration* des droits de l'homme. En effet, ces *droits* là ne s'accordent guère avec la politique des scélérats qui tiennent leur couronne de *Dieu et de leur épée.* La propagande m'occupe religieusement ; je varie mes sermons sous toutes les combinaisons imaginables, et j'ai le plaisir de voir rétrograder l'erreur qui perd son plumage. Avouez, citoyens, que j'ai forte partie contre le moi, les fripons et les sots ; mais le peuple est plus fort que ces gens-là. Le peuple adopte mon système qui le délivre à jamais de la guerre étrangère et de la guerre civile, et même de la rébellion locale. Les troubles du dedans proviennent des troubles du dehors. Les fanatiques de la Vendée oseraient-ils lever la tête, si nous n'étions pas environnés de tyrans, si nous n'étions pas resserrés dans des frontières onéreuses et absurdes ? Le cabinet de Saint-James encourage les rebelles par ses intrigues et ses escadres ; mais si l'Angleterre était libre, nous verrions, au contraire, les gardes nationales de Londres et de Portsmouth accourir en deçà du canal et au-delà des Tropiques pour exterminer les ennemis de la raison universelle.

Si nos hommes en place, nos *messieurs* n'entendent pas ce langage, le public l'entendra parfaitement. Toujours les gouvernés ont été plus philosophes que les gouvernants. Sous l'ancien régime, la *ville* valait mieux que la *cour* ; sous le nouveau régime, le *forum* vaut mieux que la *convention*. Cela ne doit pas étonner l'observateur qui calcule l'effet de l'intérêt particulier sur une grande masse, et l'effet de l'intérêt particulier sur une petite masse. Un gouvernement quelconque a la manie de se croire plus sage que le peuple ; cette manie est le comble de la sottise : l'expérience nous guérira, j'espère. Le peuple est mon oracle ; la vérité ne descend pas du haut des cieux, mais du haut des tribunes.

CONVENTION NATIONALE

BASES CONSTITUTIONNELLES DE LA RÉPUBLIQUE DU GENRE HUMAIN,

*Par Anacharsis Cloots,
membre de la Convention nationale,*

Nos commettants nous ont donné un mandat impérieux et laconique, le voici : *Législateur, nous voulons une constitution qui marie le bonheur permanent avec la liberté permanente.*

Pour répondre au vœux de la France, de l'Europe et du monde, nous labourerons les vastes plaine du génie, pendant que nos concitoyens labourent leurs champs fertiles, pendant qu'ils remplissent les ateliers de l'industrie. Nous détruirons l'erreur, pendant que nos frères d'armes livreront bataille aux errants.

Tous les peuples demanderont à se réunir départementalement à la France. Nous ne saurions répondre à cette demande fraternelle qu'après avoir posé des bases et développé des principes qui tiennent essentiellement à la conservation de la liberté que nous avons conquise avec tant de peine et de gloire. Le peuple Romain s'évertuait à perpétuer l'esclavage de l'univers ; le peuple Français va s'occuper des moyens de perpétuer la liberté universelle. Nous allons sonder le terrain, creuser les fondements, mesure les premières assises de notre constitution politique. Nous calculerons sa solidité et ses dimensions, avant de recevoir les nombreux hôtes qui se présentent de toutes parts. Je me trompe fort, ou il y aura place pour tout le monde.

Il ne s'agira pas toujours de conquérir la liberté ; mais il sera toujours question de la conserver. La conquête est aisée, la conservation est difficile. Au lieu de quatre années révolutionnaires, nos convulsions politiques n'auraient pas duré quatre mois, si une bonne constitution se fût élevée sur les ruines de la bastille. Les architectes auxquels nous succédons, se plaignaient du mauvais goût d'un souverain novice dont les préjugés gothiques ne leur permirent pas de s'écarter de la route battue. Les colifichets de la France esclave ont surchargé les murailles et dégradé les fondements de l'édifice qui vient de s'écrouler sur les rois et les royalistes. Je ne déciderai pas entre les architectes qui donnent leurs plans, et les propriétaires qui en changent les proportions. C'est à nous de profiter des erreurs précédentes, et de n'oublier jamais que nous sommes des architectes subordonnés aux volontés d'un souverain hors de tutelle, d'un souverain émancipé par l'âge et l'expérience, d'un souverain élevé à l'école de l'adversité. Certes, tout ce que nous ferons de beau et de bon, sera goûté et sanctionné par une nation qui sait discerner le bien et le mal.

Nous poserons la première pierre de notre pyramide constitutionnelle, sur la roche inébranlable de la souveraineté du genre humain. Nous évaluerons ensuite les avantages de l'unité représentative, et les inconvénients de la pluralité fédérative. La raison, développée clairement, dissipera les nuages dont l'opinion publique pourrait être circonvenue. La victoire des logiciens ou la défaite des sophistes ne sera jamais douteuse en présence d'un peuple plus philosophe que les Grecs, et plus libre que les Romains. L'arène où nous combattons n'élèvera pas une poussière qui nous dérobe aux yeux des spectateurs. Mandataires du souverain, notre compte-rendu sera de tous les jours et de tous les instants ; nos décrets seront dictés par l'amour de la liberté, par l'horreur de la tyrannie. La convention nationale n'oubliera pas que nous sommes les mandataires du genre humain : notre mission n'est pas circonscrite dans les départements de la France ; nos pouvoirs sont contre-signés par la nature entière.

C'est en consultant la nature que je découvre un système politique dont la simplicité sera parfaitement saisie par quiconque désire toute l'indépendance, tout le bonheur dont l'homme est susceptible. L'individu ne saurait être libre tout seul : un plus petit nombre d'individus ne sauraient rester libres longtemps. Nous ne sommes pas libres, si des barrières étrangères nous arrêtent à dix ou vingt lieues de notre manoir ; si notre sûreté est compromise par des invasions ; si notre repos est troublé, notre revenu grevé par des forces militaires ; si notre commerce est interrompu par des hostilités ; si notre industrie est renfermée dans le cercle étroit de tel ou tel pays. Nous ne sommes pas libres, si un seul obstacle moral arrête notre marche physique sur un seul point du globe. Les droits de l'homme s'étendent sur la totalité des hommes. Une corporation qui se dit souveraine, blesse grièvement l'humanité ; elle est en pleine révolte contre le bon sens et le bonheur ; elle coupe les canaux de la prospérité universelle ; sa constitution manquant par la base, sera contradictoire, journalière et chancelante. De ces données incontestables résulte nécessairement la souveraineté solidaire, indivisible du genre humain ; car nous voulons la liberté plénière, intacte, irrésistible, nous ne voulons pas d'autre maitre que l'expression de la volonté générale, absolue, suprême. Or, si je rencontre sur la terre une volonté particulière qui croise l'instinct universel, je m'y oppose : cette résistance est un état de guerre et de servitude dont le genre humain, l'être suprême, fera justice tôt ou tard.

Les attributs d'une divinité fantastique appartiennent réellement à la divinité politique. J'ai dit, et le répète, que le genre humain est Dieu, les aristocrates sont des athées. C'est le genre humain régénéré que j'avais en vue, lorsque j'ai parlé du *Peuple-Dieu* dont la France est le berceau et le point de ralliement. La souveraineté réside essentiellement dans le genre humain entier ; est une, indivisible, imprescriptible, immuable, inaliénable, impérissable, illimitée, absolue ; sans borne et toute-puissante ; par conséquent deux peuples ne sauraient être souverains, car, en se réunissant, il ne reste plus qu'un seul souverain indivisible ; donc aucune réunion partielle, nul individu ne peut s'attribuer la souveraineté. Un roi qui s'obstine à garder sa couronne, et un peuple qui s'obstine à s'isoler, sont des rebelles qu'il faut dompter, ou des errants qu'il faut ramener avec le *flambeau des droits de l'homme*, sous le giron de l'assemblée, de l'association universelle. Si, par exemple, Genève ne voulait pas se réunir à nous, nous prierions Genève de nous réunir à elle. Comment aurait-elle l'impiété de refuser une demande fondée sur des principes éternels, sur la raison invariable ? Les eux limpides se réunissent au premier point de contact, les peuples éclairés se réunissent au premier aperçu des lois éternelles. Newton a réuni tous les philosophes par sa découverte physique ; je réunirai tous les hommes par ma découverte politique. Chaque peuple libre reconnaitra mon principe, en évaluant les avantages inestimables de l'unité souveraine : or, si tous les peuples déclarent la même vérité, les mêmes droits, il en résulte naturellement une seule NATION dont la paix ne sera jamais troublée par des voisins jaloux, ni par des factieux turbulents. Le mensonge porte la discorde d'un pôle à l'autre ; la vérité portera la concorde d'un hémisphère à l'autre.

Les quatorze ou quinze prétendus souverains de l'Amérique Septentrionale ont été forcés, par la nature, de remettre la souveraineté provisoire dans la grande communauté que représente le congrès, pendant que chaque section particulière conserve une dénomination sans objet, et une législature inutile. Ces sections, décorées du titre d'*états*, ne tarderont pas à être proportionnées sur une mesure commune, et administrées sur un plan uniforme. Les fédérés Français communiqueront aux fédéralistes Américains le vrai système social, par la fusion des masses, par la confédération des individus. La liberté n'a qu'un formulaire. Ce sont les systèmes aristocratiques de la Hollande, de l'Italie, de la Suisse et de l'Angleterre qui se multiplie hideusement sous cinquante masques désorganisateurs. L'Américain, en secouant le joug du Breton, était imbu de toutes les extravagances Européennes ; il a cru que la sage division administrative entrainait l'absurde morcèlement de la souveraineté. Permis à chaque canton, à chaque individu de se gouverner à sa guise, *pourvu que sa manière d'être ne nuise pas à celle d'un canton voisin ou éloigné* ; le charbonnier est maitre de faire chez lui tout ce qui ne nuit pas à autrui. Il en est de même d'une commune, d'un district, d'un département et de toutes les peuplades qui se croient souveraines. Le genre humain ne doit trouver aucune résistance nulle part ; il agit comme bon lui semble, il ne souffre point de coassocié. Ce contrat primitif, cette condition éternelle est le seul cachet de la souveraineté. Admettre un autre souverain que le genre humain, c'est admettre la quadrature du cercle et rejeter les démonstrations mathématiques. Deux souverains sur notre planète impliquent contradiction.

Il n'y a pas d'autorité plus tutélaire que celle du genre humain ; il donne la plus grande latitude à chaque section de l'Empire : tous les individus, sous son gouvernement, jouiront d'une égale portion de liberté. S'agit-il de payer l'impôt ? qu'est-ce que l'impôt dans une république sans voisins ?) il fixe à chacun sa quote-part, sans rien produire sur le mode de perception. Veut-on être jugé par des formes tortueuses, ou par des jurys et des arbitres ? Veut-on des électeurs pour nommer ses représentants ? Préfère-t-on ici l'appel nominal et ailleurs le scrutin fermé ? veut-on une faculté de médecine et une faculté de théologie, des médecins du corps et de prétendus médecins de l'âme ? Qu'importe à la société, pourvu que l'impôt rentre, et que les députés arrivent en raison de la répartition universelle ; chacun fera le déboursé de ses fantaisies particulières. La différence des costumes, des cultures et des cultes ne troublera point l'harmonie sociale. Pas d'autre règle, à cet égard, que la convenance topographique. La récolte du riz est-elle nuisible dans certains climats ? les habitants du lieu seront les maitres de prohiber les rizières insalubres. Les liens élastiques des *droits de l'homme* se plient à toutes les circonstances favorables à l'humanité ; rien au monde ne saurait désunir la république des *droits de l'homme*. Ne nous perdons pas en supposition absurdes, le bon sens et la liberté ne se refuseront jamais à des plans raisonnables ; on préférera toujours la science à l'ignorance, la lumière aux ténèbres, la quiétude à la tribulation, l'économie à la prodigalité, la conservation à la dilapidation, les successions équitables aux substitutions tyranniques, la démocratie à l'aristocratie, les couronnes civiques aux lettres de noblesse, les droits de l'homme aux droits usurpés. L'esprit humain se plaît dans les formes simples, il tend irrésistiblement vers l'unité pacifique ; l'erreur le gêne trop pour ne pas s'en délivrer quand on la lui fait connaître. L'autocratie dont nous sommes revêtus ne nous élèverait pas au-dessus des législateurs ordinaires, si nos décrets n'émanaient pas de l'autocrate primitif, la nature infaillible. Voyez ces peintres maniérés dont les tableaux sont la honte d'un salon ; voyez les productions sublimes d'un Raphaël, d'un David : les disciples dociles de la nature sont les premiers maitres dans tous les arts. J'ai pâli sur les livres qui contiennent les différentes constitutions humaines ; partout j'ai retrouvé un mauvais goût de terroir ; partout l'esprit de l'homme insulte au génie de la nature ; mais voici l'époque où le soleil de la liberté naturelle va briser les alambics et les serres chaudes de la liberté factice. La constitution du genre humain, connue et adoptée sans efforts, ne sentira pas l'huile de la lampe ; l'imagination ne fascinera plus la raison ; tous les voiles sont déchirés.

Le département de la Pennsylvanie s'est imaginé que le petit département de Rhode-Island ne pouvait pas s'étendre géométriquement sans empiéter sur les domaines, sur la souveraineté de ses voisins, comme si le domaine des hommes libres pris en masse, n'était pas un être de raison ; comme s'il y avait une autre propriété que celle des individus, une autre communauté que celle de la liberté. Règle générale, partout où vous trouverez des lois qui blessent *les droits de l'homme*, des lois accidentelles qui contrarient les lois éternelles, partout où vous verrez les ports et les havres fermés à votre commerce, ainsi que les chemins en les canaux ; protestez contre l'erreur si c'est un pays libre ; contre le tyran, si c'est un pays despotique ; contre les aristocrates, si c'est un pays oligarchique. Une portion du genre humain ne saurait s'isoler sans être rebelle, et le privilège dont elle se targue est un crime de lèse-démocratie. Cette vérité a été tellement sentie par les états particuliers de l'Amérique, qu'il ne reste plus à leur législatures locales, à leurs souverainetés partielles qu'un vain nom : tout se réduit chez eux à des fonctions moins importantes que celles de nos administrations départementaires. Les choses ne changent pas de nature par le changement des noms. Il n'y a pas plus de raison d'ériger un département en souverain, qu'un district, un canton, une municipalité, une famille, un individu. Chaque homme, si vous le voulez, est un souverain, bien entendu que *sa souveraineté* n'empiète pas sur la souveraineté individuelle des autres hommes. Il ne s'agit pas ici d'une dispute de mots : un prunier ne portera pas des pommes en l'appelant pommier. Une fraction de la grande famille ne saurait s'emparer de la faculté souveraine, de la faculté de vouloir absolument. Irrésistiblement, sans un démenti formel au genre humain. La souveraineté d'une république de Raguse est aussi dérisoire que celle d'un roi Louis Capet. Deux hommes ou deux peuples isolés sur la terre, pourront se croire souverains ; mais au moment du contact, au premier signal des *droits de l'homme*, il n'y a plus qu'une volonté absolue dans le monde. Qui dit *souverain* dit *despote* ; ne soyons pas étonné si les prétendus souverains ont ravagé les domaines du souverain légitime dont le despotisme est le résultat heureux et unique de toutes les volontés particulières. Une seule erreur a livré notre globe à une chaine de calamités ; c'est de couronner toute autre puissance que le genre humain. Détrônons les fractions sociales : et le tout, le despote par excellence, la loi universelle réalisera les fables de l'âge d'or.

Je demanderai aux Français qui désirent un gouvernement fédératif, s'ils veulent déchirer leur patrie en deux divisions, en deux patries, en deux congrès ; ou s'ils ne veulent qu'une seule division fédérale, un seul congrès ? Dans le premier cas ils seront moins prudents que le sénat Romain qui rejeta unanimement cette proposition, après la prise de Veyes ; et la même motion renouvelée de nos jours en Amérique éprouva la même défaveur. Quant au congrès unique, il n'y a de différence entre les Américains et nous, qu'une plus grande sévérité dans nos expressions et une plus parfaite organisation dans nos distributions géométriques. Voudrions-nous imiter leur défauts après avoir imité leurs vertus ? Notre horloge est plus simple, plus solide, elle marche plus régulièrement. Ajouterons-nous des rouages inutiles et dispendieux, par un servile esprit d'imitation ? Deux horloges d'une construction différente sonneront également l'heure ; mais on préférera la moins compliquée, la moins lourde, la moins chère, la plus homogène, la plus sonore. Celle qui aura le moins de rouages et de frottements sera moins sujette à se déranger. Une cloche sourde est toujours sourde : la fusion parfaite de toutes ses parties lui rendre son élasticité et son timbre.

Doublerons-nous la dépense et les inquiétudes du gouvernement, en multipliant les capitales, les assemblées législatives, les conseils exécutifs, les armées, les forteresses et les flottes, les accises et les douanes ? Quel sera le degré de prépondérance de nos *états* maritimes qui s'enrichissent avec nos escadres, ou de *nos états* commerçants qui qui s'enrichissent avec nos colonies, ou de nos *états* intérieurs qui, éloignés du théâtre de la guerre, et à l'abri des invasions ruineuses, s'enrichissent paisiblement par le débouché perpétuel des rivières et des fleuves, des chemins et des canaux, des lacs et des mers ? Je plane sur les sections de la France, j'interroge les éléments dont elles sont composées ; la réponse est unanime dans toutes les communes, dans toutes les bouches primaires : *conservons l'avantage inappréciable de l'unité souveraine que l'Amérique nous envie et dont elle se rapproche chaque jour.* Les individus Français se tromperaient beaucoup si, rétrogradant dans la carrière politique, ils croyaient imiter les individus Américains. L'Amérique s'avance à grands pas vers la perfection sociale, elle se dégoûte de la superfétation d'un sénat et de la prépondérance d'un président-monarque : elle conçoit l'absurdité d'une souveraineté intermédiaire entre l'individu et la masse totale des individus. Elle renonce par le fait aux prétentions de son enfance, en attendant qu'elle y renonce formellement dans une autre convention nationale.

Il serait fort étrange que les Français détruisissent à grands frais leur lumineuse et vigoureuse enceinte, dite *Capitale*, pendant que les Américains en construisent une à grands frais. La nécessité d'un centre commun, d'un dépôt général, d'un point d'appui à tous les rayons qui partent de la circonférence, dicta impérieusement aux Américains le fameux décret qui jette les fondements d'une ville superbe, d'un chef-lieu unique. Paris est à la France ce qu'un point mathématique est pour les géomètres : quatre-vingts et tant de rayons aboutissent à la commune nationale. Paris est un point politique essentiellement lié à tous les rayons départementaires. L'intérêt d'aucune autre commune ne coïncide pas aussi directement, aussi impérieusement avec l'intérêt général. Un ministre judicieux, le citoyen Pache, a eu raison de dire que les *ennemis de Paris sont les ennemis de la République*. En effet, les rois n'ont jamais aimé Paris, mais les *sans-culottes* l'aimeront toujours. Les ambitieux redoutent les regards perçants de Paris, ils se sont aperçus que le chef-lieu d'une grande République formait un immense foyer de lumières ; ils en concluent qu'il faut de petites républiques et par conséquent de petits chefs-lieux. On fit dans l'histoire d'Angleterre de Hume, que le roi Henri VIII observa que certaines gens ressemblaient dans leurs provinces à des vaisseaux en rade, et dans Londres à des vaisseaux en pleine mer, qu'on distingue à peine d'une chaloupe ou d'une barque de pêcheur. Ces gens-là voudraient de petites villes, de petites assemblées, de petites nations, de petites querelles et de longues guerres pour se venger de la nullité où les plonge une vaste république dont le génie et l'orgueil se développent dans un vaste entrepôt qui sert de phare à tous les membres de la société libre. Ce phare est l'ouvrage de tous, chacun y met du sien, chacun en profite, et jamais un homme sensé ne fut jaloux de son propre ouvrage. La nation triomphera de tous les calomniateurs. La destinée de Paris est inséparable de celle de la République. Jamais on ne décrétera que le chef-lieu sera irrévocablement sur la Seine ; mais la combinaison des circonstances, la situation heureuse, la résistance des intérêts opposés, l'habitude, les frais d'un déplacement aussi ruineux qu'imprudent, le ciel et la terre plaident en faveur de la permanence d'un chef-lieu qui doit s'améliorer avec l'accroissement de la République. Calculons ensuite combien les mandataires des Bouches du Rhin, de la Meuse et de l'Escaut augmenteraient la masse de nos lumières centrales, en combinant le flegme du Nord avec la bise du Midi, sur un rivage qui n'éprouve ni l'ardeur des vents d'Afrique, ni les rigueurs des vents hyperboréens. Le site fortuné de Paris est abordable de toute part, et par la mer d'Allemagne et la Méditerranée, et la Manche et l'Océan Atlantique.

L'homme est tellement soumis à la nature des choses, qu'il est toujours ramené à la vérité par les routes mêmes les plus détournées. C'est par les nombreux épicycles d'une fausse astronomie que nous sommes entrés dans la sphère simple et vraie du Prussien Copernic. Le genre humain comprendra les oracles de la raison invariable. J'occupe la tribune de l'Univers, et la catholicité de nos principes doit frapper l'oreille de tous les hommes. Les dénominations de Français et d'*Universel* vont devenir synonymes, à plus juste titre que les noms de *Chrétien* et de *Catholique*. La vérité toute entière sera désormais le testament politique des hommes libres. Les réticences du faible n'accréditeront plus les mensonges des puissants. Le machiavélisme des usurpateurs échoue devant la morale des républicains. L'astuce et la duplicité ne sont plus à l'ordre du jour. Le vice se tait, la vertu parle. Une constitution sera variable tant qu'elle sera perfectible. Les adversaires prolixes de l'unité camérale n'ont pas fait cette observation brève. Une mauvaise constitution ne saurait durer longtemps chez un peuple qui connait les droits du genre humain, chez un peuple dont l'énergie se communique à tous les rouages de la machine sociale. Montrez-moi deux chambres dans la nation et je vous accorderai deux chambres dans la Constitution. Un peuple homogène doit avoir une représentation homogène.

Je donne plus à penser qu'à lire par le choix de mes arguments qui frappent plusieurs objections à la fois, le lecteur ou l'auditeur examinera les objections que j'anéantis sans les étaler fastidieusement.

Mon aversion pour le morcellement du monde provient d'un problème dont la solution m'appartient. Je me suis demandé pourquoi les italiens de Gênes et de Venise s'arment et se battent pour la moindre altercations, pendant que les français de Marseille et de Bordeaux accommodent leurs différents par une simple procédure ? N'est-il pas évident que l'ignorance de la volonté universelle est la cause immédiate de toutes les guerres ? Deux familles indépendantes de la loi commune en viendront nécessairement aux mains pour la lisière d'un champ ; le lit d'un ruisseau, la plantation d'un arbre, la construction d'un mur.

Chacun étant juge et partie, il faut se battre à outrance malgré les inclinations les plus pacifiques. Le droit du plus fort, le droit de conquête ; les commotions hostiles sont les conséquences funeste de l'oubli des *droits de l'Homme*. L'oubli de la loi unique est l'origine de toutes les dépendances, de toutes les servitudes, de toutes les chevaleries féodales, de toutes les baronnies belligérantes, de toutes les calamités morales. Les Républiques grecques, les Républiques helvétiennes, les Républiques flamandes ont cru remédier aux lenteurs, aux incohérences, aux contradictions de leurs systèmes effrénés, par des transactions pénibles qui en augmentant l'influence du plus puissant ou du plus intrigant, font désirer aux plus faibles, aux plus débonnaires, la médiation d'un *stadhouder*, d'un *président* ; on s'accoutume à la protection d'un homme au-dedans ou d'un homme au-dehors. Et voilà comment les Macédoniens et les Romains furent appelés dans la Grèce fédératives : les rois de France et de Sardaigne, dans la Suisse fédérative, les rois d'Angleterre et de Prusse, dans la Hollande fédérative. L'insolence du grand canton de Berne et celle de la grande maison d'Orange sont assises sur le morcèlement de la souveraineté. Tout languit, tout se corrompt, tout se détruit dans l'absence d'une vérité-mère. Si les princes ont pris la place des principes, c'est en rappelant les principes que nous chasserons les princes.

Une opinion trop généralement répandue en France, c'est de placer de petites Républiques entre nous et les tyrans, pour éviter les horreurs de la guerre. Cette opinion tient aux vieilles idées aristocratiques de l'influence et de la protection ; c'est-à-dire, que nous permettrons à ces petites Républiques de faire tout ce qui nous convient : malheur à elles si leur industrie contrarie la nôtre ; nous serons jaloux de leur commerce, de leurs manufactures, de leur pêcheries. Nos barrières les cerneront, la contrebande provoquera des rixes : nous aurons de la part et d'autre des commis, des soldats, des citadelles, des camps, des garnisons, des escadres. Mais, dira-t-on, nos voisins libres auront pour nous un amour inaltérable ; ils exerceront lucrativement leur industrie, en se reposant, pour leur défense, sur nos armées et nos forteresses et nos trésors ? C'est-à-dire que leur industrie tuera la nôtre ; car la main-d'œuvre ne sera pas chère dans un pays dont la dépense publique retombera en grande partie sur nous. Il faudra donc recourir au système prohibitif, à moins de faire payer un tribut direct à nos chers et armés voisins : or, un peuple tributaire n'est pas libre. Il est donc démontré que ces Républiques seraient moins libres que nos départements. Et notre bonheur mutuel en souffrirait d'autant plus que les tyrans, les aristocrates se mêleraient de nos querelles, en appuyant comme de raison, le plus faible contre le plus fort. Le commerce est la principale cause des dissentions humaines ; or, les Républiques sont plus commerçantes que les royaumes. N'ayons pas de voisins si nous ne voulons pas avoir d'ennemis. *Ennemi* et *voisin* sont termes synonymes dans les langues anciennes. Un peuple est aristocrates à l'égard d'un autre peuple : les peuples sont nécessairement méchants : le genre humain est essentiellement bon ; car son égoïsme despotique n'est en opposition avec aucun égoïsme étranger. La République du genre humain n'aura jamais dispute avec personne, car il n'y a point de pont de communication entre les planètes. Rome et Albe, Gênes et Pise, Bologne et Modène, Florence et Sienne, Venise et Trieste, Marseille et Nice, Metz et Nancy, Amsterdam et Anvers se portent une haine dont les historiens et les poètes nous ont transmis les relations lamentables. J'ai observé dans mes longs voyages que chaque ville donne des sobriquets odieux ou ridicules aux villes voisines ; cet acharnement se fait aussi remarquer dans les campagnes ; et si vous voyez deux ou trois personnes assises devant la porte de leur maison, vous pouvez parier que la conversation n'est pas au profit du voisin. Voulons-nous rétablir la paix sur notre continent ? Faisons pour l'Europe ce que nous avons fait pour la France. Éclairons les hommes, délivrons-les de leurs erreurs ; et la haine naturelle entre voisins se changera en amour naturel pour la loi commune qui toujours impassible, ne fléchira pas sous la fougue des passions locales. Il n'y a pas de tyran plus terrible que l'erreur ; sans l'erreur il n'y aurait point de tyran. Consultez tous les aristocrates de l'Univers ; consultez les marchands privilégiés ; consultez les pirates et les contrebandiers ; consultez les transfuges criminels ; consultez les ambitieux patelins qui veulent multiplier les fonctions pour jouer un rôle avec le manteau d'un bourgmestre, avec les cartons d'un secrétaire d'état, avec le diplôme d'un ambassadeur, avec l'épée d'un général ; consultez le petit nombre qui vit aux dépends du grand nombre ; consultez les hommes qui méconnaissent les intérêts du peuple, ils vous détourneront du nivellement départemental, ils vous conseilleront le système pernicieux du poly-républicanisme. Un département n'est pas sous la protection d'un autre département, mais une petite république sera plus ou moins sous la protection d'une grande république ; or, voilà un germe d'aristocratie dont les développements coûteront cher aux protecteurs et aux protégés.

Tout se nivèle, tout se simplifie, toutes les barrières tombent, et l'immense attirail qui gêne l'action du gouvernement, disparait avec les corporations nationales. Supposons un instant que la France fût une île inconnue au reste du monde : son gouvernement délivré des inquiétudes vicinales, serait d'une simplicité admirable. La législature deviendrait moins nombreuse, et le comité exécutif aurait des vacances. Eh bien, le globe que nous habitons est une île médiocre qui flotte autour du soleil. Calculez d'avance le bonheur dont jouirons les citoyens, lorsque l'avarice du négoce et les jalousies du voisinage seront contenues par la loi universelle, lorsque les ambitions inciviques seront éclipsées par la majesté du genre humain.

Vainement décréterait-on que la France est composé d'autant de républiques que de départements ou de communes, il n'en sera pas moins vrai que la France est une république indivisible, une fédération de vingt-cinq millions d'hommes qui veulent la liberté et l'égalité, qui soupirent après la fédération universelle d'un milliard de frères ? L'horreur des corporations anciennes inspire aux Français, aux *universels,* l'aversion des masses fédératives dont le choc est toujours funeste à l'humanité, toujours profitable aux aristocrates. C'est bien assez du choc des individus, sans qu'on relâche les nœuds du gouvernement, sans qu'on affaiblisse l'autorité de la loi par le choc des congrégations. La loi est toute-puissante contre l'ambition individuelle, mais elle échoue contre l'ambition collective. La nature ne protège particulièrement ni canton, ni paroisse ; sa sollicitude enveloppe tous les individus indistinctement. La fédération des masses américaines engendre une foule d'inconvénients inconnus à la fédération des Français. Plus la république s'étendra et moins elle aura besoin de forces défensives : son gouvernement croitra en énergie avec l'accroissement de la république. Cependant les royalistes et les fédéralistes vous proposeront des moyens destructifs de toute harmonie, de toute accélération. La meilleure Constitution sera celle qui marchera de soi-même, et qui, ne rencontrant aucun obstacle au-dehors, n'éprouvera aucune résistance au-dedans. Ce sont les affaires étrangères qui nuisent aux affaires intérieures. Sans les étrangers nous économiserions les trois-quarts de nos dépenses publiques, nous supprimerions la plupart des rouages de l'horloge politique. Le genre humain délivré imitera un jour la nature qui ne connait point d'étrangers ; et la sagesse régnera sur les deux hémisphères, dans la république des *Individus-Unis*.

Quant à la formation du gouvernement, il n'y a pas un seul Français qui ne rejetât avec indignation le régime américain. La souveraineté du peuple homogène ne saurait admettre la bascule anglaise ni aliéner le *veto* le plus mitigé. Le rapport d'un décret précité est un remède préférable au *veto* anglican. Cela perdrait un sénat aristocratique, cela sauve une assemblée nationale. L'envahissement des pouvoirs est impossible dans une grande assemblée biennale dont le souverain surveille toutes les démarches. Les Français ne sonneront plus le tocsin qui fit écrouler la bastille et les tuileries. En Angleterre, où les droits du peuple ne sont pas reconnus, où un homme traite les habitants de ses sujets, où trois pouvoirs se disputent les lambeaux de la souveraineté, il a paru nécessaire d'opposer le contrepoids du *veto* royal à tous les grelots de la chambre haute. Il a fallu un échafaudage ridicule pour soutenir un édifice qui manque par les fondements. Mais en France, nos excellentes bases constitutionnelles nous permettent d'adopter des formes pures pour achever la constitution de l'univers.

Il n'y a proprement qu'un seul pouvoir, celui du souverain ; toutes les distributions sont des agences, des devoirs. Je dirai donc le pouvoir législatif, le devoir exécutif, sans porter préjudice aux autorités constituées.

Quel inconvénient y aurait-il de composer le conseil exécutif de sept ministres, en ajoutant le département des arts, des sciences, de l'agriculture, des manufactures et du commerce aux six départements existants ?

Où trouvera-t-on un meilleur corps électoral pour le choix des ministres, que l'assemblée législative qui par appel nominal, ne pourrait donner son suffrage à aucun de ses membres ? Je ne connais aucune objection victorieuse contre ce mode salutaire. L'expérience réfute encore ici nos docteurs qui ne s'adressent au peuple que pour nuire au peuple. On n'évitera jamais l'inconvénient d'avoir un ministre qui déplaise à un côté de la salle ; et ce sera bien pis s'il est nommé hors de la salle. Pache fut indiqué par Roland, et les Rolandistes eurent Pache en horreur. Le mode vicieux d'un corps électoral suprême, à côté du corps représentatif suprême, formerait une seconde chambre plus monstrueuse que toutes les conceptions des Bicaméristes. Les dissentions intestines ne tarderaient pas à relever les espérances des perturbateurs ; et sous prétextes de servir la nation, on égarerait l'opinion publique par des calomnies adroites et par des éloges insidieux. L'esprit de corps renaitrait de ses cendres, et les orages de la rivalité troubleraient bientôt l'harmonie républicaine. Ces orages ruineux pour le peuple, font la fortune des scélérats qui, semblables au limon d'un fleuve limpide, ne se montrent jamais dans les temps calmes et sereins. Je ne parlerai pas des assemblées primaires pour le choix des ministres : la simple énonciation en démontre l'impossibilité. Je n'indiquerai pas les assemblées électorales, car les mêmes difficultés se reproduisent en foule, et ce serait préjuger la question concernant l'existence des corps électoraux qui deviendront de jour en jour plus inutiles par le progrès des lumières.

Le conseil exécutif choisirait son président chaque semaine ou chaque quinzaine, comme cela se pratique depuis le 10 août. Ce président n'aurait aucune prépondérance vocale, aucune représentation ou distinction extérieure. Une rude expérience doit avoir guéri la nation du préjugé de je ne sais quelle splendeur aulique, je ne sais quelle enluminure romanesque appliquée sur le visage d'un serviteur du peuple. C'est en terminant avec promptitude et prudence les affaires d'état, que chaque ministre représentera dignement la majesté du souverain ; d'autant mieux que nous ne recevrons et n'enverrons pas d'autre ambassadeur que de modestes consuls pour entretenir des relations commerciales avec les contrées voisines et lointaines. Un étranger qui obtient sans retard une réponse satisfaisante, vous tient quitte d'un bal paré ou d'un dîner splendide. Les repas et les danses champêtres donneront une plus haute idée de l'alégresse, de la puissance nationale, que les banquets et les menuets d'un fastueux Versailles. Soyons utiles, et nous serons vertueux et respectables. On se plaint des pamphlets satyriques dont retentissent les avenues de notre salle ; mais rien au monde ne saurait avilir un homme ou une assemblée utile. Faisons notre devoir, et nous ressemblerons aux triomphateurs romains dont la gloire recevait un nouvel éclat par les saillies licencieuses des soldats victorieux. Sous le règne des *droits de l'homme*, le respect public se gradue sur la grande échelle de l'utilité : nous ne connaissons pas d'autre hiérarchie.

Le conseil exécutif, le devoir exécutif n'aura aucune part à la confection des lois, sinon d'émettre son avis motivé, huit jours avant le décret définitif. Cette méthode augmentera la masse des lumières et n'entravera pas la marche du corps politique. Il en résultera un concert heureux entre tous les agents du gouvernement : les agitateurs ne trouveront plus à semer la zizanie dans la République. C'est toujours la discorde des gouvernants qui altère la concorde des gouvernés. La lutte des pouvoirs alimente les factions au détriment de la nation. Un *veto* systématique brouillera toujours l'assemblée nationale avec le devoir exécutif. Le *veto* est une torche qui porte le ravage partout, sans en excepter la plus humble chaumière. C'est au souverain à redresser les écarts de ses représentants. L'opinion publique fortement prononcée est le seul *veto* tolérable. La sanction est intransmissible comme la souveraineté. Le genre humain ne peut avoir d'autre règle que les *droit de l'homme :* cette règle distingue la société vraiment libre de toutes les sociétés anciennes et modernes, civiles et religieuses. Sans les *droits de l'homme* tout gouvernement est aristocratique et provocateur des séditions, des insurrections, des commotions turbulentes. Voici le résumé de nos droits et de nos devoirs : *ne pas faire à autrui ce que nous ne voudrions pas qu'on fît à nous-mêmes.* Voici les conséquences de nos droits : *circonscrire les fonctionnaires publics dans une dépendance rigoureuse de la loi.* Notre constitution sera mauvaise, si le fauteuil d'un homme en impose davantage que le code des lois, si un individu sort de la ligne républicaine pour lever orgueilleusement la tête au-dessus de ses concitoyens. Peut-être l'ambition locale, les passions particulières voudront s'opposer à mes principes universels ; mais cette lutte se fera publiquement, et je laisse au souverain à juger entre les orateurs ambitieux, et les orateurs du bien public.

Tous les fonctionnaires de l'Empire étant sous l'inspection immédiate du souverain, il serait absurde de créer un sénat, un stadhouder, une haute cour nationale : trois pommes de discorde, trois moyens d'attiser le feu de l'ambition. Les tribunaux ordinaires jugeront les forfaits soi-disant extraordinaires ; tout les crimes sont de lèse-société, de lèse-nation. La responsabilité des ministres sera toujours individuelle en raison de leurs signatures respectives ; elle ne sera pas illusoire et alarmante, car les comités de l'assemblée nationale éclaireront, rassureront le peuple sur toutes les opérations ministérielles. Ces opérations se simplifieront à mesure que les trônes s'écrouleront et que la République s'agrandira. Le fardeau militaire qui pèse sur toutes les branches administratives, diminue toujours en raison de l'accroissement du territoire et de la population. Les bureaux de la guerre, de la marine, de la diplomatie, des colonies et des finances deviendront inutiles, si nous sortons triomphants de la crise actuelle : ce triomphe est indubitable.

Je passe rapidement sur les accessoires, pour ne m'attacher qu'aux bases fondamentales, dans l'intime persuasion qu'avant deux ans, la face du monde changera de manière à recommencer notre travail sur le *conseil exécutif,* qui ne saurait être que provisoire. Que ferons-nous de cette cinquième roue, lorsqu'il n'y aura plus ni armée, ni flotte, ni contributions lourdes, ni spéculations boursières, ni affaires étrangères ; lorsque les quinze cents ou deux milles députés n'auront pas d'autre besogne que la surveillance générale, et la correspondance avec les arrondissements administratifs ? Le ministère de l'intérieur et celui de la justice seront la seule occupation de la législature, du bureau officiel de correspondance ; nouvel argus qui veillera perpétuellement au maintien de l'harmonie universelle. Une constitution qui ne sera pas bonne pour tous, ne vaudra rien pour personne. Or les *droits de l'homme* établissent naturellement une chambre représentative qui appartient à tout le monde ; mais l'oubli des *droits de l'homme*, le morcellement du monde, exige un échafaudage vicieux, un conseil exécutif en contradiction avec l'éternelle vérité, un corps étranger qui n'appartient qu'à une fraction politique.

Poussons la guerre avec vigueur, elle sera décisive et nous aurons une constitution simple et parfaite. En attendant, choisissons bien nos matériaux ; ne faisons pas des pierres angulaires avec du moellons sablonneux ; ne confondons pas les gros murs avec des murailles intermédiaires, que nous abattrons après la chute des tyrans. Je défie qu'on fasse jamais une bonne constitution *française* ; car une république enveloppée par de grandes puissances ennemies n'est pas libre, à moins qu'on ne dise qu'un oiseau est libre dans sa volière. Je me charge de vous faire une excellente constitution universelle ; et je laisse à plus habile que moi d'en faire une pour des *sections* schismatiques.

La république universelle remplacera l'église catholique, et l'assemblée nationale fera oublier les conciles œcuménique. L'unité de l'état vaudra mieux que l'unité de l'église. La présence réelle des représentants ne sera pas un article de foi comme la communion des saints. Le symbole des conventionnels sera démontré plus clairement que le symbole des apôtres. L'unité théologique a produit tous les maux ; l'unité politique produira tous les biens. Les décrétales du chef-lieu de la chrétienté ont semé la zizanie ; les décrets du chef-lieu de l'humanité produiront la concorde et l'abondance. La théocratie universelle persécute la raison ; la monarchie universelle persécute la liberté ; la république universelle rend à chacun ce qui lui est dû. Le dernier régime est impérissable ; les autres sont éphémères.

Quant au ministre de l'intérieur, son exercice ne sera pas entravé par les opérations extérieures, lorsque la république sera aussi étendue que la terre. Il ne sera plus question de l'approvisionnement des armées, de la friponnerie des fournisseurs, de l'impéritie et de la trahison des généraux, du gaspillage et du renchérissement des comestibles. Il n'y aura plus ni dette, ni emprunt, ni remboursement. Les intermittences de l'importation et de l'exportation n'exciteront plus d'émeutes dans les villes paralysées par la guerre et par les lois prohibitives. La stagnation subite du travail n'affligerait le peuple nulle part, mais les intrigues et les injustices des puissances étrangères. Le commerce d'un pays ne tendra plus à la ruine d'un autre pays ; la balance du commerce ne sera plus mesurée sur la balance politique. Toutes les barrières tomberont, toutes les rivalités locales agiront au profit de la *sans-culotterie* universelle, de la nation unique, indivisible. Il ne dépendra pas d'un individu ou d'une corporation outre monts, outre-mer, outre-rhin, de chagriner nos artisans, nos meilleurs amis, nos parents les plus proches dont le nombre, le travail et les vertus sont également intéressants pour la nature entière.

Le mal physique n'étant plus aggravé par le mal moral, on apportera patiemment l'inclémence des saisons et tous les maux naturels. Chaque administration municipale n'ayant plus d'inquiétude sur le sort des ouvriers valides ou infirmes, sur la rentrée des contributions infiniment légères, sur le passage des troupes amies, sur l'invasion des troupes ennemies, sur la faillite du négoce et l'interruption de tous les approvisionnements ; le monde entier formant une seule famille, les privations de la disette et les excès de la non-valeur, le flux et reflux d'une population tantôt entassée, tantôt clairsemée, ne troublerons jamais aucun district ou canton. Nous avons beaucoup de pauvres, parce que nous avons beaucoup de barrières et de soldats. Une livre de pain ou de viande, consommée dans un camp, suppose la perte de dix livres de pain ou de viande. La paix perpétuelle maintiendra un niveau perpétuel entre la consommation et les consommateurs, entre l'ouvrage et les ouvriers. Il n'y aura pas de fonctionnaire moins affairé que le ministre de l'intérieur. Les biens nationaux seront vendus, et chaque particulier administrera son propre bien. Nous pourrons supprimer la plupart des comités et renvoyer tous les ministres. Notre organisation perfectionnée par l'union universelle, nous dispensera un jour d'avoir ce qu'on appelle *un gouvernement*. La législature composée d'un ou deux députés par département, sera plus que suffisante pour surveiller les administrations inférieures et pour servir de bureau officiel de correspondance à la république sans vassaux ni voisins.

Les décrets seront très rares lorsque la constitution de l'Univers sera faite, lorsque les *droits de l'homme* seront en exercice sur un globe divisé politiquement en milles cases départementales. Et s'il fallait des tribunaux de cassation pour les procédures particulières, on s'adresserait à un tribunal voisin ; 50 ou 60 départements formeraient un grand jury, si toutefois un pareil tribunal était nécessaire dans le calme de l'harmonie universelle. Il ne sera pas toujours nécessaire de traduire à l'abbaye un délinquant de Saint-Domingue ou de Chandernagor. Les contestations, les agitations quelconques seront facilement apaisées par les départements environnants, sans avoir recours à un nouveau décret de l'assemblée nationale. La somme de bonheur sera si grande pour chaque portion de l'empire, qu'il y aura une sollicitude générale pour le maintien de l'ordre établi. Oui, citoyens, l'Univers sera un jour aussi jaloux de l'unité du genre humain, que vous l'êtes maintenant de l'unité de la France. Votre principe n'est pas une affection locale, c'est le vœu du cœur humain. Personne n'a le droit de me faire du mal ; or un hameau, une ferme qui se détacherait du reste de la société, nuirait essentiellement à mon bonheur, car bientôt toutes les parties seraient également fondées à se détacher, et le monde gémirait sur les horreurs de l'anarchie. On avoue que nous ne devons pas souffrir qu'un peuple adopte des formes aristocratiques, des formes qui blessent les principes : c'est avouer qu'il faut nous opposer au déchirement de la société humaine, de la nation unique dont la France exerce provisoirement les pouvoirs. L'existence de deux nations implique contradiction ; elles auraient les mêmes droits, les mêmes attributs. Comment seraient-elles indivisibles ? Je ne vois pas pourquoi une commune n'aurait pas le privilège de s'ériger en troisième souverain, ou au moins de changer de souverain. Tout s'explique, tout s'éclaircit avec la souveraineté du genre humain. N'est-il pas affreux que, par le morcellement universel, un homme sur le Danube ou sur la Sprée, un sénat sur la Tamise ou sur la Delaware, sur la Vistule et sur la Brenta, puissent à leur gré donner ou ôter la vie à des milliers d'artisans qu'un même soleil éclaire à Lyon, à Nîmes, à Sedan ? Et de justes représailles de notre part feront tout le mal imaginable à un nombre de familles industrieuses dans l'étranger. *L'étranger !* expression barbare dont nous commençons à rougir et dont nous laisserons la jouissance à ces hordes féroces que la charrue des hommes civilisés fera disparaitre sans efforts. Quel embarras nos vicissitudes politiques, nos intérêts opposés, nos balancements capricieux ne donnent-ils pas aux différents gouvernements sublunaires ?

Quand l'action d'un gouvernement part du sommet, l'étendue du territoire est nuisible, c'est le cas des royaumes ; mais un gouvernement qui tire son énergie de la base, plus vous élargirez cette base, et plus le gouvernement sera vigoureux ; c'est le cas de la république universelle. Les *droits de l'homme* partent de la racine, et par conséquent la plus petite municipalité fait partie du gouvernement populaire. Les droits d'un roi partent des branches, et par conséquent la moindre bicoque offre une forte résistance au gouvernement oligarchique. Notre république ne sera jamais trop vaste, car le gouvernement s'étendra avec elle. C'est l'étendue des états environnants qui gêne notre administration intérieure ; plus nous nous étendrons, et moins nous serons gênés. La nature a donné à tel pays du vin, à tel autre du blé ; un pays occupe le haut d'un fleuve, un autre en occupe les bouches. Tout se détériore en élevant un mur entre le pays de la vigne et le pays du froment, entre la montagne des sources et la plaine des embouchures, entre les pressoirs de l'huile et les mamelles de la génisse. Par exemple, les pacages de la Hollande et les guérets de la Beauce, et les graves de Bordeaux, et les côteaux de la Provence ne sauraient s'isoler sans se faire un tort mutuel ; et comme toutes les rivières, les fleuves et les mers communiquent ensemble naturellement, c'est à nous de multiplier ces communications par des chemins et des canaux, et non pas de les interrompre par des constitutions, des frontières, des forteresses, des escadres. Imitons la nature, si nous voulons être ses heureux enfants.

Il en coûtera moins pour gouverner l'univers nivelé, qu'il n'en coûte maintenant aux nations rivales pour entretenir des espions privilégiés dans les quatre parties du monde. Les ambassades sèment à grands frais la zizanie ; les députés à l'assemblée centrale maintiendront avec l'économie la concorde universelle. Tous les peuples se touchent par un commerce frauduleux, par des transactions criminelles, par des hostilités sourdes ou sanglantes, par des actes de navigation à la Cromwell. Je propose d'établir des relations plus sages, plus intime, plus économiques, plus avantageuse à tous égards.

Les prétendues barrières naturelles qui s'opposent à cette union désirable, sont des barrières aussi fragiles que factices. Les Alpes et les Pyrénées, le Rhin et l'Océan, dans les siècles ténébreux, n'ont pas été des barrières pour les Carthaginois et les Romains, pour les Grecs et les Scythes, pour les Goths et les Normands, et l'on nous répètera un adage que nos possessions dans les deux Indes réfutent aussi victorieusement que les armées d'Hannibal et de César, de Charlemagne et de Charles-Quint. Nous recevons chaque jour sur la Seine qui coule dans le centre des climats, à égale distance du Pole et de la Ligne, nous recevons, dis-je, des courriers et des *aviso* de Rome et de Dublin, de Lisbonne et de Pétersbourg, de Boston et de Battavia ; et l'on nous parle encore des barrières naturelles de la France ! Nous voyons à Paris, à Londres, à Madrid, à Amsterdam, plaider la cause d'un Persan, d'un Indien, d'un Chinois, d'un Péruvien, d'un Turc, d'un Cafre, d'un Arménien. On discute en Europe les intérêts d'un habitant des Antipodes, et l'on doutera si une assemblée représentative des deux hémisphères peut exister pour le bonheur permanent de l'humanité ! Je ne connais de barrière naturelle qu'entre la terre et le firmament.

Chaque législature, en attendant mieux, car nous en sommes encore sur le provisoire, renouvellera le conseil exécutif dont les membres pourront être réélus. La république des *hommes égaux* ne souffrira pas la cumulation des charges ; en fait d'honneur et de dignités, le *minimum* est plus que suffisant. Un gouvernement quelconque est un mal nécessaire ; n'aggravons pas le mal par des œuvres surérogatoires ; qu'aucune section du peuple ne perde jamais de vue le principe de ne déléguer aucune fonction qu'elle ne peut exercer par elle-même : la sévérité de ce principe sera le salut du peuple. Moins nos agents auront d'importance, et plus nous aurons de confiance ; or la confiance est le nerf de notre association politique. Le sage Franklin se moquait du costume anglican dont on voulait revêtir le pouvoir exécutif en Amérique ; il disait plaisamment : *dépêchez-vous de nous affubler de tout cela, car le peuple va s'accoutumer à s'en passer.* La liberté et l'égalité dicteront les statuts de la constitution universelle : on sera étonné du laconisme et de la clarté d'un formulaire dont les modifications s'appliqueront à tous les temps et à tous les climats, et dont la perfection sera la terme inébranlable.

Rome se plaignait de la turbulence de ses tribuns ; mais jamais tribun n'aurait troublé Rome sans l'existence d'un sénat, d'un patriciat, d'un consulat, d'un dictatoriat, d'un privilégié et d'un esclave, d'un patron et d'un client, d'un peuple conquérant et d'un peuple conquis, d'un peuple protecteur et d'un peuple protégé. Nivelez la république sans aucune exception, subordonnez les hommes aux choses, les fonctionnaires à la fonction, les individus à la masse, la société à la loi. Notre édifice constitutionnel sera d'autant plus accessible et solide, qu'il n'aura qu'un rez-de-chaussée ; personne ne sera tenté de monter en haut. L'erreur et les préjugés fléchiront sous la raison et la liberté ; la malveillance des dislocateurs ne trouvera plus d'aliment nulle part. Un corps politique veut son bonheur et sa conservation aussi impérativement qu'un individu raisonnable ; le démembrement et le suicide répugnent à l'un et à l'autre. Les Marius et les Sylla, les Catilina et les César seront des êtres imaginaires parmi les hommes dont le nivellement s'oppose à l'existence d'un seul esclave sur la terre. S'il existe quelque part un esclave, il existe quelque part un tyran ; ma liberté n'est donc pas entière, elle est compromise, elle exige l'extirpation totale de la tyrannie et de l'esclavage.

Chaque département, ou district, ou canton, ou commune touche, par de nombreux points de contact, à cinq ou six arrondissements dont les intérêts se croisent, et qui ne se coaliseront jamais contre la république nivelée, sans vassaux, ni sujets, ni voisins ; contre la société libre. Plus les passions particulières seront actives, plus l'union universelle sera solide : nous la rendrons indissoluble, en ôtant aux ambitieux le ciment des corporations, en leur refusant le modèle d'un sénat américain ; ou d'une présidence stadhoudérienne, et de toute autre superfétation dangereuse que nécessite un gouvernement fédératif, mais que rejette un gouvernement national. Les fédéralistes ont des vues secrètes dont le peuple se méfie avec une sagacité louable ; on ne protège pas ses commettants, mais on protège des alliés faibles dont l'or est aussi fin que l'or d'une liste civile. Voilà le secret des ministres et des généraux prétendus vertueux, et des orateurs prétendus populaires qui, sous prétexte du bonheur de la France, repoussent impolitiquement des voisins dont les discordes inévitables troubleront bientôt la concorde des Français. Les Corses, guidés par une longue expérience, ont eu le bon esprit d'échapper à ces horribles intrigues en 1789. La glacière d'Avignon flétrit la mémoire de l'assemblée constituante, et l'on osera proposer à la convention un décret désorganisateur dont les suites seraient plus sanguinaires que les motions du prêtre contadin Maury, du gentilhomme papiste Buttafoco, du magistrat illuminé Déprémesuil. Les adversaires de la république indivisible voudraient nous entourer de petites républiques soi-disant amies et alliées, pour donner à nos départements-frontières les avant-goûts de la dislocation fédérale, et pour amener subtilement l'aristocratie des sénats et des présidents.

On aime à jouer un rôle, et le moindre administrateur voudrait faire imiter dans son district le mauvais exemple d'un gouvernement compliqué. Tous les hommes ressemblent plus ou moins à ces petits princes d'Allemagne et d'Italie qui calquèrent leur cour en miniature sur la cour de Louis XIV. Le salut du peuple repose sur le nivellement complet des autorités constituées, sur l'indépendance respective des citoyens, sur le despotisme de la loi qui enchaine tous les despotismes individuels. Ce serait une erreur bien funeste de ne songer qu'à nous ; l'humanité nous fait un devoir de ne pas oublier les autres hommes. Si la constitution française ne peut convenir au repos du monde, elle sera mauvaise ; elle s'écroulera aux applaudissements du genre humain, de la raison cosmopolite dont la sanction est indispensable. Le genre humain, régénéré dans toutes les branches législatives, ne connait ni plage étrangère, ni souveraineté partielle, ni deux volontés suprêmes, ni deux majorités et deux minorités contradictoires, incompatibles. L'éloignement des lieux, la différence des langues, la couleur et les mœurs des Colons, l'étendue de l'Empire sont des obstacles, des objections usées dont la république humaine triomphera plus facilement que les conquérants incendiaires, les navigateurs du commerce, les correspondants académiques, les agents de la diplomatie, les zélateurs de la Mecque et de Jérusalem qui ont franchi toutes les hauteurs et tous les abimes d'une planète qui n'a pas trois mille lieues de diamètre.

Vous voulez donc soumettre à la domination française tous les peuples de la terre ? Je réponds à cette question étrange que je ne connais ni domination française, ni constitution française. Les droits de l'homme rallient tous les individus sous la domination humaine. Si ces droits sacrés avaient été connus du temps des Horaces et des Curiaces, on n'aurait pas versé une goutte de sang pour la réunion de Rome et d'Albe. Appartenir à la France, c'est appartenir à soi-même ; se gouverner à la française, c'est avoir une municipalité de son choix, une administration de son choix, une assemblée représentative de son choix. Avec de pareilles bases, il n'est pas plus difficile de réduire la carte politique sur une échelle convenue, que la carte géographique. L'assemblée nationale de France est un résumé de la mappemonde des Philantropes.

Mais pour effacer tous les prétextes et tous les malentendus, et pour ôter aux tyrans, à nos ennemis, une arme perfide, je demande la suppression du nom *Français*, à l'instar de ceux de *Bourguignon*, de *Normand*, de *Gascon*. Tous les hommes voudront appartenir à la république universelle ; mais tous les peuples ne voudront pas être *Français*. La prévention de l'Angleterre, de l'Espagne, de l'Allemagne, ressemble à celle du Languedoc, de l'Artois, de la Bretagne, qui substituèrent leur dénomination particulière à celle de la *France* ; mais aucune de ces provinces n'aurait consenti à porter le nom d'une province voisine. Nous sommes les déclarateurs des *droits de l'homme*, nous avons renoncé implicitement à l'étiquette de l'ancienne *Gaule* ou *France*. Une renonciation formelle nous couvrira de gloire, en avançant d'un siècle les bénéfices de la république universelle. Il serait très sage et très politique de prendre un nom qui nous concilierait une vaste contrée voisine ; et comme notre association est une véritable union fraternelle, le nom de *Germain* nous conviendrait parfaitement. La république des *Germains*, par l'heureuse influence d'un préjugé souvent homicide, ne tarderait pas à s'étendre sur tous les cercles germaniques. La conformités des noms amène la conformité des choses. *Universels* de droit, *Germains* de fait, nous jouirons incessamment des bénédictions de l'universalité. Ceux qui ne sentiraient pas la philosophie de cette pensée, seraient aussi récusables au tribunal de la raison qu'un sophiste qui prétendrait que les articles de la déclaration des droits n'appartiennent pas à tous les hommes, à tous les climats.

L'espèce humaine est soumise à des lois primitives, comme la famille des abeilles ou des castors. C'est à la recherche de ces lois que notre défaut d'instinct nous condamne. Si l'abeille n'avait que de la raison, elle ferait peut-être des alvéoles inégales et bizarre. L'essaim éprouverait de fréquentes commotions en s'écartant de l'uniformité naturelle. Tâchons de nous élever à l'instinct des animaux, soumettons-nous aux lois invariables. Les droits naturels ne sont pas distincts des droits civils et politiques, car l'état social est aussi naturel à l'homme qu'à l'abeille et la fourmi. La propriété est éternelle comme la société : et si l'homme travaillait par instinct au lieu de travailler par intérêt, nous jouirions, comme les animaux, de la communauté des biens. Jamais cette communauté n'a pu s'introduire parmi nous, car l'homme travaille par réflexion. Les communautés qu'on nous cite dans l'histoire ne vivaient que du travail des esclaves, ou par un régime théocratique et monacal. Leur existence était nuisible et précaire comme toutes les associations qui s'écartent de la règle des *droits de l'Homme*. Les réformateurs Indiens, Chinois, Égyptiens, Hébreux et Chrétiens se sont étrangement abusés en prêchant les prétendus *droits de Dieu*. Ils ont dit que nous étions égaux devant Dieu, et que la fraternité universelle découlait de la paternité céleste. Cette erreur grave engendra le plus affreux despotisme sacerdotal et royal. Nos chaînes s'appesantirent sous la main d'une foule de pères en Dieu qui furent sacrés, mitrés, couronnés au nom du Père Éternel. On ôta la souveraineté au genre humain pour en revêtir un prétendu souverain dans le ciel, dont les représentants sur terre étaient des rois, des empereurs, des papes, des lamas, des bonzes, des bramines, et tant d'autres grands officiers ecclésiastiques et civils.

L'erreur enfante des millions d'erreurs, pendant que la vérité n'enfante que la vérité unique. De là l'harmonie d'une assemblée nationale universelle ; de là les schismes, les hostilités, les anathèmes des saints conciles œcuméniques. La raison qui guide les géomètres dans une seule et même route, malgré la distance des lieux, des temps, des langues, et des coutumes, dirigera tous les hommes vers un centre commun, lorsque la représentation nationale sera ôtée aux puissances célestes, aux oints du Seigneur, lorsque le genre humain sera réintégré dans ses droits imprescriptibles.

Les différentes espèces d'aristocraties sont des émanations d'une divinité imaginaire. J'ai prouvé dans différents écrits que Dieu n'existe point. Les hommes qui admettent cette chimère doivent se tromper non moins lourdement sur beaucoup d'autres objets ; et ce défaut de jugement, cette maladie morale est déplorable. Cela donne la clef de toutes les duperies dont les charlatans affligent l'humanité. Celui qui admet un dieu raisonne mal, et un mauvais raisonnement en produit d'autres. Ne soyez pas l'esclave du ciel, si vous voulez être libre sur la terre. Il faut à la république de bons raisonneurs. Tel homme est feuillant par le même défaut mental qui le rend théiste. Je défie que vous connaissiez bien la nature de la *sans-culotterie*, si vous admettez une nature divine ou plastique. Quiconque a la débilité de croire en dieu, ne saurait avoir la sagacité de connaître le genre humain, le souverain unique. Prenez les hommes un à un, vous gémirez sur leur ineptie ; prenez-les en masse et vous admirerez le génie de la nature. Nous sommes étonnés chaque jour des prodiges du peuple libre ; c'est que le peuple, la collection des individus en sait plus qu'aucun individu en particulier ; et quand ce peuple sera composé de la totalité des humains, on verra des prodige bien plus étonnants. Les têtes faibles qui voudront un dieu en trouverons un sur la terre, sans aller chercher je ne sais quel souverain à travers les nuages. La souveraineté étant nécessairement despotique, gardons-nous bien de l'attribuer à toute autre puissance que le genre humain.

Les croyants disent que le monde ne s'est pas fait lui-même, et certainement ils ont raison ; mais Dieu non plus ne s'est pas fait lui-même, et vous n'en conclurez pas qu'il existe un être plus ancien que Dieu. Cette progression nous mènerait à la tortue des Indiens. La question sur l'existence de Dieu (Théos) est mal posée ; car il faut savoir préalablement si le monde (Cosmos) est un ouvrage. Demandez donc la question préalable, et vous passerez à l'ordre du jour dans le silence de vos adversaire stupéfaits.

La comparaison de l'horloge et de l'horloger, dont les théomanes éblouissent les simples, est un tour de gibecière morale que la réflexion sait apprécier à sa juste valeur. Voilà une montre, un palais, un obélisque, je ne vois rien de semblable dans le règne animal, ou végétal, ou minéral. Je ne retrouve pas ici les lois de la génération et de la végétation ; et au défaut de la nature, j'ai recours à l'art, à la main de l'homme, pour expliquer l'existence de la montre, du palais et de l'obélisque. Je sais qu'un tableau, un poème, une tragédie ne croissent pas comme des champignons ; je sais que le peintre et le poète qui copient la nature, agissent différemment que l'homme qui fait un enfant ; mais cette différence ne me fera pas adopter une similitude entre l'architecte de ma maison et le prétendu architecte de la nature. Évitons le cercle vicieux. Nous avons la manie des comparaisons ; cette manie a donné lieu à la chimère divine ; comme si la nature, source féconde de toute comparaison, pouvait être comparée. Mais la nature est aveugle, comment peut-elle *produire* des êtres clairvoyants ? Cette objection tombe d'elle-même, car la nature ne *produit* rien. Tout ce qui la compose existe éternellement : ce que nous appelons vulgairement l'enfant de la nature est aussi vieux que sa mère. N'allons pas expliquer l'existence de la nature incommensurable par l'existence d'une autre nature incommensurable. Vous cherchez l'Éternel hors du monde, et je le trouve dans le monde. Je me contente du *Cosmos* incompréhensible ! Je vois l'un, vous ne voyez pas l'autre. Supposons maintenant que le monde disparût, et que la vision du père Mallebranche se réalisât, vous verriez tout en dieu, vous admireriez toutes les conceptions de l'entendement divin. L'ordre et les phénomènes qui vous auraient étonné dans le monde, seraient des jeux puérils auprès de l'ordre et des merveilles qui frapperaient votre imagination dans le sein de la divinité. N'est-il pas vrai que vous traiteriez d'impie, d'extravagant, celui qui oserait douter de l'éternité de cet être merveilleux ? vous diriez que ce n'est pas là un ouvrage, et que c'est une folie de vouloir expliquer une merveille par une plus grande merveille ; car l'ouvrier serait plus étonnant que l'ouvrage. Eh bien ! soyons raisonnables : point d'inconséquence, ne cherchons pas d'autre éternel que le monde. Laissons au visionnaire Mallebranche son *Théos* indéfinissable, nous absorberons toutes nos pensées dans le spectacle de la nature éternelle.

Quelque chose existe éternellement : c'est une vérité simple ; mais n'allons pas nous perdre dans les spéculations d'une nature divine et créatrice, pendant que tout s'explique avec la nature palpable et visible. Je nie l'existence d'un nature créée, et vous ne m'endormirez pas avec votre prétendue nature créatrice et motrice. Je ne veux point de fabrique, et par conséquent point de fabricateur. Le bon sens rejette le premier moteur d'un mouvement éternel.

Il ne faut rien moins qu'une éducation aussi vicieuse que la nôtre, pour faire la fortune des chimères célestes : les enseignements fondés sur une erreur capitale formeront une jeunesse corrompue. Si la raison ne préside pas aux études gymnastiques autant vaudrait-il épargner à l'état les frais de l'éducation. Ces frais produiront une immense économie, s'ils accélèrent l'extirpation des préjugés religieux. Que les lycées, les instituts nationaux fasse écrouler les temples d'un dieu étranger, sinon point d'autre éducation nationale que les écoles de l'alphabet et de l'arithmétique. L'instruction se propagera universellement lorsque la guerre sera bannie du monde, lorsque les distractions des gazettes martiales n'absorberont plus l'étude de l'histoire et des belles lettres. Il y va de notre gloire, à nous fondateurs de la république, qu'un jour les hommes s'occupant plus des expéditions guerrières, ayant le temps de lire tout ce que nous avons fait pour jeter les fondements impérissables de la prospérité universelle. C'est ainsi que tous les motifs qui caressent le cœur humain, se réunissent pour l'adoption du vrai système social. Le soupçon, noir fantôme qui agite une république entourée de puissances étrangères, s'évanouit dans la république universelle. Ma doctrine est la révélation de la nature ; les autres révélations se dissipent devant elle comme les spectres du sommeil devant les veillées de la philosophie[86].

---

[86] Je fis, il y a quelques années, un testament philosophique, dans lequel je prouvais qu'on peut vous ôter l'âme sans vous tuer ; et par conséquent que notre âme est une chimère aussi ridicule que le fantôme appelé *Dieu*. Comme il importe à la République que nos neveux ne soient pas la dupe des prédicateurs du mensonge, je vais retracer ici une courte analyse à l'usage des instituteurs de la jeunesse. Le vrai moyen de se défaire des jongleurs, c'est de montrer que l'âme de l'homme est le résultat de l'organisation humaine, comme l'âme d'un dogue est le résultat de l'organisation canins. Nous sommes, disais-je, des plantes ambulantes, et nous deviendrons des plantes sédentaires. Nous avons pris racine dans le sein de la femme, et nous reprendrons racine dans le sein de la terre. Le nombril n'est autre chose qu'un racine. Donnez à l'arbuste les sens qui lui manquent, et vous ferez de ce végétal ce que nous appelons un *animal*. Analysez le corps humain, et vous trouverez un tronc, des branches, des rameaux, une écorce et la circulation de la sève ou du sang. Un brin d'herbe a beaucoup de rapport avec l'homme le mieux organisé. Ensevelissez-moi sous la verte pelouse, pour que je renaisse par la végétation : métempsychose admirable dont les mystères ne seront jamais révoqués en doute. Mais je n'aurai pas le souvenir de mon existence première : eh ! que m'importe cette réminiscence, pourvu que j'existe agréablement. Il ne s'agit pas ici de

L'association qui aura ressaisi le plan éternel servira de modèle à l'Univers. Que ce soit Raguse ou Genève, Milan ou Berne, Paris ou Madrid, n'importe le lieu et le nom : en adoptant le même mode, nous ne serons ni Ragusiens, ni Genevois, ni Suisses, ni Lombards, ni Français, ni Espagnols, ni Allemands ; nous serons des *Germains*, des *Universels*, de vrai *Catholique*. Nous avons tous le même but : la conservation des droits naturels. On aime partout la liberté, l'égalité, la sûreté, la propriété, la paix ; on veut la justice et la résistance à l'oppression ; on avoue la subordination de la partie au tout, et par conséquent l'obéissance au genre humain. Mais pour nous renfermer momentanément en Europe, voici l'époque de la

---

récompenses et de peines théologiques. Je consulte la nature qui me dit de mépriser la théologie. La nature est une bonne mère qui se plait à voir naître et renaître ses enfants sous des combinaisons différentes. Un profond sommeil ne laisse pas que d'avoir son mérite.

On disserte depuis des siècles sur l'essence de notre âme ; elle est individuelle, dit-on, et par conséquent immortelle. Je nie la majeure, car notre âme se divise en six parties très distinctes ; et j'ôterai successivement à un homme son âme, sans lui ôter la vie. Vous perdez la vue aujourd'hui, demain l'ouïe, le lendemain l'odorat, ensuite le goût et le tact. Que restera-t-il de votre âme, sinon la *mémoire*, vous devenez un végétal proprement dit, à cela près que vous éprouvez la faim et la soif, le froid et le chaud. Ma bouche n'ayant ni tact, ni saveur, recevra machinalement la nourriture qu'on y versera ; elle me tiendra lieu de nombril ou de racine. Je vivrai sans notre prétendue âme, je végéterai comme une plante, et vous ne sauriez me rendre mon âme qu'en me rendant mes sens. Penser, c'est sentir : sentir, c'est recevoir l'impression de tous nos organes dans un point central où nos fibres, nos nerfs, nos esprits vitaux viennent aboutir. Coupez cette communication, et l'animal devient plante ; un coup violent sur la tête ôte la faculté de sentir les plus rudes coups sur le reste du corps. Donnez une tête aux plantes, et vous leur communiquerez les impressions du plaisir et de la douleur, comme aux animaux. Modifiez la tête de telle ou telle manière, et vous verrez toutes les gradations de la sagesse et de la folie, du génie et de l'imbécilité. Il y a donc deux moyens de faire disparaitre notre âme sans que mort s'ensuive, soit par l'absence de nos cinq sens, soit par l'affaiblissement du cerveau. On peut cesser de sentir, perdre la mémoire des sensations précédentes, et continuer à vivre, à respirer, à digérer, à végéter. Je le répète : *penser, c'est sentir*, et il faudrait avoir aussi peu de sentiment qu'un théologien, pour se refuser à l'évidence de ma démonstration, qui dispensera de la lecture de mille et un traités sur la métaphysique.

dissolution de tous les trônes et de tous les sénats : les Européens vont s'assembler quelque part pour savoir ce que nous deviendrons. Certes, ce concile politique ne se tiendra pas à Paris, si la France repousse ses voisins, si nous refusons d'entrer dans des conférences fraternelles. Très certainement la majorité européenne des *Sans-culottes* prononcerait sur le sort de la France, comme celle-ci déciderait aujourd'hui du sort d'un de nos districts qui se refuserait à l'élection de ses représentants. Les Européens calculeront ce qu'il en coûte aux contribuables, pour l'entretien des forces militaires ; ils verront combien le bois de chauffage et de construction, et par suite les comestibles et les loyers renchérissent par des camps et des flottes dont il serait si facile de se passer en adoptant l'unité représentative. Ce régime simple et salutaire ne plaira pas à un petit nombre d'hommes qui vivent de nos erreurs politiques comme les prêtres vivent de la chair des holocaustes. Le genre humain, morcelé, troublé, ruiné, ressemble à une arène de gladiateurs. Ce spectacle absorbe des milliards tournois ou sterlings ; il est lucratif et récréatif pour une poignée de sybarites qui s'enrichissent et s'amusent aux dépens du peuple écrasé d'impôts. Certes, la foule des laboureurs, des artisans, des commerçants, formera une majorité immense contre la très petite minorité de famille dont la stérile industrie s'exerce sur le mal moral, sur les calamités dont un nouvel ordre de choses va nous délivrer à jamais. L'homme adoptera nécessairement une organisation politique qui augmente sa liberté et diminue les contributions. Cette doctrine bienfaisante trouvera autant de prosélyte que d'auditeurs patriotes. Le système de finances est l'écueil de tous les gouvernements. La guerre engendre les finances, c'est-à-dire, la banque des fripons, le marchepied des ambitieux, le brandon de la discorde et de l'anarchie. Le morcèlement des peuples engendre la guerre. Il s'agit donc de trouver un mode de gouvernement fondé sur un principe qui nous assure la paix perpétuelle. Je l'ai trouvé ! La sagesse des Savoisiens servira d'exemple à l'Univers. Le premier usage qu'ils font de la liberté est une démarche de la plus salutaire économie, de la plus profonde politique, un hommage à la souveraineté du genre humain. Nous n'aurons jamais la guerre avec la Savoie car elle ne s'est pas unie à la France par juxtaposition ; mais ces deux contrées ont formé une amalgame, une confédération d'individus qui ne laisse plus aucune trace de la ci-devant Savoie. On apercevrait plus facilement un muid d'eau transvasé dans l'Océan que la ligne de démarcation qui séparait les hommes des Hautes-Alpes d'avec ceux des Basses-Alpes. L'amalgame est si parfait que nous pourrions changer les districts administratifs, soit en les distribuant dans d'autres départements, soit en les étendant sur une plus grande surface, sans que les ci-devant Savoisiens s'en inquiétassent d'aucune manière. Nos divisions administratives n'étant pas des territoires fixes, des domaines exclusifs, l'habitant du Mont-Blanc n'aura pas d'autre sollicitude que l'exercice de son industrie et la défense de notre souverain. Aucune propriété communale ou provinciale ne troublera son repos par des procédures ou par des voies de fait. L'incorporation de la Savoie est un nouvel argument en faveur du souverain unique ; car la souveraineté réelle ne peut ni s'aliéner, ni s'incorporer, ni s'anéantir. Tout autre souverain que l'impérissable genre humain est une chimère ridicule, un hors-d'œuvre fugitif, une fonction provisoire.

Toutes nos actions particulières sont soumises à l'inspection du souverain. Un homme solitaire sur le globe serait souverain, une famille solitaire serait souveraine, et cette famille, en croissant et multipliant jusqu'aux extrémités de la terre, ne perdrait pas ses droits imprescriptibles ; de sorte que le souverain est essentiellement seul, unique, indivisible : sa volonté est la suprême loi, l'inaltérable vertu, l'éternelle justice. Un homme en tue un autre, soit par un jugement légal, soit à son corps défendant ; cet homme n'agit qu'avec le consentement du souverain qui permet et commande tacitement ou formellement tout ce qui est juste, tout ce qui est utile à la société. Si les *droits* sont les mêmes, les *devoirs* sont les mêmes ; or les *droits de l'homme* sont inhérents à notre nature. Les êtres mâles et femelles qui ont cinq sens et l'usage de la parole, avec la faculté de faire souche, ces êtres appartiennent à la même famille, n'importe la descendance d'une seule tige ou de plusieurs tiges. Je ne connais rien de primitif dans le règne animal ou végétal. Je sais qu'un homme ne sera jamais étranger à l'homme, et que la volonté particulière sera toujours subordonnée à la volonté générale. La plus sauvage des peuplades nous appartient aussi légitimement, aussi naturellement que le plus policé des peuples. Le droit de souveraineté ne s'altère point par des exceptions locales et passagères.

Mais, dit-on, la majeure partie du genre humain est encore dans l'abrutissement ; que deviendrions-nous, s'il allait prononcer en faveur du despotisme et de l'aristocratie ? question très oiseuse, car les esclaves n'ont point de volonté propre ; et la guerre actuelle avec les despotes et leurs satellites, est précisément la dispute du vrai souverain avec les faux souverains. Nous repoussons la force par la force ; mais l'erreur se dissipera chez nos voisins comme chez nous. Plusieurs de nos départements ont été plus gangrenés que l'Espagne et l'Italie. Renversons les tyrans, et nous aurons bientôt effacé les traces du despotisme et de l'aristocratie. Les esclaves et leurs maitres forment un bétail qui n'a point de voix dans la société des hommes libres. La paix serait faite, si les *droits de l'homme* étaient reconnus partout ; car quiconque reconnaitra ces droits, se rangera de notre côté. Un vieux proverbe dit : *qui se ressemblent s'assemblent* ; or rien ne ressemble plus à un *sans-culottes* du Nord qu'un *sans-culottes* du Midi ; rien ne ressemble plus à un *aristocrate* de l'Orient qu'un *aristocrate* de l'Occident. Vous verriez aujourd'hui tous les oppresseurs se coaliser contre nous, si leur monstrueux système ne tendait pas à les désunir car ils partagent la souveraineté entre des princes et des sénats toujours jaloux et rivaux. La fortune des tyrans est placée sur trente têtes ; mais la fortune du peuple est placée sur toutes les têtes de l'espèce humaine. De prétendus souverains, les agents du mensonge, ne seront jamais sincèrement unis : le souverain éternel, l'organe de la vérité, sera toujours un, indivisible, impassible. Il ne s'agit plus de faire reconnaitre frivolement la république française. Les tyrans de l'Europe ont allumé la guerre ; les assemblées primaires de l'Europe proclameront la paix. Tous les tyrans s'accordent à rejeter la *déclaration des droits* ; tous les hommes libres s'accordent à promulguer cette *déclaration*. De l'accord des premiers naît la discorde universelle, et de la concorde des seconds naît l'harmonie perpétuelle.

D'après cela, comment nous eût-il été permis de repousser les Savoisiens, les Niçards, les Teutons, les Belges et quiconque voudra se ranger sous l'oriflamme des *droits de l'homme ?* comment supposer qu'une peuplade qui demande toute la liberté, n'émette pas un vœu libre ? Serons-nous rebelles à la raison, usurpateurs de la souveraineté imprescriptible, en conservant obstinément et ruineusement une souveraineté provisoire et révolutionnaire qui n'appartiens à aucune section du globe ? S'il nous était permis de rebuter une province étrangère, il nous sera permis de rebuter une famille, un navire et tous les étrangers qui nous apporteront leur fortune et leur industrie. Bientôt nous ferions une distinction entre telle et telle secte religieuse, et nous arriverions insensiblement à une religion exclusive, comme à une constitution exclusive. Les sophistes qui ne veulent pas admettre nos voisins seront également fondés à diminuer le nombre de nos départements ; rejeter l'addition, c'est accorder la soustraction. La bienveillance universelle se détournerait loin de nous, pour former ailleurs un centre d'attraction qui nous entrainerait par la force des choses dans une autre sphère. Ah ! citoyens, n'imitons pas Moïse et Lycurgue. Et puisque leur histoire me rappelle un trait de la fable, si Latone avec île flottante se fixait sur le rivage de la France, nous la recevrions avec alégresse ; et vous hésiteriez à recevoir nos frères du continent, dont le territoire et la population viennent augmenter la prospérité d'une république qui s'élève sur la raison universelle ! Ne soyons pas absurdes, ni injustes, si nous voulons être libres longtemps. Ce n'est pas en vain que nous avons placé des pierres d'attente à notre vestibule départemental. Nous formons une confédération d'individus ; toute autre masse ou corporation que celle du genre humain est inadmissible. Ne dévions pas de nos principes, en refusant l'adoption d'un village, d'un hameau contigu à notre territoire, sous prétexte que la majorité d'une province n'a pas prononcé son vœu. Ce serait reconnaitre autant de majorités et de minorités qu'il y a d'erreurs et d'abus sur la terre. Autant vaudrait-il soumettre la doctrine de Galilée et de Newton à la décision d'un Pape et d'une Sorbonne, dont les épais tourbillons dérobent la vue du système de la gravitation. Notre doctrine politique est une religion qui reçoit tous les néophytes qui se présentent, n'importe les réclamations d'un plus ou moins grand nombre d'hommes égarés. Chaque assemblée primaire qui demandera la communion de la république universelle, doit y être reçue comme faisant partie de la majorité du genre humain. Toute autre majorité sera nécessairement une minorité très récusable. En fait de doctrine, il n'y a qu'une majorité comme il n'y a qu'une raison. Je suppose que toute la Catalogne, hormis une seule ville, ne voulût pas s'amalgamer avec la *ci-devant* France, nous ne pourrions pas éconduire cette ville, la vérité n'est jamais en tutelle. Ma supposition est très gratuite, car indubitablement tous les despotismes, toutes les aristocraties viendront échouer devant le bon sens des assemblées primaires. C'est en convoquant partout les vrais dépositaires de la volonté communale, que nous verrons le dénouement de toutes les tragédies et comédies soi-disant politiques. Il n'y a pas de sophisme spécieux contre l'attraction populaire qui s'attache tous les individus et la répulsion populaire qui écrase toutes les masses. Une morale fondée sur les mêmes intérêts, doit produire l'unité représentative, à moins qu'on ne prétende, avec certains rêveurs, que la morale universelle tiendra lieu de la représentation universelle : comme si l'unité des intérêts pouvait subsister avec la diversité des gouvernements. L'expérience a démontré qu'un religion commune ne suffit pas pour pacifier des nations indépendantes. Il ne saurait y avoir unité d'intérêts sans unité nationale. La société des individus sera toujours pacifique : la société des nations sera toujours belligérante. Je demanderai aux moralistes impolitiques, si leurs corporations étrangères auront des formes aristocratiques, des jalousies vicinales, des barrières fiscales, des bastions, des garnisons, des escadres ? S'ils me répondent affirmativement, j'en conclus que les intérêts ne sont pas les mêmes : s'ils me répondent négativement, j'en conclus que les masses ont consenti à la fusion universelle. Il y a intimité parfaite ; et au lieu d'ambassadeurs, on s'envoie réciproquement des représentants qui vérifient leurs pouvoirs ensemble, et qui siègent indistinctement dans une salle législative. Là on adopte toutes les formes que la morale, la raison universelle dicte à l'homme pour son bien-être, pour la prospérité universelle. Qui veut la fin, veut les moyens : qui veut la paix et le bonheur, veut la république départementaire et non pas des républiques nationales. La république du genre humain est nécessairement indivisible, car aucune portion ne veut ni ne peut s'en détacher pour se joindre à une autre république ; il n'y a qu'un genre humain entre les deux pôles.

Je propose donc à la Convention des Français, ainsi qu'aux autres Conventions du monde, de décréter ou déclarer préliminairement le principe fécond et attractif de la souveraineté indivisible, la volonté suprême et unique du genre humain. Cette vérité, reconnue par tous les hommes, produira la réunion de tous les hommes. Posons cette large base aujourd'hui, et nos travaux subséquents seront impérissables : nous compterons une grande journée de plus dans les annales de la régénération du monde. L'an premier de la *République française* est l'an premier de la *République universelle*.

* * *

Voici trois articles, trois résultats d'une méditation profonde que je soumets à la sagesse de mes collègues.

PROJET DE DÉCRET

La convention nationale voulant mettre un terme aux erreurs, aux inconséquences, aux prétentions contradictoires des corporations et des individus qui se disent souverains, déclare solennellement sous les auspices des *Droits de l'homme* :

ARTICLE PREMIER

Il n'y a pas d'autre souverain que le genre humain.

II

Tout individu, toute commune qui reconnait ce principe lumineux et immuable, sera reçu de droit dans notre association fraternelle, dans la république des *Hommes*, des *Germain*, des *Universels*.

III

À défaut de contiguïté ou de communication maritime, on attendra la propagation de la vérité, pour admettre les communes et les enclaves lointaines.

Nota. S'il restait encore le moindre doute aux hommes de bonne volonté, je les prierais de lire mon livre de *l'Orateur du Genre Humain*, et ma dernière brochure intitulée : *Étrennes de l'Orateur du Genre Humain aux Cosmopolites.*

Anacharsis Cloots

AUTRES OUVRAGES

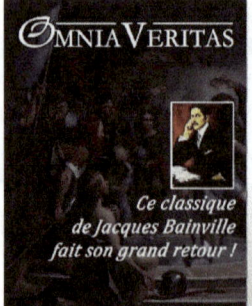

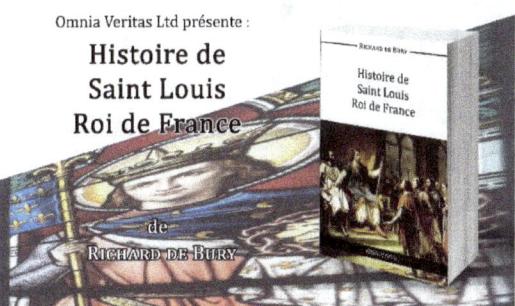

LA RÉVOLTE DES MASSES & MIRABEAU OU LE POLITIQUE

JOSÉ ORTEGA Y GASSET

Partout l'homme-masse a surgi... Il n'a que des appétits ; il ne se suppose que des droits ; il ne se croit pas d'obligations.

Cet homme-masse, c'est l'homme vidé au préalable de sa propre histoire

 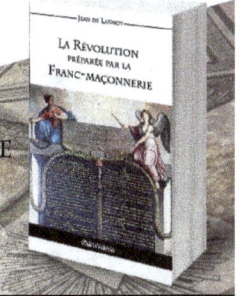

LA RÉVOLUTION PRÉPARÉE PAR LA FRANC-MAÇONNERIE

PAR JEAN DE LANNOY

La Franc-Maçonnerie doit porter la responsabilité des crimes de la Révolution aussi bien que de ses principes

L'histoire de la Révolution remise à l'endroit

L'ÂGE DE CAÏN

par JEAN-PIERRE ABEL

PREMIER TÉMOIGNAGE SUR LES DESSOUS DE LA LIBÉRATION DE PARIS

« Ce livre n'est pas un roman. Je ne fais qu'y conter des événements dont j'ai été le témoin... »

Abel qui renaît à chaque génération, pour mourir encore par la grande haine réveillée

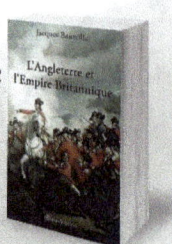

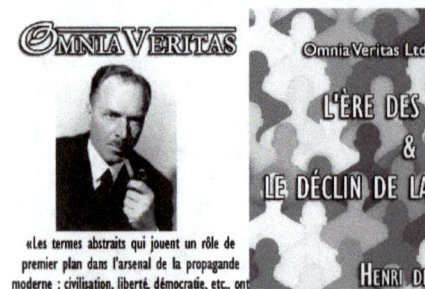

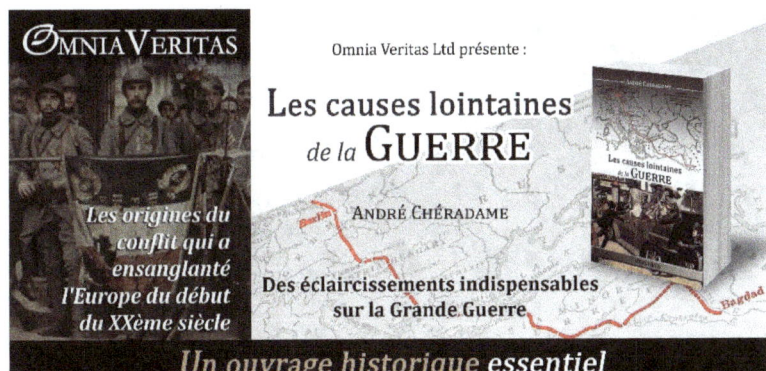

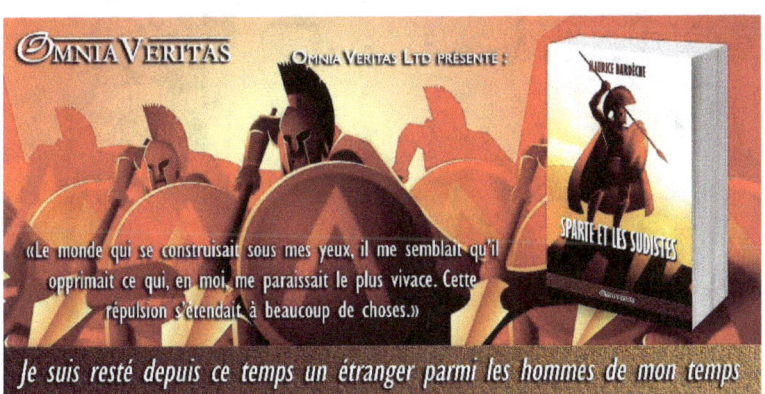

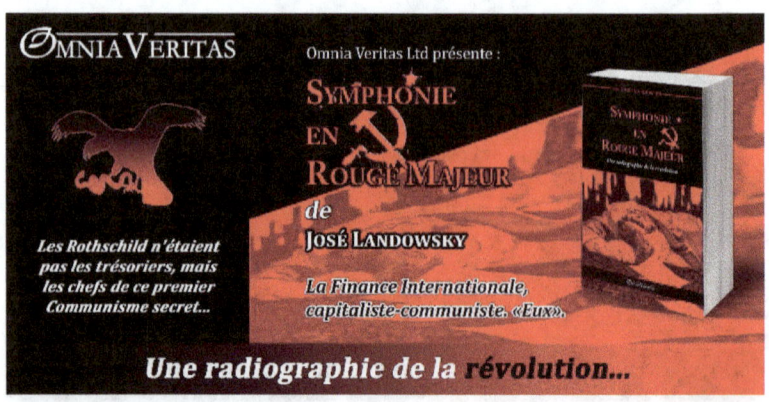

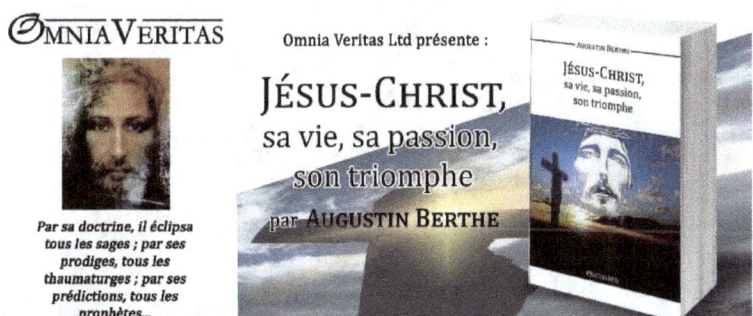

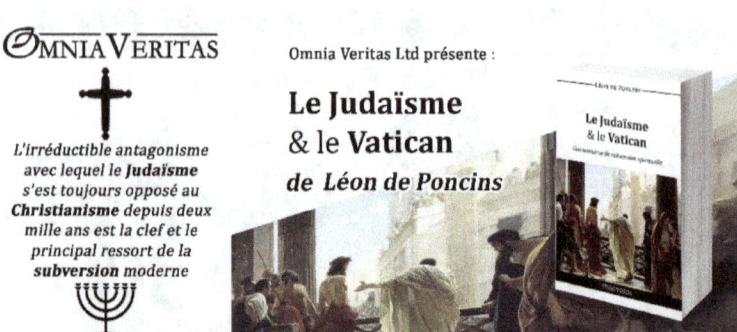

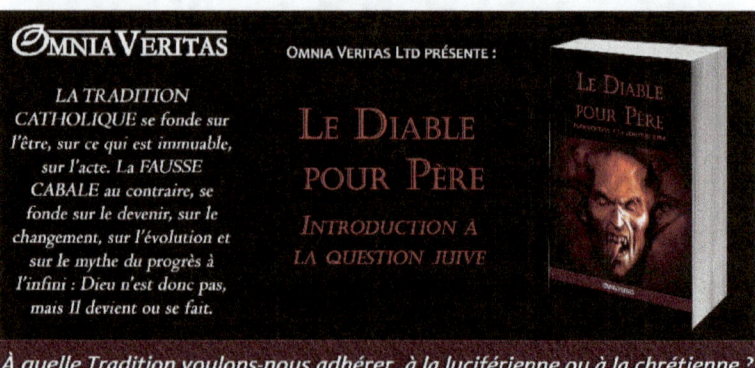

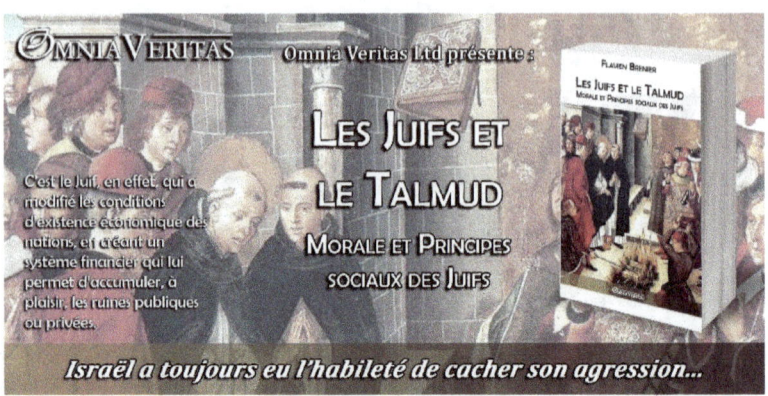

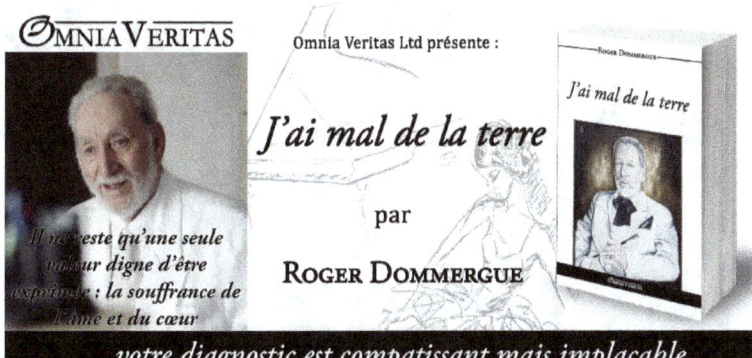

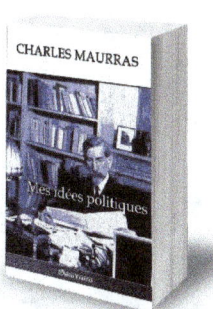

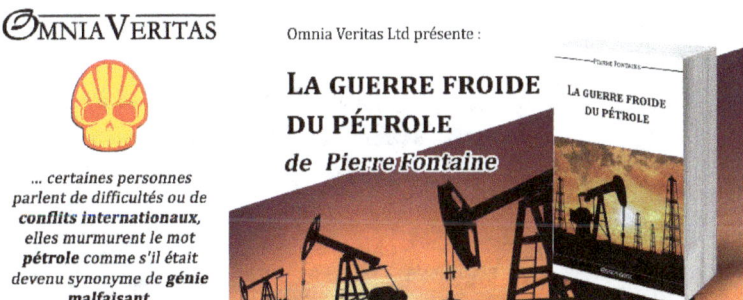

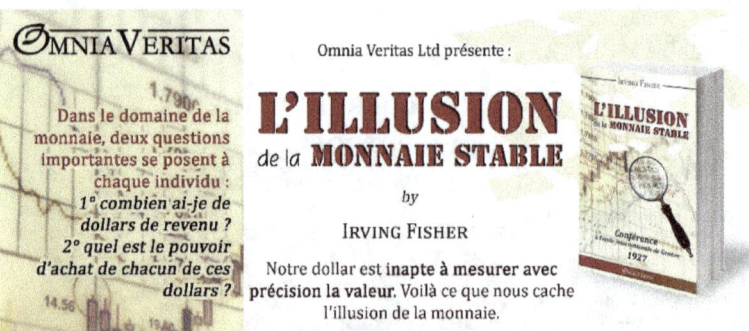

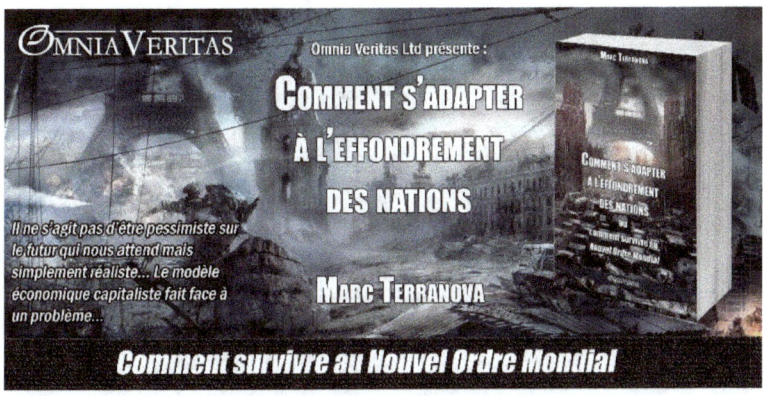

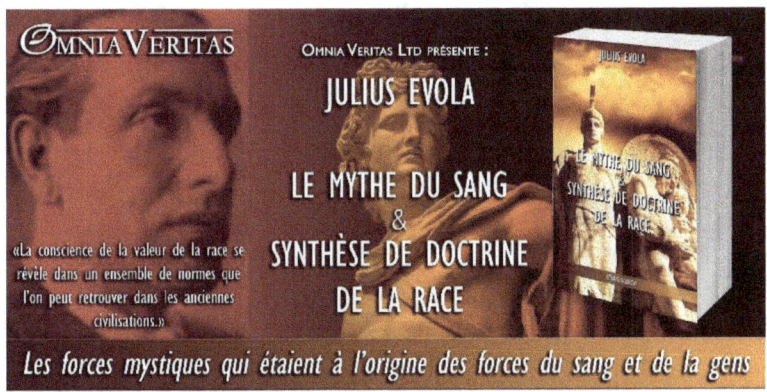

www.omnia-veritas.com

www.ingramcontent.com/pod-product-compliance
Lightning Source LLC
Chambersburg PA
CBHW050338230426
43663CB00010B/1904